VIVIANE GOUVÊA

EXTERMÍNIO
DUZENTOS ANOS DE UM ESTADO GENOCIDA

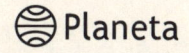

Planeta

Copyright © Viviane Gouvêa, 2022
Copyright © Editora Planeta do Brasil, 2022
Todos os direitos reservados.

PREPARAÇÃO: Mariana Cardoso
REVISÃO: Fernanda Guerriero Antunes e Valquíria Matiolli
PROJETO GRÁFICO E DIAGRAMAÇÃO: Nine Editorial
CAPA: Luciana Fachinni

Dados Internacionais de Catalogação na Publicação (CIP)
Angélica Ilacqua CRB-8/7057

Gouvêa, Viviane
   Extermínio: Duzentos anos de um Estado genocida / Viviane Gouvêa.
– São Paulo: Planeta do Brasil, 2022.
   256 p.

ISBN 978-65-5535-828-5

1. Brasil – Governo – Violência – História 2. Brasil – Estado – Repressão
3. Perseguição política – Brasil 4. Escravidão - Brasil I. Título

22-2894   CDD 320.0981

Índice para catálogo sistemático:
1. Brasil – Governo – Violência - História

MISTO
Papel produzido a partir
de fontes responsáveis
FSC® C019498

Ao escolher este livro, você está apoiando o manejo responsável das florestas do mundo

2022
Todos os direitos desta edição reservados à
EDITORA PLANETA DO BRASIL LTDA.
Rua Bela Cintra, 986, 4º andar – Consolação
São Paulo – SP – CEP 01415-002
www.planetadelivros.com.br
faleconosco@editoraplaneta.com.br

Para minha mãe, com quem aprendi que
nunca é tarde para mudar, brilhar e acontecer.

Para meu pai, com quem aprendi que razão e
sensibilidade são dois lados da mesma moeda.

PREFÁCIO

Cordial quer dizer afável. Generoso. Benevolente. Mas cordial quer dizer também, e raramente lembramos disso, aquilo que é particular ao coração. E, se na metáfora o amor vem do coração, também dele vem a raiva. O ódio. A explosão. O que vem do coração, da maneira como usamos a ideia no português coloquial, não são emoções sempre boas, mas são emoções sempre intensas. Essa é uma palavra muito importante para nós, brasileiros. Cordial. É porque, no engano que sua definição produz, nos escondemos. Somos cordiais, sim, mas não por sermos benevolentes. Somos cordiais porque o afeto e a brutalidade, em nós e em nossa história, estão sempre presentes. *Extermínio: duzentos anos de um Estado genocida*, este livro que você agora tem em mãos, trata da violência em nós que fingimos não reconhecer e com a qual convivemos todos os dias.

A Independência do Brasil, por exemplo, não se deu sem guerra. Não é assim que a gente estuda na escola – mas foi assim. No Pará, onde a resistência a D. Pedro I foi intensa, um mercenário a serviço do imperador chegou ao ponto de amarrar à boca do canhão aceso um padre rebelado. A palavra *brutalidade*, não a usamos impunemente. É descrição literal.

É a mesma brutalidade que percebemos na leitura do que seria, do ponto de vista legal, o castigo moderado aplicado a uma pessoa escravizada. Primeiro açoite, depois "picar com navalha ou faca" e cobrir com sal, limão espremido e urina. Aí que se acorrente por uns dias. Atente-se: castigo moderado. Por mais de dois terços da história do Brasil tratamos gente assim e, hoje, fingimos que o passado não deixa marcas – ou cicatrizes. Mas deixa.

O açoite ainda estava lá, presente, bem depois da abolição, na maneira como os oficiais brancos da Marinha tratavam os marujos negros. Passamos ligeiro pela Revolta da Chibata nas aulas de história, sem muitas vezes nos tocarmos de que ela ocorreu mais de duas décadas após a Lei Áurea.

Se o açoite passou, não passaram a tortura e o sadismo. E, se lembramos dela quando nos referimos às ditaduras, do Estado Novo e a Militar, nos esquecemos quando falamos do presente mesmo, em todo porão de delegacia, nas muitas celas de presídio, fingindo ignorar que as cicatrizes seguem abertas. Os capitães-do-mato ainda sobem os morros, talvez não mais para controlar quilombos, mas certamente para lembrar a um tipo de gente que quem manda é outro tipo de gente. Na nossa democracia, jamais fomos todos iguais perante a lei.

Extermínio não é um livro fácil de ler. Mas é uma história daquilo que nos faz brasileiros. Ainda nos escondemos por trás do duplo significado da palavra *cordialidade*. É hora de encarar aquele que realmente nos descreve. Afinal, só dá para mudar o que enxergamos com clareza.

Pedro Doria é jornalista e escritor.
Tem colunas na rádio CBN e nos jornais O Globo *e* O Estado de S. Paulo, *e publicou, entre outros livros,* Fascismo à brasileira, *pela Editora Planeta.*

SUMÁRIO

INTRODUÇÃO _____ 9

1. UMA FLORESTA EM CHAMAS _____ 16
2. *CHUTA QUE É MACUMBA* _____ 38
3. OS MALTRAPILHOS IRREDUTÍVEIS DE CANUDOS _____ 62
4. CHIBATA A BORDO _____ 84
5. A DEVASTADORA TRAGÉDIA DOS *BONS SELVAGENS* _____ 108
6. ENTRE FÁBRICAS E FUZIS, DEMOCRACIA DE FAZ DE CONTA ____ 138
7. NO SILÊNCIO DO CAMPO: ONDE A MORTE FAZ A CURVA ____ 170
8. NO BARULHO DA CIDADE: QUANDO A MORTE SOBE O MORRO __ 204

BREVE INCONCLUSÃO _____ 229

AGRADECIMENTOS _____ 237

REFERÊNCIAS BIBLIOGRÁFICAS _____ 239

INTRODUÇÃO

INDEPENDÊNCIA OU...

Era uma vez um belo príncipe de ensolaradas terras, filho de um soberano que reinava além-mar. Certo dia, durante uma viagem que fazia para visitar seus súditos, o valoroso príncipe recebeu uma importante missiva do seu velho pai, às margens de um exuberante rio que cortava as ricas terras ensolaradas. Como todo rei, exigia obediência a ele e mandava que o filho retornasse ao reino de origem. O brioso príncipe subiu em seu cavalo e, em um rompante, declarou que aquelas terras ensolaradas não mais faziam parte do velho reino, mas lhes pertenciam por direito e doravante constituiriam o solo pátrio de uma nova nação. Independência ou morte, ponto. E final.

[Cai o pano.]

Essa fábula, verdadeiro conto de fadas, atravessou muitas gerações de brasileiros. Dos filmes mais floreados que passavam na televisão aos livros didáticos dirigidos a crianças e adolescentes, a história romântica da independência política do Brasil em relação ao Reino de Portugal perdurou durante muito tempo no nosso imaginário, e ainda hoje algumas das suas formas menos enfeitadas encontram-se presente nos livros e telas. Contudo, atualmente é cada vez mais fácil (e provável) descobrirmos muito cedo que o príncipe não era belo e nem valoroso, que seu gesto não foi um rompante impensado e que nenhuma nação nasceu naquele momento, a partir do seu grito nada heroico – se é que houve algum grito.

No entanto, o fato é que grande parte dos brasileiros, mesmo os que frequentaram a escola e prestaram atenção nas aulas de história, tem como pressuposto básico que em 1822 nasceu o Brasil, e de uma forma pacífica. Temos a impressão de que já havia uma nação à espera de um grande gesto libertador, gesto esse realizado por um príncipe europeu de forma conciliatória, embora marcada por rebeliões locais – que não passariam de movimentos *regionalistas*. Pouco se fala do enorme montante que D. Pedro aceitou pagar a seu pai, D. João VI, para que este não causasse problemas à jovem nação.[1] Ou, antes, ao seu jovem filho. Nossa independência, *grosso modo*, não passou de um entrevero doméstico.

Também falamos muito menos do que deveríamos sobre a existência dos combates acirrados que garantiram de fato o que havia sido posto em papel por D. Pedro. Eles existiram, foram sangrentos, violentos, opuseram portugueses do reino à população local e, às vezes, provocaram conflitos ardentes entre brasileiros. Mas as guerras de independência não são o tema do presente livro, tampouco o equívoco de se falar em Brasil e brasileiros como se fossem uma pátria em plena fase final de gestação e à espera de uma certidão de nascimento que oficializasse sua existência: o Estado-Nação que, em qualquer circunstância, deve sua existência a um processo complexo, e não a um ato pontual, resultante de uma construção jurídico-política com bases territoriais, identitárias, históricas. Nosso país teve suas últimas fronteiras demarcadas no início do século XX, as instituições políticas percorreriam um longo caminho até se estabelecerem em nível pátrio e a identidade nacional, termo intrinsecamente elusivo, apresentou-se como uma questão de difícil equacionamento ao longo da maior parte da nossa história.

Mas nosso mito de origem nos conta uma história de libertação pacífica realizada por um príncipe. Essa falácia encobriu séculos de uma desastrosa atuação brutal do Estado contra os próprios brasileiros, e é essa história que se encontra no centro deste livro.

Os brasileiros sempre acreditaram integrar uma nação nascida da conciliação, arquitetada por homens sensatos que se situavam no topo da hierarquia. É uma narrativa didática que coloca o povo em seu lugar: silencioso, pacífico, obediente, confiante nas soluções dos seus chefes. Esqueçam as rebeliões que em outros países da América gestaram lideranças novas que representavam os mais variados interesses (em geral, de grandes oligarcas, mas enfim) e inflamaram a população com o desejo de constituir uma comunidade com algo mais

---

1 O Tratado Luso-Brasileiro, assinado em 1825 entre Brasil e Portugal e mediado pela Inglaterra, previa o pagamento de 2 milhões de libras à antiga metrópole em troca do reconhecimento da nova nação. Dinheiro esse que D. Pedro teve que emprestar de bancos ingleses.

em comum do que a mesma ex-metrópole. No Brasil tivemos a *sorte* de ter um príncipe rebelde que, mesmo brigado com a família, acabou permitindo que houvesse uma transição pacífica para o novo estado de coisas: o Brasil independente. Somos tão sortudos e agraciados com a boa vontade divina que mantivemos a integridade territorial da antiga colônia portuguesa e, em resultado, todo habitante que falava o português se manteve dentro das mesmas fronteiras.

O silêncio, o não conflito, a confiança naquilo que vem de cima – elementos que fariam parte da base da nossa identidade, como se fosse narrada pelas nossas elites.

Essa falácia do silêncio pacífico foi desafiada pelo próprio Estado brasileiro inúmeras vezes, quando rompeu os limites da legalidade para agir da forma mais atroz contra o povo, sempre que este deixava de ser pacífico, cordial, obediente, fofo. Sempre que alguma parcela da população se percebia injustiçada e buscava um progresso material e social mínimo, viu-se diante da reação desmedida das instituições oficiais que constantemente se dedicaram muito mais a manter uma ordem para poucos do que a favorecer o progresso de muitos. Do massacre dos cabanos aos mortos nas favelas, a polícia, o Exército, as forças privadas de segurança nunca se acanharam diante das tarefas que os grupos no topo da hierarquia política e econômica (ou, de uma forma mais crua, no topo da cadeia alimentar) consideravam necessárias para que o povo voltasse a ser povo. Por mais sangrentas, violentas, injustas, humilhantes (inclusive para as próprias forças de segurança e manutenção da ordem) que fossem tais tarefas.

O Estado sempre atuou mais ou menos às claras. Afinal, o mal é transparente, e, mesmo agindo ao arrepio da ordem legal, os agentes desse Estado a serviço de uma ordem antidemocrática em seu âmago, a despeito dos vários momentos em que as instituições políticas funcionaram de forma democrática, nunca fizeram muita questão de agir às escondidas.

Extermínio conta um pouco desse lado da nossa história. Duzentos anos em que um povo nem sempre cordial se viu à mercê das barbaridades perpetradas por um Estado com um tênue compromisso com o bem-estar dos seus cidadãos. Atualmente, esse compromisso (ou concessão) das elites que durante tanto tempo contribuiu para o sucesso do mito de país pacífico já não se sustenta, e os conflitos de toda ordem se explicitam, uma violência espetacularizada que a cada dia dança diante dos nossos olhos. O espanto diante de uma situação percebida como de conflito permanente e irrevogável também nos informa o quanto o povo brasileiro conhece pouco de si e da violência que desde sempre marcou nosso percurso.

Uma nação é uma invenção humana. Mais ou menos deliberada, mais ou menos sintonizada com as aspirações dos povos que a encarnam. O fato de nascermos brasileiros (ou indianos, ou senegaleses) sem que isso venha em nosso DNA mostra o quanto essa construção social ainda é fundamental para nosso entendimento do mundo e de nós mesmos. A certidão de nascimento e o estatuto legal que recebemos do Estado Nacional nos garantem uma série de regras e direitos, um modo de viver já estabelecido. Mas a nossa identificação com esse país, essa nação, é uma negociação para uma vida inteira, assim como a permanência ou a mudança de tais regras e direitos que nos antecedem.

Se o Estado que nos fornece a certidão de nascimento e o adjetivo que nos identifica perante o resto do mundo fracassa em considerar seus cidadãos dignos da mesma moeda, da mesma lei, dos mesmos direitos, uma clivagem profunda se desenvolve e alimenta a descrença na comunidade política que é, por definição, voltada para a construção do futuro. A adesão e o consentimento imprescindíveis para a vida nacional, sob tais condições, tornam-se construções árduas, efêmeras, incompletas. Mal-acabadas. Meia-boca. Meia-bomba.

Quando da independência política formal do Brasil, rios, florestas e montanhas isolavam comunidades em uma época em que a comunicação, o contato e os meios de transporte se davam de forma muito lenta, a pé, a cavalo, de navio. Não existia telégrafo; havia, no máximo cartas, sinal de fumaça e pombo-correio. Mas as dificuldades diante do novo Estado-Nação iam muito além da geografia:

> Cada povo só o é por se conceber e viver justamente como destino. Quer dizer, simbolicamente, como se existisse desde sempre e tivesse consigo uma promessa de duração eterna. É essa convicção que confere a cada povo, a cada cultura, pois um e outro são indissociáveis, o que chamamos de "identidade" (LOURENÇO, 1999, p. 89). E, nesse sentido, o Brasil estava no caminho inverso do usual, com um Estado formado, mas sem uma nação própria.[2]

---

[2] BARBATO, L. F. T. A construção da identidade nacional brasileira: necessidade e contexto. *Revista Eletrônica História em Reflexão*.

A concepção corrente de nação é marcada por uma origem em comum (imaginada ou vivida) e um destino partilhado, aspectos que, em tese, se sobrepõem a outras questões, como raça, classe, gênero, religião (em Estados laicos). Mas equacionar as diferenças inerentes às comunidades humanas, vivas e em constante transformação sempre representou um desafio, e a resposta a este costuma expressar o quanto a nação se enxerga naquele Estado e, ainda, o quanto os mecanismos democráticos conseguem operar. Mas, em muitos casos, percebemos apenas a xenofobia como resultado, aquele patriotismo histérico e vazio que não compreende nem passado nem futuro, expressando apenas um presente de ódio difuso dirigido àqueles que escapam a uma estreita (e, em geral, extremamente elitista) definição de *nação*.

E desde então, nesses duzentos anos, como caminhamos nessa estrada que atravessa nossa vida em comum e nos torna brasileiros, signatários de um acordo imaginado que supostamente estabeleceria regras claras e um ambiente em comum?

Quem eram os brasileiros de então? Quem são os brasileiros de hoje? O que nos qualifica como tal? Quem determina tais qualificadores?

Perguntas como essas não apresentam respostas simples e nem mesmo consensuais. Mas devem ser feitas e discutidas se quisermos compreender o porquê da nossa falta de isonomia, do nosso preconceito generalizado contra indivíduos de determinadas regiões, credos e etnias, da dificuldade em estabelecer uma sociedade em que a desigualdade (de renda, de acesso a serviços essenciais, de direitos) não seja tão horrenda. Se começarmos a entender esses porquês, talvez um dia consigamos construir uma sociedade mais justa. E, não, uma sociedade mais justa não é um sonho ou uma utopia de gente que não tem louça pra lavar ou idade para entender que o mundo é assim mesmo e de nada adianta um discurso cheio de flores e amores. A razão primordial para que humanos se mantenham juntos reside no desejo de paz e estabilidade, para que a existência futura seja possível; e, a menos que a maioria da comunidade se sinta contemplada (material, emocional, politicamente, o que for), não há paz possível, não há futuro possível.

Desejar uma sociedade justa não tem nada a ver com utopia ou bom-mocismo, mas, sim, com o objetivo bem pragmático de se querer viver em um mundo minimamente pacífico e previsível.

Somos lembrança e também somos projeto: heranças e destinos. Talvez um dia não haja mais Estados-Nação e sejamos todos uma comunidade diferenciada e carregada de alteridades, mas capaz de equacioná-las por meio da compreensão da nossa profunda interdependência enquanto seres humanos. Afinal, assim como a ideia de pátria nasceu em algum momento e lugar da história humana, também pode vir a morrer. Mas, enquanto esse dia não chega, o que temos pra hoje é essa identidade nacional, que, a despeito da aldeia global (real e virtual), nos marca por deixar bem claro o quanto estamos necessariamente atrelados a um projeto político bem específico, que se concretiza em leis e instituições que regem nossa vida.

Não há documento algum citado ou mostrado que seja inédito em *Extermínio*. Certamente muitos *detalhes* não costumam integrar livros de história e, assim, passam despercebidos por muitos de nós. Contudo, este livro tenta reunir episódios e histórias que, a despeito da diferença de tempo, lugar, roteiro e direção, indicam a unidade de atuação de um Estado contra parcelas da nação que por ele deveriam se sentir representadas. Ao chegar ao final deste livro, talvez os leitores tenham menos estranhamento diante do *descalabro* de um país em que linchamentos de negros e *macumbeiros* são vistos quase com tolerância pelo cidadão comum, que consegue (com a consciência tranquila) eleger políticos que defendem tortura, estupro e assassinato *se a pessoa merecer*; o que levanta a questão: quem e como se determina quem merece o quê?

Trazer a público registros que desafiam percepções equivocadas é uma forma de contribuir, minimamente que seja, para que o brasileiro conheça melhor as raízes dos seus próprios problemas. Apontar, exibir trechos de documentos históricos e discuti-los mostra-se fundamental em uma era de mentiras disseminadas como verdade apenas por terem sido postadas em alguma rede social. Por essa razão, *Extermínio* apresenta trechos de documentação oficial e registros de testemunhas contemporâneas aos fatos descritos, para que se possa recuperar o que foi feito, registrado, mostrado, descrito, publicado e carimbado por aqueles que perpetraram tais violências, que as testemunharam, que as sofreram. Deve-se lembrar que a construção da verdade é muito mais do que apresentar dados descontextualizados (e, muitas vezes, inventados) em redes sociais para que cada um *tire suas conclusões*; ela depende de registros e do debate público.

Este livro não é um estudo acadêmico. Ele resultou de anos de pesquisas esparsas que foram reunidas durante a pandemia de covid-19, que nos prendeu em casa com nossos medos e pensamentos. Embora apresente um inabalável compromisso com a verdade possível por meio de exemplos documentados e análises consagradas, não apresenta preocupações formais e metodológicas indispensáveis aos estudos científicos.

01 UMA FLORESTA EM CHAMAS

"[...] todos os padres que comandam e quase todos os juízes de paz, desenganados de nenhuma punição dos réus, fazem todas as diligências para que [estes] morram antes que possam ser presos, e só dão parte de que morreram resistindo. Este ódio recíproco vai ganhando tanta força que já é preciso muita escolha para mandar qualquer diligência, pois que todos se julgam autorizados para matar cabanos [...]."

Soares d'Andrea[1]

---

1 Trecho de correspondência oficial assinada pelo marechal Soares d'Andrea em 1837, cuja reprodução se encontra na página 33. O militar português Francisco José de Sousa Soares d'Andrea foi presidente das províncias do Grão-Pará, Santa Catarina, Rio Grande do Sul e Bahia nas décadas de 1830 e 1840. Massacrou cabanos e farroupilhas (como eram chamados os revoltosos na Guerra dos Farrapos, entre 1835 e 1840), derrotando as duas revoltas.

As revoltas locais que eclodiram na primeira metade do século XIX – seja durante o governo de D. Pedro, seja durante o período regencial, iniciado com sua virtual *expulsão* do Brasil em 1831[2] – foram minimizadas ou como levantes locais típicos de períodos instáveis ou como elementos perturbadores da jovem nação brasileira, movimentos *separatistas* que ameaçavam a integridade nacional. Essas narrativas se perpetuaram ao longo dos dois séculos seguintes, e, embora venham sendo desconstruídas pelos historiadores e cientistas sociais há décadas, marcaram a imagem que o brasileiro tem de si mesmo e ajudaram a construir o mito do brasileiro cordial.

Uma das regiões mais distantes do poder central sediado na corte do Rio de Janeiro, a província do Grão-Pará (que reunia, *grosso modo*, o que hoje são os estados do Amazonas e Pará), com capital em Belém, apresentou distúrbios sociais e levantes desde a chamada independência, em 1822, até o fim do período regencial, em 1840. A Cabanagem, a revolta dos *tapuios*, transcorreu entre 1835 e 1840, e dizimou entre um quarto e um terço da população local.

UM CANHÃO ACESO, UM COMANDANTE INGLÊS E MAIS DE 250 MORTOS EM UMA PRESIGANGA[3]

Amarrar um padre à boca de um canhão aceso seria apenas o primeiro de muitos disparates perpetrados por um moleque de 23 anos que servia à Marinha britânica e, ocasionalmente, como sociopata de aluguel do governo imperial brasileiro naquele outubro de 1823. Cinco soldados rebeldes já haviam sido sumariamente fuzilados no Largo do Palácio do Governo, em Belém, capital da Província do Grão-Pará – mas esse tipo de incidente se tornou cotidiano no contexto dos embates políticos na região Norte.

O inglês John Grenfell (o moleque sociopata) acompanhava o almirante Thomas Cochrane, oficial expulso da Marinha britânica em 1814,[4] e acabou por oferecer seus serviços de mercenário a variados movimentos de indepen-

---

2   D. Pedro abdicou do trono em 7 de abril de 1831, em consequência de pressões extremas e dissensões irreconciliáveis, o que deixou o imperador sem apoio para governar.
3   Navio transformado em prisão, comum no século XIX.
4   Cochrane seria perdoado pelo rei inglês anos depois.

dência na América do Sul, e na Grécia, na luta contra o Império Otomano. Não vamos nos ater à biografia de figuras tão nefastas, mas apenas aos atos que Grenfell realizou e que lhe custaram uma ordem de prisão na província do Grão-Pará. Naturalmente ele conseguiu se evadir e, depois, seria eximido de seus crimes pelo Conselho de Guerra no Rio de Janeiro.

A província do Grão-Pará foi a última a aderir formalmente à independência estabelecida em 1822, por razões diversas: a enorme distância da corte do Rio de Janeiro, instabilidade e disputas locais de poder, a improvável identificação com um projeto político gestado no Centro-Sul, conexão com projetos políticos lusitanos... As causas são inúmeras e complexas, e, desde então até o triste final da Cabanagem, os levantes e revoltas passaram a dar o tom da política local, espalhando-se, em especial, por todo o interior da província. Em outubro de 1823, em meio às lutas que determinariam a adesão da província ao recém-país independente de nome Brasil, a região passava por período de descontrole de causas endógenas.[5] A situação expôs as polarizações na política local e sua incapacidade de encaminhar as divergências para soluções institucionais. Um aspecto peculiar da província e catalisador de conflitos foi a presença maciça de uma população de origem indígena, mão de obra disputada e extremamente vulnerável, que, no entanto, também traçava suas próprias estratégias de ocupação do espaço e, muitas vezes, integrava milícias locais que forneciam braços para as tropas oficiais.[6]

A insubordinação dos soldados locais já era notória; mais do que isso, havia uma concepção muito própria (e anterior a 1822) do que seriam liberdade e cidadania. Não é difícil perceber que para um oficial, fidalgo ou político vindo da corte (ou de outras cidades mais ao sul) lidar com um bando de mestiços que se consideravam cidadãos representava no mínimo um susto – no máximo, um despautério.

---

5 Segundo Brito, "A consolidação do projeto de Estado livre e soberano que emanava do Rio de Janeiro se encontrava dependente de duas importantes necessidades: a primeira, a de angariar alianças no interior do intrincado jogo político da província; a segunda, estimular esses grupos a fortalecer a estrutura militar em toda a vasta e diversificada província, estendendo-se até o Rio Negro" (BRITO, 2015, p. 129-154).

6 Brito continua: "Essa realidade colocava uma questão central para esses homens alistados nas milícias locais, voltados para a cidadania que entendiam possuir, já que se viam como brasileiros que tinham por obrigação participar da construção política e social da nova nação independente" (*Ibidem*).

Em outubro de 1823, os embates locais refletiam a discordância de posicionamento em relação às novas formas de administração pública e como esta se daria vis-à-vis o novo poder central localizado na corte do Rio de Janeiro em torno de D. Pedro. Irredutível em relação à amplitude do seu poder, em novembro o jovem imperador acabaria por dissolver a nossa primeira Assembleia Nacional Constituinte, instalada em maio daquele ano para elaborar a Carta máxima do novo país – na qual, aliás, a província do Grão-Pará não se fez representar.

Na noite de 16 de outubro, um grupo de soldados do 2º Regimento de Artilharia de Belém, do Grão-Pará, continuou os ataques a estabelecimentos comerciais portugueses iniciados na noite anterior. Muitos expressavam também sua revolta diante da possibilidade de que a Junta Governativa escolhida pelos locais fosse derrubada em favor de nomes pró-imperador. Pessoas comuns, homens do povo, juntaram-se a eles em um movimento de rebelião difusa contra os antigos colonizadores (que ainda concentravam em suas mãos boa parte dos mecanismos de exercício de poder local), contra os poderosos, contra e a favor do imperador. Incapazes de conter os ânimos exaltados, os soldados, a mando do poder constituído, recorreram à força naval enviada por D. Pedro para garantir que sua autoridade fosse reconhecida e que a Junta Governativa Provisória[7] empossada em agosto os apoiasse. O comandante dessas forças navais estacionadas nas águas de Belém era ninguém menos que o moleque do parágrafo lá atrás, Grenfell. Como ele era um rapaz *eager*, desembarcou naquela mesma noite, prendeu aqueles que se encontravam em atos de insubordinação à deriva pelas ruas, tão tarde em uma noite rica, fuzilou sumariamente cinco soldados (já na manhã do dia 17), amarrou o padre reclamão ao canhão e recolheu à cadeia pública 256 indivíduos, em sua maioria soldados, mas também muitos civis livres de Belém. No dia 20,

---

[7] As Juntas Governativas Provisórias de Governo, também chamadas de Juntas do Governo Provisório, foram criadas a partir de 1821 em substituição aos capitães e aos governadores das capitanias. Entretanto, tanto o Grão-Pará quanto a Bahia tiveram suas Juntas antes do decreto que estabelecia a existência dessas províncias, editado em setembro de 1821. Sua criação deu-se no contexto das revoltas liberais ocorridas em Portugal, que lutavam por reformas que ampliassem a participação de outros grupos (além da tradicional nobreza) na gestão do Estado. A lei de 20 de outubro de 1823 extinguiu as Juntas, e determinou que as províncias fossem governadas por representantes (presidente e conselho) diretamente nomeados por D. Pedro. Essa mostra de despotismo imperial causou problemas graves não apenas no Grão-Pará, mas também em outras regiões, em especial Pernambuco e Ceará, sendo o estopim para outra revolta: a Confederação do Equador.

foram transferidos para o brigue São José Diligente (o navio funcionava como presiganga e também era conhecido como Palhaço) comandado pelo primeiro-tenente Joaquim Lúcio de Araújo.

Gostaria de poder dizer *o resto é história*. Infelizmente não posso, pois essa tragédia brasileira é pouco conhecida, assim como a própria revolta Cabanagem, levante que começaria doze anos depois no Grão-Pará. Esses temas foram abordados quase vagamente em sala de aula e desconhecidos pela indústria cultural, apesar do enorme potencial dramático deles; apenas a partir do último quartel do século XX foram *retomados* pela academia.

Na manhã de 21 de outubro de 1823, 252 corpos enegrecidos e malcheirosos foram retirados da presiganga. A explicação oficial deslavada dava a morte dos prisioneiros como consequência do tumulto causado na embarcação pelos próprios homens aprisionados em um espaço pequeno e asfixiante. Agitados e cada vez mais apavorados, eles teriam pisoteado uns aos outros e sufocado, ou seja, vítimas culpadas pela própria desgraça.[8] Mas a razão era outra. Eis o que aconteceu de acordo com a devassa instaurada no ano seguinte.

Na noite de 20 de outubro de 1824, duzentos e cinquenta e tantos presos, vindos de diversos cárceres, foram conduzidos a bordo do navio São José Diligente, amarrados, sob direção do comandante do brigue Maranhão, João Pascoal Grenfell. Foram levados para o porão do navio onde, após cearem, pouco depois das 20h, dominados por uma sede incontrolável, começaram todos a gritar pedindo água, que foi fornecida. Porém, esta parecia não aplacar a sede; ao contrário, ânimos cada vez mais exaltados, em desespero crescente, os presos começaram a cair ao chão, mortos. Pelo menos uma vez o alçapão de acesso foi aberto para que uma carga de tiros fosse dada, matando ao menos vinte pessoas. Na manhã seguinte, os corpos foram retirados do navio, 252 ao todo, além de quatro aterrorizados sobreviventes. Os cadáveres encontravam-se de tal forma enegrecidos que não se distinguiam negros e brancos; o cheiro insuportável empesteou o cais.

Os testemunhos diretos permitiram a reconstituição do planejamento de toda aquela desgraceira, e a devassa mostrou que era público e notório que os presos haviam sido envenenados com água forte (ácido nítrico) ou, mais possivelmente, rosalgar (enxofre), fornecido pelo boticário João Clamopim

---

8 Spoiler: em outros capítulos deste livro, trabalhadores rurais e urbanos no século XX também serão acusados da mesma coisa.

para o tenente Joaquim Lúcio de Araújo por ordem do então presidente da Junta Governativa, Coronel Geraldo José de Abreu, todos portugueses. Tivemos bons professores. Testemunhas também afirmam que esses homens se reuniram a bordo do navio Maranhão para subornar Grenfell de forma que este providenciasse ou permitisse o assassinato dos presos.

Os poucos sobreviventes foram ameaçados de morte pelo tenente Joaquim Lúcio de Araújo, mas conseguiram contar sua história no ano seguinte, quando se realizou uma devassa.

Mais de 250 pessoas morreram em agonia enquanto encontravam-se sob custódia do Estado. Foram envenenadas de forma premeditada, sem chance de defesa e por meios cruéis. Técnica e atualmente falando, 252 homicídios triplamente qualificados. Apesar de a devassa apontar três culpados, nenhum deles foi preso. Mesmo que consideremos que, na época, havia intensa disputa por esse Estado entre brasileiros e portugueses, a prática de obliteração do inimigo de forma tão resoluta e premeditada assusta.

Parte dessa devassa, com a descrição crua dos acontecimentos, encontra-se nas páginas 35 a 37.

O massacre não integrou o movimento dos cabanos nem ocorreu em um contexto de disputa pelo poder político, mas a lógica da violência desmedida, exemplificadora e extremamente destrutiva apresentou-se com clareza no episódio do São José Diligente e faria escola na repressão à Cabanagem; a tragédia foi um prólogo para o desastre que se seguiu mais de dez anos depois.

ESTADO DE QUIETAÇÃO

> [...] *nenhum acontecimento notável tem perturbado a ordem pública, a qual permanece no mesmo estado de quietação em que então existia* [...].[9]

Assim o presidente da província, Bernardo Lobo de Sousa – de apelido O Malhado –, descrevia o ambiente na província que governava, o Grão-Pará, em 22 de dezembro de 1834, duas semanas antes de ser assassinado no combate que deu início à revolta dos cabanos, Cabanagem, fazendo-nos lembrar um

---

9   Belém, 24 de dezembro de 1824. IJ1 786. Série Justiça. Arquivo Nacional.

pouco a famosa lenda segundo a qual o rei George III da Inglaterra escreveu em seu diário que nada de relevante ocorrera em 4 de julho de 1776, o dia em que os Estados Unidos se declararam independentes do Reino Unido.

Infelizmente, o movimento não tem sido estudado com o afinco que merece, despertando ainda um interesse basicamente regional.[10] A historiografia mais recente tende a apresentar a Cabanagem como um movimento essencialmente popular, uma insurgência de pobres (e, no caso do Grão-Pará, uma população não branca livre mais numerosa do que em outras províncias) contra manifestações de poder que percebiam como nefastas tanto do ponto de vista econômico quanto político, ou seja, sua defesa não se limitava aos meios de sobrevivência – o cultivo da terra ou a propriedade dos estabelecimentos comerciais –, embora essa defesa fosse primordial. Com uma concepção de cidadania muito própria construída ao longo dos anos de embates na província, apropriando-se dos conceitos em voga como legitimidade, liberdade e pátria, muitos daqueles que se envolveram na guerra tinham uma noção mais ou menos clara sobre a que tipo de poder desejavam responder.

Como primeiro capítulo de um livro chamado *Extermínio*, que busca apresentar as atrocidades cometidas em nosso país sob a égide e o elogio da ilegalidade oficial, trazendo à luz as palavras mais claras possíveis para demonstrar a perversidade constante e autoadulatória das nossas elites e seus governos, o foco da narrativa deve se ater a determinados aspectos dos acontecimentos narrados.

Quem eram os *cabanos*, as pessoas que levaram a revolta a cabo? Só para começar, jamais se identificaram com essa alcunha, inicialmente pejorativa e imputada por militares brancos que buscavam apontar um inimigo, e não os atos criminosos em si – prática comum que será abordada outras vezes ao longo do livro. Muitos eram partidários dos Filantrópicos[11] e assim se reconheciam.

Os cabanos eram uma população de origem africana, cativa, fugida ou livre; brancos pobres que se ressentiam da insistência com que portugueses

---

10 De forma geral, a historiografia clássica não se debruçou com afinco no estudo da Cabanagem. Ela "é vista [...] como um fator importante para o momento histórico que está sempre agrupada aos outros movimentos pós-independência sem uma maior investigação sobre seu significado". Ver SANTOS, S. C. dos. *Cabanagem*: crise política e situação revolucionária.

11 O Partido Filantrópico agregava brasileiros com tendências federalistas, opunha-se aos "caramurus", como eram chamados os portugueses que não conseguiam desapegar da sua posição de metrópole, e ainda sonhavam com o retorno de D. Pedro.

monopolizavam as vias de comércio, os quais se viam obrigados a recorrer para escoar sua modesta produção de peixes e outros produtos; e *índios*, muitos *índios*, já não mais aldeados, talvez, mas moradores dos arredores das vilas e cidades e lavradores de pequenas propriedades. A estagnação econômica era percebida como resultado da inadequada e anacrônica predominância de portugueses no comércio local, e, desde a independência, a luta para dar um ponto-final a essa dominação causava levantes ocasionais. Os focos irredutíveis de rebelião espalhavam-se muito mais no interior da província (Acará, Alenquer, Monte Alegre, Rio Negro, Barcarena) do que na capital, Belém.

Havia, no entanto, outra dimensão a alimentar o conflito latente. Se os levantes e combates locais refletiam disputas de poder entre grupos diversos, também tinham raízes na deterioração do relacionamento entre a província e a corte, percebido como nefasto e prejudicial, inclusive por parte da elite local – que se considerava brasileira e de onde sairiam alguns líderes do movimento. O interesse dos cabanos não era a manutenção de vínculos com a antiga metrópole, já que não necessariamente desejavam a anexação a um nascente Império que para eles pouco significava. Uma particularidade da região apresentava-se na forma com que lideranças locais, que tanto haviam lutado contra o persistente colonizador português quanto resistiam ao distante poder central do Rio de Janeiro, ancoravam-se em milícias espalhadas no interior da província, onde muitos deles, aliás possuíam fazendas.

O padre amarrado à boca do canhão pelo sociopata inglês era João Batista Gonçalves Campos. Na época do massacre do São José Diligente, ele havia sido eleito pelos seus pares para a junta governativa local e só foi salvo por causa da intervenção de outros membros e de cidadãos de Belém. Cônego, fazendeiro e jornalista, exercia uma liderança incontestе, com seus discursos inflamados e uma atuação dinâmica por toda a província. Foi redator de dois jornais locais nas décadas de 1820 e 1830: *O paraense* e *O publicador amazonense*, ambos fundados pelo liberal Felipe Patroni.

Nascido em 1782 em Barcarena, em 1834 o padre panfletário já havia sido preso, cassado, perdoado pela Regência e, incansável aos 52 anos, às portas da rebelião que não chegou a liderar, encontrava-se em campanha aberta contra O Malhado. A província vinha enfrentando problemas sérios de legitimidade de governo desde anos anteriores: em 1831 *caramurus* tentaram depor o então governador Machado de Oliveira, logrando apenas depor e prender seu vice

– justamente o cônego Batista Campos. Em 1832, Machado é destituído e a Regência entrega o cargo a Lobo de Sousa, precedido de uma péssima fama.

Já na redação de *O publicador amazonense*, consta que Batista Campos e seus colegas, como o jornalista Vicente Ferreira de Lavor Papagaio, distribuíam panfletos críticos nas residências e comércios, e também liam para o povo. Segundo Sandra Costa,

> os jornalistas começaram a fazer um trabalho de boca a boca com a população, relatando os desmandos, a importância da deposição de Lobo de Sousa e da implementação de um novo modelo político no poder. O jornalista acusava Lobo de Sousa de não ter vínculos diretos com a província e, por isso, não poderia continuar governando como presidente.[12]

Desde 1831 o governo central determinava o *apaziguamento* no interior do Pará. Debalde. Nem mesmo o intrépido e intratável Lobo de Sousa deu um jeito na rebelde província, já que a perseguição implacável aos seus inimigos só fez exaltar os ânimos. Os cabanos vinham de várias classes sociais: do fazendeiro Clemente Malcher aos lavradores da família Vinagre, passando por Eduardo Angelim, jovem imigrante do Ceará, e o próprio padre Batista, e tinham em comum a popularidade entre os locais e a capacidade de arregimentar tropas. Não foi à toa que a fazenda de Malcher, no Acará, se tornou o centro onde os cabanos passaram a se organizar. E foi lá que o padre Batista se refugiou, após uma primeira investida fracassada em Belém, em 1834. A despeito do envio de tropas por parte de Lobo de Sousa, os rebeldes continuavam a se esquivar floresta adentro.

A morte dramática e aparentemente fortuita do padre Batista Gonçalves (consta que um corte no rosto inflamou, agravando-se a situação em consequência das condições precárias dos combatentes em fuga) perto do Ano-Novo, em fins de 1834, consternou os paraenses e serviu de estopim para a revolução.

No Dia de Reis de 1835, enquanto a cidade de Belém do Grão-Pará festejava o dia santo, centenas, quiçá milhares de guerreiros, em grande parte *tapuias*, preparavam-se para a guerra, embrenhados na floresta que cercava a cidade. Lobo de Sousa demorou a perceber as dimensões da inquietação local, e à

---

12   SANTOS, S. C. dos, *op. cit.*

noite a cidade se transformou em um campo de batalha; o ódio acumulado e direcionado aos portugueses explodiu e deixou rastros de sangue.

Não há um consenso acerca do desenrolar dos fatos naquela noite notável. Diz-se que Lobo de Sousa foi preso e executado pelas forças de Clemente Malcher; mas também há relatos de que ele foi simplesmente alvejado por um tapuia nas cercanias do Palácio do Governo, já ao alvorecer; ou alegam que seu corpo foi vilipendiado e arrastado pelas ruas de Belém. O certo é que, após o banho de sangue da noite de Reis, ao amanhecer do festeiro Dia de São Tomé, muitas pessoas estavam mortas, inclusive e, principalmente, três ilustres figuras representativas de tudo aquilo que os cabanos odiavam: o presidente da província, Bernardo Lobo de Sousa; seu comandante das armas, Joaquim José da Silva Santiago; e o comandante do porto e esquadra da Marinha Imperial, James Inglis (mais um *pirata* britânico de aluguel).

Maior e, de certa forma, mais bem-sucedida rebelião popular da nossa história, a Cabanagem foi um movimento que contou com maciça participação das camadas populares, logrando alçar três de seus líderes à condição de governador de província: Clemente Malcher, Francisco Vinagre e Eduardo Angelim, embora por vezes estes governassem em disputa com representantes do governo imperial. Especialmente nos primeiros dezoito meses, a província esteve fora do domínio do Rio de Janeiro. Ao longo de cinco anos, os combates, as doenças e, depois, a repressão indiscriminada dizimariam entre 30 e 60 mil pessoas desse país pacífico e cordial.

A GUERRA MEDONHA

Qualquer lugar-comum empalidece diante do que foi a Cabanagem: um banho de sangue; a floresta em chamas; o rio agora vermelho; fogo em relva ressequida etc. As palavras sempre perdem – de sete a um em qualquer jogo de pelada – para a realidade das coisas.

Como o livro não é sobre a revolta, melhor que se atenha àquilo que diz respeito ao tema diretamente, em especial, à repressão realizada pelo Estado. Mas duas observações importantes relativas a alguns mitos e preconceitos que os brasileiros (especialmente do Sudeste) perpetuam fazem-se necessárias: a província do Grão-Pará localizava-se a um mundo de distância do centro de poder do Império do Brasil, a corte no Rio de Janeiro. Isso não quer dizer, absolutamente, que era uma região à mercê de ignorantes que nunca tinham, por exemplo, ouvido falar da Revolução Francesa ou da independência dos Estados Unidos. Pensar que não tinham nenhum conhecimento ou interesse em discussões políticas e conceituais amplas indica preguiça mental e preconceito.[13] Se é um equívoco pensar no movimento como uma rebelião estritamente localizada e com poucas influências externas, é um erro semelhante pensar que sua abrangência foi igualmente limitada.[14] Além disso, o fato de ter se desenrolado como uma revolta eminentemente campesina não significa que os revoltosos não tivessem – inclusive ao longo dos anos de luta e mesmo desde os anos de inquietação que a antecederam – desenvolvido noções próprias e consistentes de como os negócios públicos deveriam se dar, fazendo uso de conceitos como cidadania e liberdade.

A segunda observação que se faz necessária é o fato de se estimar que entre um quarto e um terço da população local, em sua maioria *índios*, negros e *mestiços*, tenha morrido ao longo dos cinco anos em que a rebelião se sustentou. No entanto, a elite local também foi ceifada, e os rebeldes não pouparam a vida daqueles que consideravam seus opressores. O próprio Clemente Malcher (um fazendeiro liberal, brasileiro – ou, na cor local, *filantrópico*) acabou assassinado muito pouco tempo depois de assumir o governo da província. É preciso deixar claro que a guerra não poupou ninguém e que os rebeldes eram implacáveis com seus inimigos. Belém viveu meses de terror,

---

13 "A Cabanagem é a soma do reflexo da ação desempenhada por ideias liberais, republicanas e libertárias. A Revolução Francesa, a Revolução Americana e a Revolução da Guiana Francesa, principalmente, exerceram papel importante na propagação de ideias políticas entre diferentes camadas da sociedade do Grão-Pará. Instalaram-se em Pernambuco e Pará os liberais mais radicais. Utilizavam a imprensa como um dos principais instrumentos de difusão dos acontecimentos políticos e de formação de opinião entre a população. Críticas e questionamentos sobre o *status quo* da província eram os mais frequentes assuntos dos jornais. Entre os analfabetos, a grande maioria, as notícias eram transmitidas oralmente. No interior havia um informante, ligado às lideranças da capital, que repassava à população local as decisões tomadas pelas autoridades e a ocorrência de movimentos contestatórios" (*Ibidem*).

14 "Nascida em Belém do Pará, a revolução cabana avançou pelos rios amazônicos e pelo mar Atlântico, atingindo os quatro cantos de uma ampla região. Chegou até as fronteiras do Brasil central e ainda se aproximou do litoral norte e nordeste. Gerou distúrbios internacionais na América caribenha, intensificando um importante tráfico de ideias e de pessoas" (RICCI, 2007, p. 5-30).

levado também para o interior da província onde conflitos entre rebeldes e soldados se confundiam com vendetas pessoais ou banditismo oportunista.

Mas é mais importante ainda deixar muitíssimo claro que nada disso justifica a repressão que se seguiu, fazendo uso do genocídio como política de Estado. Sempre que neste país se discutem políticas de reparação a crimes cometidos pelo Estado, os engraçadinhos da direita levantam a voz: *mas eram bandidos, estávamos em guerra, blá-blá-blá, mimimi*. Há uma diferença crucial e nada complexa entre combate legítimo e práticas ilegais perpetradas pelo Estado, que, em tese, existe para defender seus cidadãos e se fazer cumprir as leis existentes.

Nada justifica o extermínio.

Nada justifica a tortura.

Nada justifica excluir da humanidade, e nem mesmo da nação, um grupo específico de indivíduos que assim, despojados das proteções mais básicas, se tornam alvos fáceis para qualquer tipo de ação por parte de agentes do Estado e seus aliados. As ações mais cruéis; as mais vis.

Nada.

Seis meses depois da morte de Lobo de Sousa, o Parlamento discutiu e aprovou (não sem grandes dúvidas e oposição) a supressão de partes da Constituição para permitir um combate mais eficaz aos revoltosos do Grão-Pará. A Lei nº 26, de 22 de setembro de 1835, "suspendia os §§ 6º, 7º, 8º, 9º e 10º do art. 179 da Constituição na província do Pará pelo período de seis meses – porém foi prorrogada e esteve em funcionamento por quase três anos",[15] vigorando também em outras regiões revoltosas. Assim, a prisão sem flagrante e sem fiança e a busca sem mandados passaram a ser permitidas, e o direito de reunião, cerceado.

Não seria a primeira e, muito menos, a última vez que o Estado brasileiro agiria contra suas próprias leis fundamentais para reprimir um grupo específico de pessoas que integravam a nação, pois uma lei que viola a Constituição não deveria ser considerada uma lei. Pode isso? A Constituição é a Carta Magna de um país; se não podemos confiar no que está escrito em suas páginas, qual é o seu valor?[16] Qual é o valor de um jogo se suas regras mudam no meio da

---

15 PEREIRA, T. de J. C. *A suspensão Constitucional no Pará com a lei nº 26 de 22 de setembro de 1835 e as medidas para a repressão aos cabanos (1835-1840)*.

16 As Constituições não devem ser imutáveis. Mas suas alterações jamais poderiam ocorrer em função de contingências políticas e necessidades mesquinhas de uma minoria economicamente dominante.

partida? No fundo, mesmo em períodos democráticos, nosso país se viu, na maior parte da sua história, sob um regime de exceção, já que, mesmo nesses períodos, nossas leis só valiam até certo ponto, sob determinadas condições, para algumas pessoas. Nossa democracia permanece há duzentos anos refém de um grande *até que* e de um taxativo *apenas se*.

Foram as forças legalistas que deliberadamente deram nome aos bois que acreditavam enfrentar ao declarar que o movimento dos cabanos era uma guerra movida pelas *classes infames* contra os brancos. Segundo Silva de Melo,

> os conflitos armados liderados pelo [líder rebelde] Vinagre passaram a ser definidos pelas forças legalistas como uma guerra fundada no ódio racial dos homens de cor contra os brancos. Tal definição causava o alarde de que não existiriam mais possibilidades de negociação ou anistia entre os partidários do novo governo paraense.[17]

Vale tudo – desde então e até hoje – para desqualificar e desumanizar o inimigo (interno) do Estado (para poucos) e transformá-lo em um vil merecedor de todas as dores e castigos que pudessem ser aplicados.

Em dezembro de 1835, o então regente-padre Diogo Feijó desrespeitou novamente a Constituição e enviou missivas aos monarcas da França e da Inglaterra, solicitando ajuda no combate à Cabanagem. Essa atitude, de certa forma desesperada, mostra a ameaça representada pelo levante dos cabanos.

A ajuda foi negada.

O marechal Soares d'Andrea chegou ao Grão-Pará para governar a província em abril de 1836, e o trabalho dele começou a se concentrar no interior, na floresta. O movimento cabano já perdera unidade e sua presença na região de Belém era frágil.

O militar tinha noções muito estranhas acerca das raças e etnias: morria de medo de negros, *índios* e mestiços – como toda a elite brasileira, que se achava muito branca. Considerava as "gentes de cor" uma ameaça a essa elite que vivia aterrorizada, coitada:

---

17 MELO, W. R. S. de. *Tempos de revoltas no Brasil oitocentista:* ressignificação da cabanagem no baixo Tapajós (1831-1840).

> Ou esses Códigos Criminal e do Processo hão de illiminar-se [eliminar-se] e ser substituídos por Leis úteis, e em que todo vejamos garantidas as nossas honras, nossas vidas, e nossos bens; ou esta Província há de pertencer a Tapuios, e o resto do Brazil a negros.[18]

Afinal de contas, o Brasil nunca foi de todos e, desde o início, nosso Estado deixou isso bem claro e trabalhou com afinco para que apenas a *gente de bem* pudesse usufruir dessa terra abençoada.

Outra pérola desse marechal do bem: "O estado de guerra tem authorisado até agora atacar o inimigo por todos os modos, até lhe aniquilar a força, e para isto ter efeito foi preciso prescindir das formalidades com que a Ley escuda os criminosos".[19]

Nesse país, as leis são mera formalidade. E, em todo caso, como diria a mencionada *gente de bem*, elas só atrapalham o bom andamento do trabalho dos mantenedores da ordem – a polícia na favela sabe disso muito bem. Afinal, bandido bom é bandido morto, e *esse pessoal do direitos humanos* [sic] só serve pra defender bandido.

Soares d'Andrea obteve grande sucesso na repressão por conhecer muito bem a província, sua geografia e sociedade e, por ter sido inimigo pessoal e político do padre Batista Campos,[20] o marechal português dedicou-se com especial afinco à tarefa de *pacificar* o Grão-Pará, contando com a inestimável ajuda de mais um (!!!!) *pirata* (meio) inglês a tiracolo, Fred Mariath.[21]

Como já foi escrito, muitas pessoas morreram. Muitas. A maioria delas, ou dos cabanos (rebeldes ou não), sem processo ou culpa formada; assim

---

18 Arquivo Público do estado do Pará, Códice 1039.
19 SOARES D'ANDRÉA. Discurso com que o Presidente da Província do Pará, Francisco Joze de Souza Soares d'Andréa, fez a Abertura da 1ª Sessão da Assemblea Provincial no dia 02 de março de 1838.
20 "O fato de d'Andréa ter passado pelo Pará em 1831, ter sido inimigo assumido de Batista Campos e conhecer os grupos e aspirações políticas daquela província, assim como compreender a geografia e hidrografia paraense, foi fator determinante para o Regente Diogo Feijó, designá-lo para assumir a província do Grão-Pará, reprimir os revoltosos e restabelecer a autoridade regencial naquela província" (MELO, *op. cit.*).
21 Para d'Andréa, tais homens não poderiam ser devidamente processados, não por serem inocentes, "mas unicamente pela sua insignificância, pelo relativo desconhecimento e fragilidade diante de uma alta classe social". Esses homens, considerados perigosos por d'Andréa, mereciam, segundo ele, ser utilizados em trabalhos forçados em qualquer parte da corte. *Ibidem*.

como em muitas ocasiões futuras, o que o Estado Nacional punia não era o ato, mas o indivíduo, o grupo:

> Tal estratégia de abolição da Carta de 1824 na Amazônia brasileira se sedimentou aos poucos e apenas se concluiu com a nomeação de Soares d'Andrea à presidência e comando das armas da província do Grão-Pará, que, aos poucos, passou a receber da corte plenos poderes, atuando na província efetivamente como um déspota declarado. No período declarado de exceção, as autoridades legalistas foram autorizadas a exterminar ou prender qualquer um que considerasse suspeito, sob a alegação de crime geral de rebelião, que aos poucos, passou a se caracterizar como o crime geral de cabano.[22]

Até 1840, quando a anistia foi finalmente publicada (depois de dezenas de milhares de cabanos terem sido mortos), o extermínio generalizado de indivíduos contou com permissão e aclamação oficiais. Com consentimento para aplicar a pena capital sem obrigações para com o Império ou com processos judiciais, o marechal português deixou a perseguição e o assassinato de gente pobre, analfabeta, *mestiça* (para ele, vadios, bárbaros, malvados) correrem soltos, já que o próprio Estado queria mesmo se livrar do que considerava a baixa laia que não servia para nada e só atrapalhava o bom andamento dos negócios públicos.

DEPOIS DE TUDO ISSO

Depois de cinco anos de luta, os cabanos criaram ódio aos brancos e às autoridades impostas, aprendendo a amar a aclamação popular e a revolução infinita.[23]

---

22 LIMA, L. M. de *Rios vermelhos*: perspectivas e posições de sujeito em torno da noção de "cabano" na Amazônia em meados de 1835.
23 RICCI, M., *op. cit.*

Os mestiços, negros, *índios* e uma parte da elite amazônica rebelaram-se em 1835 para reivindicar o direito à terra, ao comércio, à prosperidade, à cidadania e à participação política no projeto do Estado-Nação que estava sendo gestado na época sob o domínio das elites do Sudeste. Foram perseguidos e assassinados em seu caminho de fuga pela floresta, capturados para o trabalho forçado, exilados para outras províncias, mas muitos deles conseguiram permanecer vivos e espalhar suas histórias e suas ideias, criando comunidades mistas de negros, *índios* e mestiços ou aderindo a elas. Fora da região amazônica, esse episódio crucial para a consolidação do Estado brasileiro permaneceu nas sombras, assim como, de certa forma, a própria região e seu povo. Área de baixa densidade demográfica, tendia a ser considerada pelo restante do país como uma região homogênea, dominada por *índios*, com um povo quase invisível, um território a ser integrado, dominado e civilizado por meio de projetos externos que buscam explorar suas riquezas – quase uma nova colônia do Estado Brasileiro.

Os cabanos eram brasileiros? O que eles tinham em comum com seus pares no extremo Sul, que naquela mesma década também pegaram em armas para defender interesses que consideravam descartados pelo poder central do nascente império?

O traço mais marcante de identificação entre cabanos e farroupilhas foi possivelmente essa resistência diante de um projeto nacional que não os contemplava. Se a identidade nacional é uma construção contínua, até a quarta década do século XIX o Brasil encontrava-se em um limbo em que o Estado havia sido criado, mas a nação ainda patinava em busca de si. E no chamado período regencial, em que ocorreram a Cabanagem e a Farroupilha (para citar apenas duas das grandes revoltas contra o poder central estabelecido na corte no Rio de Janeiro e exercido por regentes imperiais), essa inconsistência se tornava perigosa, pois constituía um obstáculo concreto à manutenção do poder e ao exercício de se governar um país gigante, formado por realidades muito distintas do ponto de vista político, econômico, cultural, e muito mal costuradas por um mesmo idioma, uma antiga metrópole em comum e elites locais interessadas na manutenção do seu status.

Embora, em parte, a desmedida repressão ao movimento cabano e o morticínio generalizado possam ser imputados a um momento histórico específico de consolidação de um Estado Nacional, a atuação das forças legalistas e o discurso de políticos-chave no desenrolar dos eventos – ambos operando no sentido de agir à margem das leis para melhor reprimir – ecoaram ao longo dos quase duzentos anos seguintes. Da mesma forma, a ideia de que a nação brasileira é formada por um grupo muito específico de pessoas (cuja qualificação varia ao longo do tempo: cor, origem, comportamento) que devem ser protegidas de um rebotalho que por acaso nasceu aqui também perdurou e marcou nossa história.

D. Pedro fracassou na sua tentativa de estabelecer um Estado Nacional que de fato apaziguasse minimamente os cinco cantos desse país. Centralizador até o fim, não conseguiu acompanhar o andar da carruagem, não entendeu que sentimento nacional – imprescindível para a consolidação do Estado – não era a mesma coisa que sentimento dinástico.

Sua saída do Brasil não trouxe um senso de partilha do passado e do futuro para os brasileiros, mas abriu as portas para que isso pudesse ocorrer – embora até hoje nos perguntemos até que ponto ocorreu. No entanto, para atravessá-las, foram necessários baldes de sangue derramado, não apenas por aqueles que se levantaram contra as elites do Sudeste do país que buscavam priorizar seus próprios interesses, mas também – e, talvez, principalmente – por aqueles que acreditavam que uma nação se faz com cidadãos, e cidadãos são aqueles que trabalham para que o futuro compartilhado por todos seja decidido por todos. A experiência da Cabanagem, como de muitas outras revoltas, mesmo que inadvertidamente, foi fundamental para a construção do Brasil – da nação, do Estado, da identidade; aprendizado político dos mais radicais, faz-nos pensar, ainda hoje, no quanto nossas elites e nossos homens de governo se sentem no direito de nos dizer quem são os brasileiros.

Vejam a seguir os documentos citados neste capítulo.

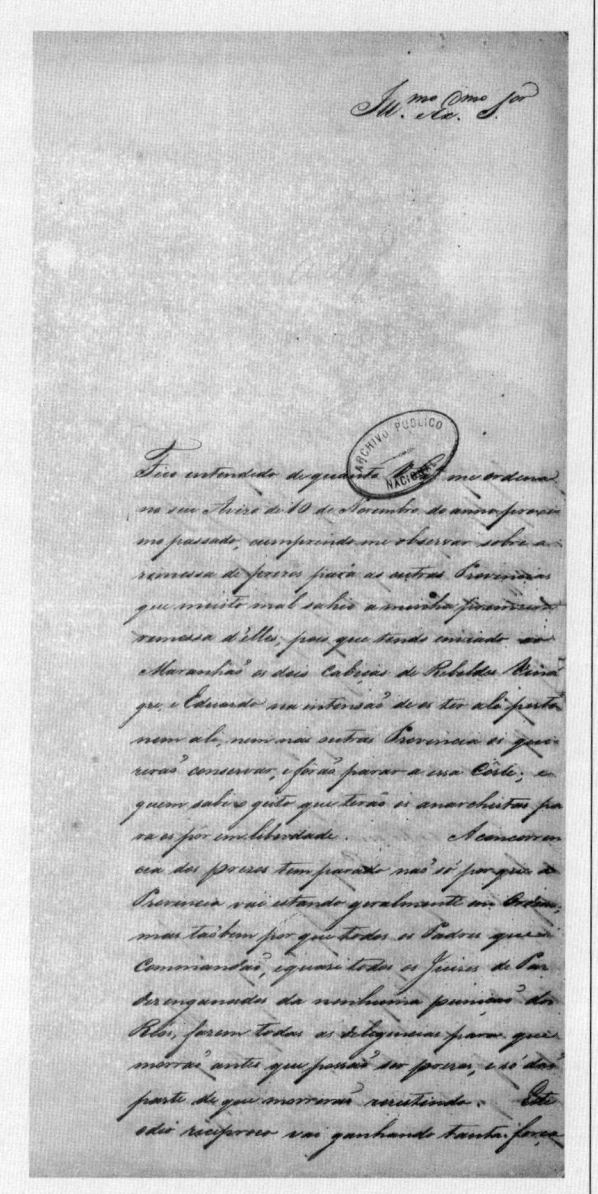

Transcrição de alguns trechos do documento: "[...] A concorrência dos presos tem parado não só porque a Província vai estando geralmente em Ordem, mas porque todos os padres que comandam e quase todos os juízes de paz, desenganados de nenhuma punição dos réus, fazem todas as diligências para que morram antes que possam ser presos, e só dão parte de que morreram resistindo. Este ódio recíproco vai ganhando tanta força."

Reprodução/Arquivo Nacional, Rio de Janeiro, RJ

Relato do marechal Soares d'Andrea, Presidente e Comandante das Armas da Província do Grão-Pará (o destinatário não é conhecido), em que ele descreve o massacre dos rebeldes cabanos. Belém, 2 de junho de 1837.

Transcrição de alguns trechos do documento: "Que já é preciso muita escolha para mandar qualquer diligência, pois que todos se julgam autorizados para matar cabanos [...] tanto os autores dos crimes quanto as testemunhas, e os juízes entendem que estas mortes, estes roubos e estes incêndios são atos dignos de louvor [...]."

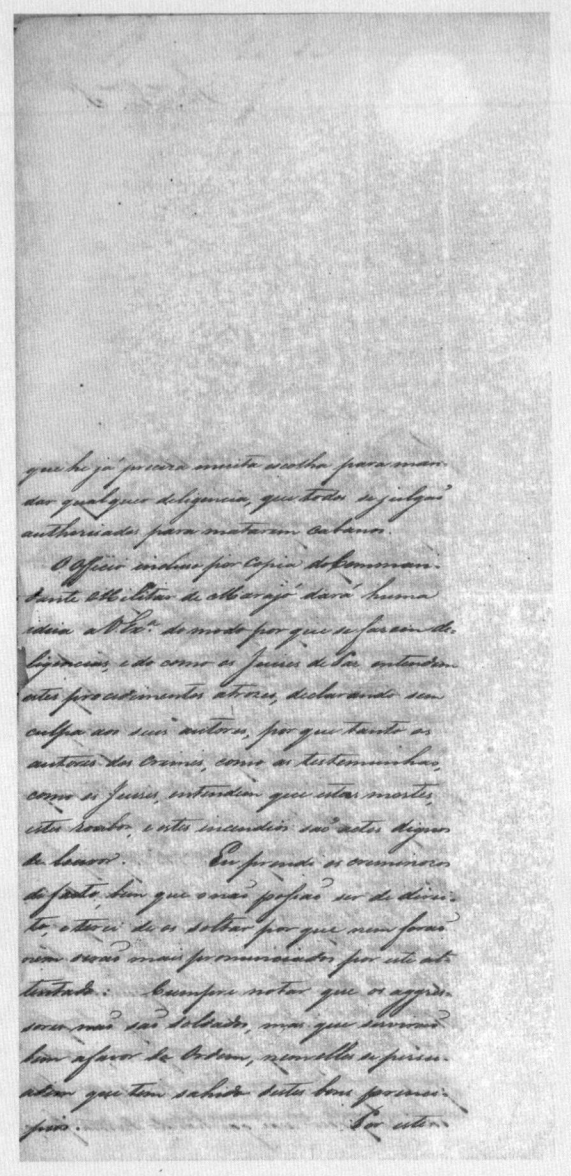

Reprodução/Arquivo Nacional, Rio de Janeiro, RJ

Relato do marechal Soares d'Andrea, Presidente e Comandante das Armas da Província do Grão-Pará (o destinatário não é conhecido), em que ele descreve o massacre dos rebeldes cabanos. Belém, 2 de junho de 1837.

Transcrição de alguns trechos do documento: "Cabo de esquadra do corpo de cavalaria desta cidade, natural da ilha de Marajó, solteiro, de idade de vinte e quatro anos, testemunha jurada [...] perguntado pelo acontecimento que teve lugar a bordo do navio São José Diligente no dia vinte de outubro do ano passado disse que estava preso a bordo do referido navio no dia indicado, viu que logo depois das oito horas da noite, tendo acabado de cear os presos que ali se achavam, que chegavam a duzentos e cinquenta e tantos, principiaram todos a pedir água, e à proporção que iam bebendo iam sucessivamente com muitas ânsias gritando por mais água, e caindo no chão até que morriam somando os mortos em duzentas e cinquenta e duas pessoas como se observou na manhã do dia seguinte em que foi aberta a escotilha do referido navio, e então observou ela testemunha que os corpos das pessoas mortas estavam todos negros."

Reprodução/Arquivo Nacional, Rio de Janeiro, RJ

Investigação que apurou os acontecimentos ocorridos a bordo do navio São José Diligente, em 20 de outubro de 1823. Acará, 11 de agosto de 1824.

Transcrição de alguns trechos do documento:

"[...] E tinham mau cheiro. Disse mais essa testemunha que nessa mesma noite em consequência da gritaria que faziam os presos na ocasião de pedirem água se deram dois tiros para dentro da escotilha, onde estavam os presos, e pouco depois se deu uma descarga nos mesmos presos, mas que ele testemunha não sabe quem mandou dar, pois também se achava preso embaixo, nem tampouco sabe quantos morreram dos referidos tiros, pois apenas viu um pela manhã varado com uma bala, declarando que não se mataram uns aos outros à exceção de um mulato chamado Eleutério que apareceu de manhã enforcado nos punhos da sua rede. Disse mais ele testemunha que os presos não tinham instrumento algum de pás ou ferro com que pudessem matar, e que nem ali entrou de fora pessoa alguma [...]."

Reprodução/Arquivo Nacional, Rio de Janeiro, RJ

Cópia da devassa que apurou os acontecimentos ocorridos a bordo do navio São José Diligente, em 20 de outubro de 1823. Acará, 11 de agosto de 1824.

Reprodução/Arquivo Nacional, Rio de Janeiro, RJ

Transcrição de alguns trechos do documento: "[...] Disse mais ele testemunha, que apesar de se achar também preso não ceou e nem depois bebeu água como os outros, conservando-se deitado ao pé de uma amarra, de onde observou quanto tem referido. Disse mais, que quando de manhã se abriu a escotilha lhe perguntou o tenente Joaquim Lúcio de Araújo, comandante do destacamento que guardava os presos, como tinham morrido aquelas pessoas, ao que respondeu ele testemunha que tinha sido por causa dos tiros que lhes deram e da água que beberam, ao que tornou o referido Joaquim Lúcio dizendo que não fora esse o motivo de morrerem, mas sim porque tinham matado uns aos outros na ocasião em que eles vinham pedir água à boca da escotilha [...] e que isso mesmo era o que ele testemunha deveria jurar e que quando assim não o fizesse lhe havia acontecer aqui o mesmo que aos outros tinha acontecido."

02 | CHUTA QUE É MACUMBA

"Abolida a pena de morte, mata-se agora sem pena."

Rui Barbosa[1]

---

[1] Jurista, escritor, diplomata e político baiano nascido em 1849, Rui Barbosa militou pela abolição e pela República e envolveu-se nos negócios de Estado a partir da instauração desta em 1889, chegando a ser ministro da Fazenda nos dois primeiros anos. Candidatou-se a presidente em 1910, contra o militar Hermes da Fonseca. Perdeu a eleição; os eleitores tendem a preferir as armas às letras, naquela época e ainda hoje.

A senhora Ana Francisca da Silva Castro, casada com o excelentíssimo José Joaquim de Magalhães, moradora da praia de Botafogo, Rio de Janeiro, era uma dama distinta, gente de bem. Frequentava missa, não falava palavrão. Fina flor da sociedade.

Ela foi responsável pela morte de duas adolescentes em 1886. Eram suas escravas. Ao longo de anos, a distinta dama torturou as meninas, deixando uma delas cega de ambos os olhos. Seus corpos estavam cobertos de chagas em carne viva, apresentavam ossos quebrados, queimaduras. A mais jovem, de 15 anos, ainda conseguiu escapar em meio ao seu desespero e chegar à redação da *Gazeta de Notícias*, de propriedade de José do Patrocínio, jornalista e abolicionista negro. Três dias depois, sua companheira de cárcere de 17 anos morreu mesmo após ter sido resgatada. O nome das meninas: Eduarda e Joana.

Acham que dona Ana Francisca se arrependeu?

"[...] não gosto desta gente. Além disso, esta preta é também atrevida, senta-se nas cadeiras, bebe água nos copos como se fosse branca."[2]

Isso foi dito *depois* que a distinta dama foi levada a uma clínica para doentes mentais, quando *explicou* por que maltratava as escravas que a serviam na instituição. Claro está que ela não queria dizer "bebe água nos copos como se fosse branca", ela quis dizer *bebe água nos copos como se fosse uma pessoa*. Sabe aquela história de as madames de hoje não deixarem as empregadas negras usarem seu banheiro? Pois é.

Em meio a uma intensa campanha abolicionista, o caso ganhou notoriedade muito em função do empenho de José do Patrocínio,[3] que fazia do seu jornal um poderoso instrumento em prol da causa. Mas não havia nada de especial nesse caso específico. Nada de extraordinário, exceto, talvez, pelo fato de a torturadora ter sido enviada para um sanatório, de forma a dar alguma *satisfação* a um público cada vez mais favorável ao fim da escravidão; inicial-

---

2 Trecho retirado do texto *Eduardas, Joannas e Franciscas*, escrito pela jurista e professora do Núcleo de Estudos de Políticas Públicas em Direitos Humanos (NEPP-DH) da Universidade Federal do Rio de Janeiro (UFRJ), Cristiane Brandão. O texto recupera o depoimento de médicos que acompanharam o crime e traz a cobertura dele em todos os seus desdobramentos. Disponível em: https://terapiapolitica.com.br/eduardas-joannas-e-franciscas/. Acesso em: 23 maio 2020.

3 Além de jornalista, romancista e um dos mais ativos abolicionistas brasileiros do final do século XIX.

mente se alegava que ela era desequilibrada, mas nem mesmo o juiz conseguiu corroborar. Ela acabou indo a julgamento no final daquele ano para ser – vejam só que surpreendente – absolvida por unanimidade pelos seus pares. Não há prova maior da aceitação geral e do uso disseminado da tortura em seres humanos escravizados do que essa acintosa absolvição.

PÚBLICA, PRIVADA, LEGALIZADA

A tortura era prática comum no sistema escravista que aqui (e não só aqui) se desenvolveu por séculos. Uma tortura privada, posto que era levada a cabo por agentes privados em seus sacrossantos lares, mas com o aval dos pares e dos poderes públicos, já que se tratava de uma atuação aceita e mesmo prevista pela sociedade e pela ambiguidade das leis, como queimar pessoas vivas, arrancar seus olhos, língua e dentes, chicoteá-las e depois passar pimenta e sal na pele... Havia de fato um dispositivo legal no período imperial que liberava apenas o castigo *moderado*, como cem chicotadas por dia. Daí para arrancar dentes e orelhas é um pulo.

Embora psiquiatras, psicólogos e cientistas cognitivos se dediquem a estudar o efeito que crueldades impingidas contra os corpos de outros seres humanos causam nos verdugos e naqueles que convivem com estes, enquanto leiga sensata, defendo que nada de bom poderia vir de uma sociedade que acha normal (mais do que normal, necessário) aplicar cem chibatadas nas costas de um humano. Nada de bom, e nada de passageiro, pois as consequências dessa crueldade seletiva percebemos, vivemos e sentimos até hoje.

É difícil saber os limites daquilo que era considerado normal, tratando-se de castigos aos escravizados. Em textos escritos ainda no século XVII, percebe-se ampla preocupação com os castigos *excessivos*. Punições corporais eram comuns na época – não apenas contra *escravos* – e abençoados pela Igreja Católica. Um regimento de 1633[4] prescrevia um castigo mode-

---

4 Regimento de engenho em Pernambuco na metade do século XVII. Ver: LARA, S. H. *Campos da violência*: escravos e senhores na capitania do Rio de Janeiro, 1750-1808. A autora refere-se a párocos da época: "Nos documentos setecentistas, encontramos também referências explícitas quanto aos castigos dos escravos. Benci, como vimos páginas atrás, recomendava o uso de açoites (em número máximo de 40 por dia) e ferros (correntes e grilhões), utilizados separadamente ou combinados de forma interpolada, para os delitos

rado que devesse ser aplicado, mas não ferisse a caridade cristã nem aleijasse o *escravo* (despojando assim o senhor do seu bem): "[...] depois de bem açoitado, o senhor mandará picar o escravo com navalha ou faca que corte bem e dar-lhe com sal, sumo de limão e urina e o meterá alguns dias na corrente, e sendo fêmea, será açoitada à guisa de baioneta dentro de casa com o mesmo açoite".

Para não chover muito no molhado:

> Na sociedade escravista brasileira, em engenhos de cana-de-açúcar do nordeste e em fazendas cafeeiras do sul, as crueldades de senhores e feitores alcançam níveis extremos e incríveis: novenas e trezenas de matar; anavalhamento do corpo, seguido do uso de salmoura; mutilações; estupros de negras escravas; castração de homens; amputação de seios; fraturas de dentes e ossos feitas a marteladas. Criou-se no interior da sociedade escravista uma longa tradição de formas requintadas de crueldade contra os escravos, algumas que chegaram às raias de práticas comuns ao sadismo. Inúmeras histórias, ainda hoje povoam o imaginário de nossa sociedade, como a do uso das urtigas em escravos [...] Os números de golpes desferidos variavam e os castigos mais rigorosos recaiam sobre os líderes de quilombos: 300 chibatadas por dia. Todos os dias, o escravo era atado a um poste ou amarrado de bruços e com o dorso nu a um banco, e açoitado certo número de chibatadas durante vários dias seguidos, as chibatadas feitas de formas recorrentes dificultavam a cicatrização das feridas

---

mais graves. Condenava qualquer prática de mutilação ou suplício, bem como a morte dos escravos. Antonil desaprovava as pancadas, coices e marcas corporais, afirmando que a repressão e 'algumas varancadas' com um cipó, nas costas, eram o mais recomendável. Para os fugitivos, briguentos ou bêbados, o melhor era a prisão. De forma alguma dever-se-ia 'amarrar e castigar com cipó até correr o sangue e meter num tronco ou em uma corrente por meses [...] a escrava que não quis consentir no pecado ou o escravo que deu fielmente conta da infidelidade, violência e crueldade do feitor'" (LARA, 1988). Fazia-se necessário, portanto, alertar que uma escrava que não *consentisse* com o estupro não devia ser amarrada e castigada com cipó até correr sangue e nem passar meses em uma corrente; espancar, mas sem sangrar. Quase um "estupra, mas não mata", pérola dita por Paulo Maluf, ex-governador de São Paulo, em 1989, durante campanha para presidente em uma discussão acerca de crimes passíveis de pena de morte. Maluf teve um herdeiro bem-sucedido, pois o então deputado Jair Bolsonaro ofendeu uma parlamentar afirmando, em 2003, "não te estupro porque você não merece", repetindo a ofensa anos depois, em 2014, tendo que se retratar por ordem judicial em 2019, já no cargo de presidente.

que deveriam ficar "em carne viva", conforme expressão popular recorrente na cultura brasileira.[5]

Não é preciso nos estender na descrição desses castigos, já tão estudados e pesquisados; vão me acusar de fazer drama, dizer que é demagogia, afirmar cabalmente que nada disso aconteceu e que tais horrores foram inventados do nada pelos abolicionistas em sua campanha contra a escravidão. Mas todo mundo sabe, ou deveria saber, que os *escravos* eram torturados. As pinturas do francês Jean-Baptiste Debret, que retratou o cotidiano brasileiro entre 1816 e 1831,[6] povoaram nossos livros de escola e, apesar de mostrarem os castigos de forma muito suavizada em comparação ao horror de sangue e dor que eram, certamente deixam uma marca no inconsciente das pessoas, assim como as imagens que se espalham pelos nossos museus dos instrumentos de tortura (ou melhor, *castigo*) utilizados nos *escravos*. As famosas *Scenas de escravidão* – caricaturas de Ângelo Agostini, chargista e jornalista italiano radicado no Brasil a partir de 1859 –,[7] que podem ser vistas nas páginas 60 e 61, são bem mais cruas e explícitas.

Contudo, por alguma razão muito estranha, disseminou-se neste país a ideia de que a escravidão tinha um lado *brando*. Não sei qual é a noção de brandura dessa gente, mas, desde o Brasil Colônia, se dizia que *escravos* precisavam de três *Ps*: pau, pão e pano. O tratamento foi uniforme em todo o território nacional e durante todo o tempo em que durou essa instituição? Claro que não. Havia famílias que tratavam suas negras como parentes? Possivelmente. Havia senhores que tratavam os escravizados com severidade, mas sem crueldade? Provavelmente.

Mas isso importa diante do cenário mais amplo de possibilidades e concretudes do sistema escravista?

---

5   SANTOS, V. P. dos. *Técnicas da tortura*: punições e castigos de escravos no Brasil escravista.
6   O álbum iconográfico *Viagem pitoresca e histórica ao Brasil* foi publicado entre 1834 e 1839.
7   Entre as várias publicações nas quais podemos testemunhar o talento de Agostini, encontram-se os jornais *O diabo coxo* e *Dom Quixote* e as revistas *O mosquito*, *Vida fluminense*, *Revista ilustrada* e *O malho*.

UM NOVO CÓDIGO PENAL – MAS NÃO PARA TODOS

Até o ano de 1830, o Brasil não tinha um código criminal, ou penal, como conhecemos hoje. Era aplicada a mesma norma da época da colônia, ou seja, o capítulo V das horrendas, perversas e medievais Ordenações Filipinas – aquele conjunto de leis que vigorou em Portugal a partir de 1603 (e consequentemente em sua colônia, o Brasil), o qual permitia que um ser humano fosse esquartejado vivo e cujas penas eram aplicadas de acordo com a pessoa, e não com o crime.

O Código Criminal do Império, escrito por Bernardo Pereira de Vasconcelos, deixou todos os barbarismos da legislação anterior para trás – no papel – e tornou-se um exemplo para outros países da América do Sul, já que sua redação de fato buscava se alinhar com o que havia de mais moderno na época, privilegiando a pena do encarceramento (em vez de morte e suplício), pena relativa ao ato, e não ao perpetrador, com ênfase na correção do indivíduo. A própria Constituição de 1824 já havia abolido "os açoites, a tortura, a marca de ferro quente e todas as demais penas cruéis". Menos para os escravizados.

Em tese, o novo código buscou limitar o alcance do braço do senhor no castigo aos *seus* escravizados. E esse pequeno *detalhe* representado pela instituição da escravidão conspurcava toda a pretensão liberal do código, com uma lógica que punha por terra todas as tentativas de racionalizar o sistema punitivo que o Império brasileiro deveria seguir, além de transformar a figura do escravizado em um indivíduo, ao mesmo tempo, sujeito e objeto, de forma bastante esquizofrênica.

As chibatadas foram abolidas, mas mantidas caso o criminoso fosse um escravizado. O código de fato possuía um dispositivo legal que previa a existência do "crime justificável" (artigo 14), representado pela aplicação de castigos *moderados* por parte do senhor ou por ele determinados. Caso fugisse da moderação ou resultasse em morte do escravizado, teoricamente o perpetrador poderia ser condenado. Contudo, os registros históricos disponíveis (e não são muitos os processos contra *senhores de escravo* que estão disponíveis) indicam que, em geral, o crime resultava na perda de posse deste pelo seu senhor, ou arranjava-se para que a culpa recaísse sobre outrem, ou sobre ninguém. Isso quando o evento chegava aos tribunais, o que era bastante raro.

O supracitado artigo listava situações em que o crime era justificável, e, além dele: "Art. 6º Quando o mal consistir no castigo moderado, que os pais derem a seus filhos, os senhores a seus escravos, e os mestres a seus discipulos; ou desse castigo resultar, uma vez que a qualidade delle, não seja contraria às Leis em vigor".

Porque, claro, as pessoas batiam nos seus filhos da mesma forma e com as mesmas motivações com que castigavam seus *escravos*.

Se alguém estranha o termo *crime justificável*, temos atualmente uma figura jurídica semelhante: chama-se excludente de ilicitude, previsto no nosso Código Penal (artigo 23). Por exemplo, se você agride alguém que invade a sua casa, você não pode ser processado por lesão corporal; também se refere a situações correlatas, quando se comete um ato normalmente classificado como delito em legítima defesa ou para evitar um mal maior.

Outra situação prevista no atual Código Penal a que o excludente de ilicitude se aplica diz respeito à atuação das forças policiais. E no Brasil de hoje é tão difícil *desenquadrar* as forças policiais desse artigo quanto era, no século XIX, a determinação de que os senhores não haviam utilizado força desmedida e desnecessária em escravizados de sua propriedade, portanto escapando da proteção concedida pelo artigo 14 do código criminal de 1830.

Recentemente, já às portas da terceira década do primeiro século do segundo milênio da Era Comum, o homem[8] que ocupa o cargo máximo do nosso Executivo no dia em que escrevo estas mal traçadas linhas tentou, mais de uma vez, ampliar essa proteção a agentes de segurança no exercício da sua profissão. A lei atual basta, mas o indivíduo em questão afirmou que a polícia tinha que ter *garantias* de que não sofreria retaliações por uso devido [sic] de força contra bandidos, ou seja, jamais policial algum seria sequer investigado por matar alguém em serviço – nem se fossem oitenta tiros contra o carro em que estavam um músico negro e sua família.

Sabemos quem as forças policiais e o sujeito supracitado consideram *bandidos*. Inclusive, em uma das tentativas, ele quis incluir bombeiros, forças armadas, guarda nacional nesse oba-oba do assassinato. E tentou também aumentar a lista de crimes em relação aos quais esse pacotão do *pode matar que ninguém vai investigar* valeria, incluindo aí atos contra a

---

8 Jair Bolsonaro foi eleito presidente do Brasil em outubro de 2018, tomando posse em janeiro do ano seguinte.

segurança do Estado, terrorismo e coisas do gênero. De novo: sabemos quem essas pessoas consideram uma ameaça à segurança do Estado, quem são os terroristas: você, mané, que vai à Cinelândia no Primeiro de Maio protestar contra a redução do seu salário, arrisca levar um tiro e seu assassino ainda ser considerado herói.

Essa história é bem velha, embora atual. Já assistimos a esse filme, já ouvimos essa música.

A dificuldade em estabelecer tanto os crimes justificáveis no regime escravista quanto os excludentes de ilicitude para as forças de segurança no Brasil de hoje dão uma ampla margem para a disseminação da violência pura e simples, em especial em uma sociedade que apresenta solo muito fértil para que isso aconteça. Mais uma grande lição aprendida com o sistema escravista: o problema não são os níveis de violência, mas contra quem esta é praticada.

Voltando a 1830. É quase risível o Código Penal falar em castigo moderado justificável, quando o costume indicava que cem, trezentas chibatadas representavam um número perfeitamente aceitável. Expressões dessa época macabra perduram no nosso linguajar: carne viva; atazanar. Deem um Google.

Em 1835, uma *lei de exceção* (a Lei Nefanda) foi aprovada pela Assembleia Geral dois anos depois de ter sido enviada ao parlamento, uma resposta ao pavor incutido nos senhores pelas insurgências dos escravizados, cujo número só fez aumentar ao longo do século XIX. Ela permitia a aplicação da pena de morte sem unanimidade de júri e sem direito a apelação (posteriormente Pedro II, o Bom Velhinho, varreria essa parte, na prática, para baixo do tapete). Era uma maneira sumária de se executar escravizados que se rebelavam contra seus senhores de forma violenta, ou seja, matando ou ferindo aquelas boas pessoas que desejavam apenas a educação e absolvição eternas dos seus protegidos, amém.

> LEI Nº 4 DE 10 DE JUNHO DE 1835.
> *Determina as penas com que devem ser punidos os escravos, que matarem, ferirem ou commetterem outra qualquer offensa physica contra seus senhores, etc.; e estabelece regras para o processo.*
> *A Regencia Permanente em Nome do Imperador o Senhor D. Pedro Segundo Faz saber a todos os subditos do Imperio que a Assembléa Geral Legislativa Decretou, e Ella Sanccionou a Lei seguinte:*

> *Art. 1º Serão punidos com a pena de morte os escravos ou escravas, que matarem por qualquer maneira que seja, propinarem veneno, ferirem gravemente ou fizerem outra qualquer grave offensa physica a seu senhor, a sua mulher, a descendentes ou ascendentes, que em sua companhia morarem, a administrador, feitor e ás suas mulheres, que com elles viverem.*
>
> *Se o ferimento, ou offensa physica forem leves, a pena será de açoutes a proporção das circumstancias mais ou menos aggravantes.*
>
> *Art. 2º Acontecendo algum dos delictos mencionados no art. 1º, o de insurreição, e qualquer outro commettido por pessoas escravas, em que caiba a pena de morte, haverá reunião extraordinaria do Jury do Termo (caso não esteja em exercicio) convocada pelo Juiz de Direito, a quem taes acontecimentos serão immediatamente communicados.*
>
> *Art. 3º Os Juizes de Paz terão jurisdicção cumulativa em todo o Municipio para processarem taes delictos até a pronuncia com as diligencias legaes posteriores, e prisão dos delinquentes, e concluido que seja o processo, o enviaráõ ao Juiz de Direito para este apresenta-lo no Jury, logo que esteja reunido e seguir-se os mais termos.*
>
> *Art. 4º Em taes delictos a imposição da pena de morte será vencida por dous terços do numero de votos; e para as outras pela maioria; e a sentença, se fôr condemnatoria, se executará sem recurso algum.*
>
> *Art. 5º Ficão revogadas todas as Leis, Decretos e mais disposições em contrario.*

O detalhe fascinante é que essa lei draconiana incidia unicamente na esfera privada, representando um mecanismo direto de regulação das relações entre senhor e *escravo*. Nada diz acerca de crimes cometidos pelos escravizados contra agentes públicos, por exemplo, ou desconhecidos que porventura se encontrassem na praça da cidade. Pouco faltou para que os grandes senhores recebessem permissão para montar patíbulos privados onde pudessem castigar os seus delinquentes (ou os delinquentes dos vizinhos, caso estes tivessem sido assassinados) na privacidade do seu quintal. Essa promiscuidade entre o público e o privado não deveria nos causar estranheza, já que encontrava paralelo na prática comum de se pagar às polícias para aplicar castigos aos *escravos* insubordinados, como, em geral, açoites ou grilhões.[9]

---

9   O fundo Polícia da Corte, sob guarda do Arquivo Nacional no Rio de Janeiro, dispõe de centenas de recibos de pagamento por esse serviço.

Aliás, essas verdadeiras PPPs[10] da tortura e do castigo são comuns em nossa história e fundamentais para se compreender a lógica de uma violência estatal que, na verdade, não passa de dispositivo privado para manutenção de uma ordem desigual.

Esse crime privado (a insurreição de cativos) de certa forma era mais grave do que crimes políticos:

> A título de exemplo, a insurreição de escravos era um crime (*artigo 113*) punido com muito mais gravidade que o crime de conspiração (*artigo 107*) praticado contra o Império ou o imperador, pois enquanto este era condenado "com desterro para fora do Império por quatro a doze anos", aquele preconizava textualmente que "julgar-se-há commetido este crime, reunindo-se vinte ou mais escravos para haverem a liberdade por meio da força" com penas aos cabeças: em grau máximo, a morte (forca); em grau médio, galés perpétuas; e, em grau mínimo, galés por quinze anos. Aos demais partícipes, apenas os açoites. Por essa legislação entende-se que o crime contra a estrutura da escravidão e da propriedade era mais grave que o crime político praticado contra o regime ou o monarca por não escravos.[11]

UMA NAÇÃO DE CRIMINOSOS

Que o tráfico atlântico de africanos escravizados é uma mancha indelével na história de várias nações (Brasil, Estados Unidos, Portugal, Inglaterra, Holanda – talvez os maiores herdeiros desse vexame, embora não os únicos), é desnecessário dizer. Também dispensamos (por óbvios) comentários acerca da nossa abolição tardia, há pouco mais de uma década do século XX, o último país da América a fazê-lo et cetera. Como sempre, nossas elites mesquinhas regatearam até o último minuto, passando décadas a dar migalhas aos desesperados na forma de uma legislação a conta-gotas (Lei do Ventre Livre e Lei dos Sexagenários), que aos poucos permitiam que elas *se acostumassem* a não ter mais em quem pisar.

---

10 Parceria Público-Privada.
11 SILVA, F. B. da. *Do Rio de Janeiro para a Sibéria tropical*: prisões e desterros para o Acre nos anos 1904 e 1910.

Nós nos acostumamos a ser uma terra de bandidos desde cedo. Em 1831, editou-se a primeira lei a combater o tráfico de escravizados para o Brasil. Conhecida por Lei Feijó, ela estabelecia que esse comércio vil estava doravante proibido, os africanos aqui aportados por essa atividade ilegal estariam automaticamente livres e os responsáveis, sujeitos à prisão. Criada sob intensa pressão internacional (especialmente dos donos da praia na época, os ingleses), essa lei simplesmente *não pegou*, e os africanos continuaram a aportar aqui como *escravos*, e como tal continuaram até 1850, quando o tráfico efetivamente cessou com a chamada Lei Eusébio de Queirós, ou seja, uma nação de foras da lei.

Toda a economia brasileira do século XIX se baseava no trabalho servil. Mais de 700 mil africanos escravizados entraram ilegalmente aqui entre 1831 e 1850, e, ilegalmente (já que a lei previa que fossem imediatamente postos em liberdade os *escravos* apreendidos no tráfico ilegal), passaram a trabalhar nas lavouras e nas cidades. Para que esse edifício se mantivesse de pé, os nossos oligarcas e homens públicos devem ter queimado muitos neurônios para encontrar saídas casuísticas e justificar tais crimes. Certamente, o Estado se organizou para lidar com essa situação espúria, e escamotear o contrabando passou a ser uma tarefa especialmente árdua, uma vez que a Coroa britânica vigiava os mares em busca dessa carga humana. As elites de norte a sul tiveram que deixar suas diferenças de lado para conseguir defender uma instituição que ruía pouco a pouco em todo o mundo, queda essa patrocinada pelo maior império da época.[12]

Um dos traços mais insidiosos da escravidão no Brasil possivelmente foi sua presença disseminada em todo o território nacional, nas cidades e na zona rural, entre as oligarquias ou em pequenos negócios urbanos, passando por famílias modestas e mesmo *ex-escravos*. Vejamos o que diz Machado de Assis, em uma das suas passagens mais precisas acerca da sociedade brasileira:

> *Tais eram as reflexões que eu vinha fazendo, por aquele Valongo fora, logo depois de ver e ajustar a casa. Interrompeu-mas um ajuntamento; era um preto que vergalhava outro na praça. O outro não se atrevia a fugir; gemia somente estas únicas palavras:*

---

12   Sobre esse período de tráfico ilegal, ver: MAMIGONIAN, B. G. *Africanos livres*: a abolição do tráfico de escravos no Brasil.

"Não, perdão, meu senhor; meu senhor, perdão!"
Mas o primeiro não fazia caso, e, a cada súplica, respondia com uma vergalhada nova.
"Toma, diabo!" – dizia ele; toma mais perdão, bêbado!
"Meu senhor!" – gemia o outro.
"Cala a boca, besta!" – replicava o vergalho.
Parei, olhei... justos céus! Quem havia de ser o do vergalho? Nada menos que o meu moleque Prudêncio – o que meu pai libertara alguns anos antes. Cheguei me; ele deteve-se logo e pediu-me a bênção; perguntei-lhe se aquele preto era escravo dele.
"E, sim, nhonhô."
"Fez-te alguma coisa?"
"É um vadio e um bêbado muito grande. Ainda hoje deixei ele na quitanda, enquanto eu ia lá embaixo na cidade, e ele deixou a quitanda para ir na venda beber."
"Está bom, perdoa-lhe, disse eu."
"Pois não, nhonhô manda, não pede. Entra para casa, bêbado!" [13]

Assim o sentimento de posse sobre outra vida humana espalhou-se e naturalizou-se de cima a baixo no dia a dia das pessoas, além de tornar-se um símbolo de status e força mantenedora deste, de formas diretas, mas também sutis: afinal, o moleque Prudêncio, embora liberto, embora "senhor de (um) escravo", embora verdugo dele, não foge à subserviência que para sempre marcaria sua existência. Sua liberdade não passou de uma concessão.

A Lei nº 3.310, editada em outubro de 1886, interditava a utilização dos açoites como pena para crimes realizados por escravizados, mas nem sua intenção nem sua redação implicam o fim do direito que os senhores tinham de castigar (de forma *moderada*) seus *escravos*, sua propriedade. De fato, a citada lei apenas revoga a parte da lei de 1835, que diz respeito aos açoites e nada menciona acerca da relação privada entre senhor e escravizado:

> Lei nº 3.310 de 15 de outubro de 1886.
> Art. 1º São revogados o art. 60 do Codigo Criminal e a Lei n. 4 de 10 de Junho de 1835, na parte em que impoem a pena de açoutes.

---

13 Trecho de ASSIS, M. de. *Memórias póstumas de Brás Cubas*.

> Ao réo escravo serão impostas as mesmas penas decretadas pelo Codigo Criminal e mais legislação em vigor para outros quaesquer delinquentes, segundo a especie dos delictos commettidos, menos quando forem essas penas de degredo, de desterro ou de multa, as quaes serão substituidas pela de prisão; sendo nos casos das duas primeiras por prisão simples pelo mesmo tempo para ellas fixado, e no de multa, si não fôr ella satisfeita pelos respectivos senhores, por prisão simples ou com trabalho, conforme se acha estabelecido nos arts. 431, 432, 433 e 434 do Regulamento n. 120 de 31 de Janeiro de 1842.

Embora não determinasse o fim dos castigos corporais impostos pelos proprietários, a força da lei e as suas implicações acabaram por causar certa confusão mesmo entre os escravizados. Intensificou-se o movimento de evasão dos campos, que vinha aumentando à medida que o movimento abolicionista e as batalhas judiciais enfraqueciam a instituição da escravidão.

A lei de 1886 pôs a nu a esquizofrenia do sistema penal brasileiro – aliás, do sistema jurídico. Na verdade, de toda a sociedade brasileira.

Escravos eram mercadoria, etiquetados com preço e propósito; eram objeto, e não sujeito – pela lógica senhorial. Existiam para servir, e a vontade deles não tinha expressão. Em termos legais, contudo, eram sujeitos – perpetravam crimes e iam a julgamento. A sociedade pretensamente liberal do Império estabelecera no Código Penal de 1830 que cada um deveria ser julgado por seus pares. Mas os escravizados não podiam ser julgados por estes, apenas pelos seus senhores – ou representantes destes –, contra quem frequentemente seus crimes eram cometidos. Aliás, também não podiam apresentar denúncia de nenhum crime que tenha sido cometido contra eles: era necessário que o senhor – que muitas vezes era o responsável pelo crime cometido contra o *escravo* – representasse-o perante a justiça.

Pois é. Alguns aspectos dessa lógica doentia foram questionados e a jurisprudência acabou por deitá-los por terra,[14] em especial no tocante à impossibilidade de escravizados se representarem diante da justiça, do Ministério Público (MP), para denunciar casos de maus-tratos, por exemplo. Mas o cerne

---

14 Jurisprudência que pode ser consultada em Tinôco, A. L. F. *Código Criminal do Império do Brazil*: Anotado. Brasília: Senado Federal, Conselho Editorial, 2003. xxviii, 574 p. (Coleção história do direito brasileiro. Direito penal).

da questão permanece: há uma mercadoria que pode também ser sujeito. Se pensarmos que a instituição escravista se encontrava na base da sociedade brasileira e sua lógica perpassava-a de alto a baixo, entenderemos um pouco mais nossa tendência a aceitar tratamentos tão díspares a cidadãos de um mesmo país; entendemos por que é comum pensar que uns brasileiros são mais gente do que outros.

Há um outro aspecto marcante dessa esquizofrenia jurídica que integra as raízes do preconceito generalizado e da tendenciosidade das nossas instituições. Sempre que um escravizado acusado de crime contra seu senhor (ou contra qualquer indivíduo livre) enfrentava o julgamento, invariavelmente quem se encontrava no banco dos réus não era apenas o indivíduo, mas aquilo que por metonímia ele incorporava: o cativo, o africano, o negro; por definição: uma ameaça, um condenado.

Esse dispositivo de transformar grupos inteiros em vilões, independentemente dos indivíduos e dos seus atos concretos, não é exclusividade brasileira, embora devamos tirar o chapéu para a eficiência com que nossas elites sempre conseguiram, até hoje, operar e potencializar esse tipo de dispositivo por um aparato jurídico (não apenas leis mas também procedimentos) tortuoso e um Estado imoral. Cada caboclo tornou-se um cabano; cada negro, um *escravo* perigoso; cada sertanejo andrajoso, um fanático religioso; cada opositor da ditadura militar, um comunista comedor de criancinha; cada sem--terra, um pistoleiro; e cada favelado, um traficante ou amigo de um deles – e todos eles, expostos à lógica não apenas da opressão mas também do aniquilamento, senão como entidade física, como sujeito ativo.

Observação óbvia, mas necessária: a redução de determinados seres humanos a *escravos* e subsequente coisificação deles não implica, de forma alguma, que eles fossem, se considerassem, se percebessem ou agissem como tal. Foi-se o tempo – esperamos todos – em que as análises relativas à escravidão percebiam os cativos como um corpo uniforme e indistinto, condicionado a agir da mesma forma e submetido integralmente à condição e à percepção de ser apenas *coisa*. No entanto, também me causa arrepios as análises que enfatizam o quanto o escravizado era um agente da sua própria condição, porque afinal a *relação escravo-senhor era uma via de duas mãos*, minimizando assim toda a tragédia, a exploração e a sordidez dessa instituição maldita e totalitária. Negociação se dá entre iguais, e por isso não acredito em ninguém que venha me falar que os *escravos* negociavam alguma coisa com seus senhores; no máximo, racionalizavam, argumentavam, imploravam.

Tampouco vale a pena discutir com pessoas que falam: "Ah, mas nem todo senhor maltratava torturava/estuprava/assassinava seus escravos". A grande questão aqui não é exatamente se todos praticavam tais atos ignóbeis ou não. O fato é que as damas se sentiam à vontade (e, muitas vezes, orgulhosas) de contar para suas amigas como haviam arrancado os dentes, olhos e seios da *preta sem-vergonha* que seduzira seu virtuoso marido, da mesma forma que os senhores descreviam, de forma didática, como haviam açoitado até a morte um *negrinho atrevido* que tinha mania de comer os doces preparados para a casa-grande. A partir do momento em que essa violência se apresenta como legítima e é amparada pelas leis, perde o sentido discutir quantos donos de *escravos* torturavam suas peças e quantos se apresentavam como gente boa que deixava que bebessem cachaça nos dias santos.

LEVANTE DOS MALÊS

O Brasil tinha leis que garantiam a existência da escravidão. Assim, sua atuação em relação a ela ou na repressão aos movimentos de escravizados que buscavam alcançar seu fim não pode ser caracterizado de ilegal. Sórdidos e desmedidos, sem dúvida, mas não exatamente ilegais. Mas a condescendência com que os senhores que torturavam e matavam seus *escravos* eram frequentemente tratados pelo sistema judiciário (sem falar na absurda dificuldade em fazer esse sistema sequer tomar conhecimento das atrocidades que iam muito além do previsto em lei) indica a franca adesão do Estado às ilegalidades adotadas com carinho pela elite. Mais importante: a ilegalidade do tráfico de *escravos* a partir da lei editada em novembro de 1831, já mencionada, criou uma nação de foras da lei, que conseguiu importar ilicitamente 760 mil africanos livres em vinte anos, em franco desafio aos tratados internacionais, à vigilância inglesa e à legislação brasileira.

Os anos, décadas, séculos de sistema escravista deixaram muito mais do que apenas traços e resquícios. Foi a permanência e disseminação desse sistema que permitiram que uma República se sustentasse a partir do final do século XIX, embora mantivesse uma larga parcela da população alheia ao processo político – já que não se percebia como cidadã e, como tal, não era vista; não por não dispor de direitos políticos formais, mas porque não os compreendia e não se entendia como parte do mesmo corpo político que seus antigos donos, muito menos como parte de mesmo valor intrínseco.

O Levante dos Malês de 1835 foi uma entre várias revoltas e rebeliões *escravas*. Pra quem acha que é possível manter na ponta de chibata e no elo das correntes um contingente considerável de seres humanos reduzidos a mercadoria sem que estes se percebessem como tal, é bom lembrar da existência dos inúmeros quilombos em todo o país,[15] da ocorrência de insurreições em fazendas[16] e das resistências urbanas.[17] Nunca foi fácil, mas valia a pena para quem dependia dessa força de trabalho para agregar ao camarote; aliás, para comprar o camarote e ostentar para o teatro inteiro.

A revolta ocorrida em 1835 apresentou algumas diferenças que marcaram a época e fizeram, literalmente, história: organizada por africanos letrados, deixou registros escritos como nenhum outro movimento do gênero. O pavor que inspirou foi tanto que uma lei draconiana foi aprovada para facilitar a repressão a movimentos futuros de caráter semelhante, a já citada Lei Nefanda.

A maioria das gentes ricas, dos senhores, dos oligarcas nutria um indefectível medo (e ódio e nojo) de *escravos* (e de pobres e de pretos). Sabiam da revolta daqueles seres humanos que consideravam biblicamente amaldiçoados e, portanto, merecedores de eterno e doloroso cativeiro. Assim, como permanecer impassível diante da possibilidade bastante concreta de receberem de volta toda a dor que impunham? Mas o Levante dos Malês gritou

---

15 Quilombos, *grosso modo*, eram agrupamentos de escravizados fugidos, que se espalharam pelo Brasil ao longo de todo o período escravista; ainda atualmente, encontramos comunidades remanescentes de quilombos. FLORENTINO, M.; AMANTINO, M. *Fugas, quilombos e fujões nas Américas (séculos XVI-XIX)*: análise social; REBELATTO, M. *Fugas escravas e quilombos na Ilha de Santa Catarina, século XIX*; AGOSTINI, C. *Entre senzalas e quilombos*: "comunidades do mato" em Vassouras do oitocentos.

16 REIS, J. J. *Recôncavo rebelde*: revoltas escravas nos engenhos baianos; REIS, J. J. *Nos achamos em campo a tratar da liberdade*: a resistência escrava no Brasil oitocentista. Idem. *Viagem incompleta*: a experiência brasileira (1500-2000). SANTOS, G. F. dos. *Mocambos e quilombos*: uma história do campesinato negro no Brasil.

17 CARVALHO, M. *Rumores e rebeliões*: estratégias de resistência escrava no Recife, 1817-1848. DINIZ, L. M. V. *Criminalidade e resistência escrava em São Luís (1860-1880)*.

mais alto, ou mais forte, ao menos nos ouvidos daqueles que andavam nas liteiras ou vendiam açúcar nos mercados do mundo.

Por quê?

Algumas possibilidades vêm à mente. Dois aspectos, inter-relacionados, poderiam incutir um medo e uma desconfiança maiores entre a elite branca e católica: os malês (como eram chamados os africanos islamizados) seguiam uma religião estruturada, monoteísta, baseada em um livro sagrado. Não, não eram cristãos.

Alguma semelhança?

Os malês eram muçulmanos, seguidores do islã, leitores do Alcorão. Inclusive, o nível de alfabetização entre os africanos islamizados em geral era maior, por causa da importância dada à leitura do livro sagrado.[18]

Também é de bom tom que não sejam *escravos* de ninguém, já que são servos apenas de Alá. Que os cristãos metidos a europeus, em suas casacas tropicais, durmam com um barulho desses. Um bando de africanos letrados em um idioma que seus senhores não conheciam, e que, aliás, não os reconheciam como seus senhores?[19]

Um bando de africanos – centenas deles – espalhando-se pelas ruas da urbe em dia cristão, dispostos a tocar todo o terror para derrubar uma instituição que recusavam?

Na época, Salvador contava com cerca de 30% de africanos entre a população total, que chegava a 65 mil pessoas. Entre libertos, *escravos* e afrodescendentes, a conta final chegava a quase 80%. Logo após a proibição legal do tráfico de escravizados africanos em função das exigências da Coroa britânica, em 1831, muitos brasileiros de cabedal acorreram ao mercado, acreditando que a lei seria levada a sério e faltariam *escravos* para as plantações de tabaco, açúcar e café, em especial os mercadores de *escravos*. Naquele início

---

18 OLIVEIRA, K.; LOBO, T. *Panorama preliminar da história do letramento de negros na Bahia*: para a história do português brasileiro.

19 Não que os outros africanos reconhecessem seus senhores ou sua condição de *escravos*. Mas a questão era articulada de uma forma mais clara entre os malês. O média-metragem *Allah, Oxalá – na trilha malê*, de Francirosy Campos Barbosa (2015), apresenta essa discussão, inclusive em entrevistas com pesquisadores, estudiosos e praticantes (religiosos).

de década, por razões específicas,[20] um número expressivo de africanos nagôs/iorubás acabou enredado na sina de ser *escravo* na Bahia.

Embora as diferenças e rivalidades entre as várias etnias africanas muitas vezes funcionassem como obstáculo para uma luta unificada contra a condição de *escravo*, em algumas ocasiões tais diferenças foram superadas na busca pelo fim da condição de escravizado. Isso pode ser percebido no Levante dos Malês, com uma ressalva: a revolta praticamente excluiu das suas fileiras aqueles que haviam nascido no Brasil (que dela não quiseram, de todo modo, participar).

Planejado por africanos nagôs (muçulmanos ou filhos dos orixás), liderado por pessoas como os *escravos* Ahuna, Pacífico Licutan, Luiza Mahin, e os libertos Elesbão do Carmo e Manoel Calafate, o levante organizou-se ao longo de meses, sob o manto de uma língua diferente e das relativas facilidades encontradas pelos *escravos* que viviam a trabalhar nas ruas das cidades.[21] Embora tenham deixado registros escritos dos seus atos e a organização, não fica muito claro quais eram seus objetivos táticos; apenas sua missão maior: derrubar a instituição escravista e assumir o poder local.

Não queriam apenas fugir ou organizar uma fuga em massa, criar um novo quilombo ou insurgir-se contra condições específicas em uma região limitada (contra um único senhor, talvez); pretendiam abolir a escravidão.

Na madrugada de 25 de janeiro de 1835, dia santo católico e imediatamente posterior ao Ramadã,[22] alguns rebeldes adentraram no prédio da Câmara de Salvador, em cujo subsolo se encontrava preso um *escravo* africano de nome Bilal (ou Licutan), por causa das dívidas do seu senhor.

---

20   Em especial, conflitos e guerras religiosas ocorridas na região da baía do Benim nas primeiras décadas do século XIX. LOVEJOY, P. E. *Jihad e escravidão*: as origens dos escravos muçulmanos da Bahia. VERGER, P. *Fluxo e refluxo*: do tráfico de escravos entre o golfo do Benim e a Bahia de Todos-os-Santos, do século XVII ao XIX.

21   A vida dos escravizados nas cidades brasileiras inspirou inúmeras pesquisas que buscavam compreender as *diversas formas de ser escravo*, as sociabilidades possíveis e os relacionamentos humanos complexos entre senhores e *escravos*, e entre os próprios *escravos*. No entanto, com ou sem as *regalias* de muitos *escravos* urbanos, que conseguiam alcançar relativa mobilidade e inclusive chegavam a amealhar dinheiro suficiente para comprar sua alforria, a escravidão era, sempre, a transformação de um ser humano em posse integral de outro.

22   Ramadã é o nono mês do calendário islâmico, dedicado a diversas práticas religiosas, inclusive os jejuns intermitentes de fundo ritual.

Acabaram se espalhando pelas ruas da cidade, tentando dar o alarme para acordar seus camaradas e conseguiram desencadear o levante, apesar de uma escrava nagô ter vazado a informação para homens brancos (de bem); o que levou o presidente da província a providenciar as defesas necessárias. A delação, se não abortou de todo a rebelião, impediu que ela fizesse os estragos que pretendia.

Houve gritaria geral na cobertura e, depois do levante – durante o qual alguns líderes malês foram mortos –, e não apenas o chicote cantou no lombo dos revoltosos como também até a lei mudou. Penas de até mil chibatadas foram impostas, inclusive a *escravos* já de certa idade.

Mil. Mil chicotadas.

Alguns tiveram a sorte de enfrentar o desterro; outros, prisão; e alguns, a morte por fuzilamento (morte honrosa, diga-se de passagem, concedida aos rebeldes porque aparentemente ninguém quis ser o carrasco da vez).

Conforme mencionado, em junho de 1835 a Lei Nefanda foi editada pela Regência, que passou toda a sua existência a temer *escravos*, europeus, republicanos e rebeldes nas províncias.[23] D. Pedro II, o Bom Velhinho, tinha menos a temer e acabou impedindo que a lei draconiana da pena de morte sem arrego fosse mobilizada.

Os *escravos* muçulmanos praticamente desapareceram dessas plagas. Mas deixaram traços, inclusive, nas religiões de matriz africana; islâmica no âmago, a revolta malê espelhou a interação entre as diferentes nações e religiões africanas na Bahia. A revolta se constituiu, juntamente a toda a repressão que desencadeou, em mais combustível a alimentar a desigualdade ontológica que justificava a escravidão aos olhos cristãos. E foi justamente essa desigualdade que acabou por se tornar a diferença política desproporcional que a República sedimentou para impedir a emergência de uma comunidade brasileira de pleno direito.

Se as revoltas de escravizados *legalizaram* a repressão desmedida, também irrigaram o solo em que se gestava a sociedade que tão bem conseguia aceitar uma justiça que tinha muitos pesos e poucas medidas.

---

23 A Lei Nefanda foi enviada à Assembleia em 1833, depois dos eventos macabros ocorridos em Carrancas (MG), em que *escravos* revoltados se voltaram contra os senhores locais e dizimaram dezenas de pessoas, famílias inteiras, em duas fazendas da região. O Levante dos Malês impulsionou a aprovação da lei dois anos depois.

HERDEIROS

Nada disso é passado. Não podemos, ou não devemos, dizer às crianças, pura e simplesmente, que isso aconteceu há muito tempo, é uma história velha que vocês devem aprender para passar de ano, pois, a cada dia na rua, na TV e na internet, elas vão perceber que a exclusão e a tortura estão muito presentes na nossa vida, e que elas vitimam especialmente a população de pele mais escura. *Só* por causa da escravidão passada? Não sei. O ódio é onívoro e voraz, alimenta-se de inúmeros fatores. Mas essa instituição atroz que dominou o dia a dia dos nossos antepassados até menos de um século e meio atrás tem um papel crucial a desempenhar na origem dos nossos ódios e perversidades.

Embora existisse um forte componente medieval na prática de tortura contra o escravizado no Brasil (o castigo e sofrimento extremos como exemplo para que outros não seguissem o caminho errado tomado pelo supliciado), ela começou a se afastar da lógica dos antigos costumes cristãos [*sic*] europeus à medida que tais práticas se tornam cotidianas, privadas e variadas em motivação e método. O que se pode perceber é que, embora, a princípio, os castigos tivessem uma função bastante específica e uma racionalidade cruel, mas aparente, os registros que chegaram até nós acerca do comportamento dos senhores para com suas propriedades indicam que este podia beirar o irracional.

Certamente há todo um didatismo envolvido na imposição de castigos corporais, e um teatro macabro que buscava inculcar o medo naqueles que estavam sujeitos a tais penas, de forma a quebrar sua resistência. Contudo, esse teatro do medo se estendia, se espalhava e aderia ao tecido social como purpurina. O medo do castigo era inculcado desde cedo entre a população escrava, mas também se ensinava a temer o *escravo*, o negro e mesmo o pobre livre, embora não na mesma medida. E como equacionar esse medo senão por meio do ódio? Como justificar, para si e diante de todos, um tratamento desumano senão culpabilizando a vítima sub-humana, *infiel* a Deus, desordeira, insubmissa às regras por natureza, tornando-a vil e necessitada de tratamento severo para sua própria salvação e segurança da sociedade de bem? Temos aliás a impressão de que esse ódio só fez aumentar com o fim da pena de morte, o fim dos açoites, o fim da escravidão.

O Brasil nasceu escravista, um sistema juridicamente carregado de ambiguidades e ilegalidades: da esquizofrenia do Código Penal à acintosa permanência do tráfico de *escravos* ao longo de décadas após sua proibição, passando pela prática da tortura, que sempre encontrou um *jeitinho* de virar paternal castigo (mesmo quando resultava em morte) e crime justificável, inúmeros aspectos que, aos contemporâneos, não passavam de detalhes, nos acostumaram a viver em uma corda bamba legal, um labirinto por vezes condescendente, dependendo de em qual lado da corda o indivíduo se encontra. A parceria entre o poder público e a iniciativa privada logrou imenso sucesso em sustentar por décadas um sistema carregado de sombras jurídicas e violências cotidianas. Principal sustentáculo da economia nacional, rara unanimidade entre as elites de todo o país desde a sua fundação e ao longo da maior parte do século XIX, a chamada *instituição servil* nos ensinou a relativizar a lei, o sofrimento e a dor, e a aceitar o ódio de peito aberto.

O castigo físico e a tortura infelizmente marcam a história humana nos mais diferentes contextos, não sendo exclusividade do sistema escravista implantado nas Américas pelos europeus. Algumas particularidades do escravismo ao qual nos referimos neste capítulo ressoam até hoje em nossos corpos e mentes. A responsabilização da vítima pela sua situação (pois, afinal, os africanos não passavam de brutos, bestiais pagãos que, sem a luz, a orientação e o cristianismo europeu, estariam fadados ao inferno em vida e após a morte) ecoa na nossa meritocracia de fachada, que ensina que a miséria não passa de reflexo da inaptidão de cada um.

Os *resquícios* do sistema escravista que dividiu seres humanos em gente e semigente por séculos e que depois, de uma hora para outra, teve que absorver milhões de indivíduos anteriormente considerados propriedades privadas permanecem no nosso dia a dia. Encontram-se na nossa relutância em reconhecer a necessidade das políticas afirmativas em geral, no ódio devotado aos negros que saíram das favelas para estudar na universidade ou passear na Disney, na insistência do uso da palavra *vitimismo*, na recusa em aprender o que significa *dívida histórica*, e mesmo na aberta negação de que ela exista. Percebemos tais *resquícios* nas nossas falas e ditos ofensivos, na intolerância letal que destrói centros religiosos de umbanda e candomblé – afinal, pode chutar que é só macumba. De forma talvez surpreendente, os herdeiros (de fato ou de coração) dos senhores de *escravos* extravasam muito mais seu ódio e ressentimento do que os descendentes dos escravizados, ainda mergulhados em uma estrutura social perversa que os mantém presos à base da pirâmide social.

Vejam a seguir a reprodução de uma charge de Ângelo Agostini, citada neste capítulo.

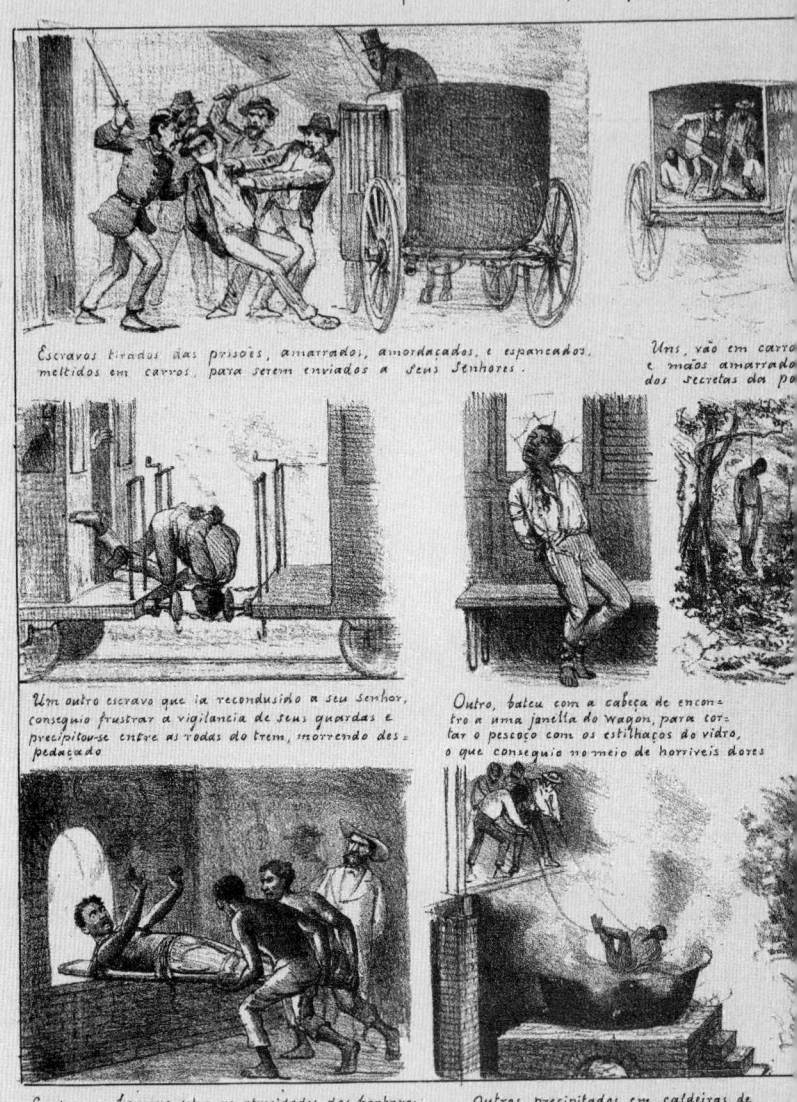

Charge de Ângelo Agostini "Scenas da escravidão", publicada na *Revista Illustrada*, número 427, Rio de Janeiro, em 18 de fevereiro de 1886

Revista Illustrada n. 427, RJ, 18 de fevereiro de 1886 (Domínio público).

o glorioso e sabio reinado do Senhor D. Pedro II o Grande...

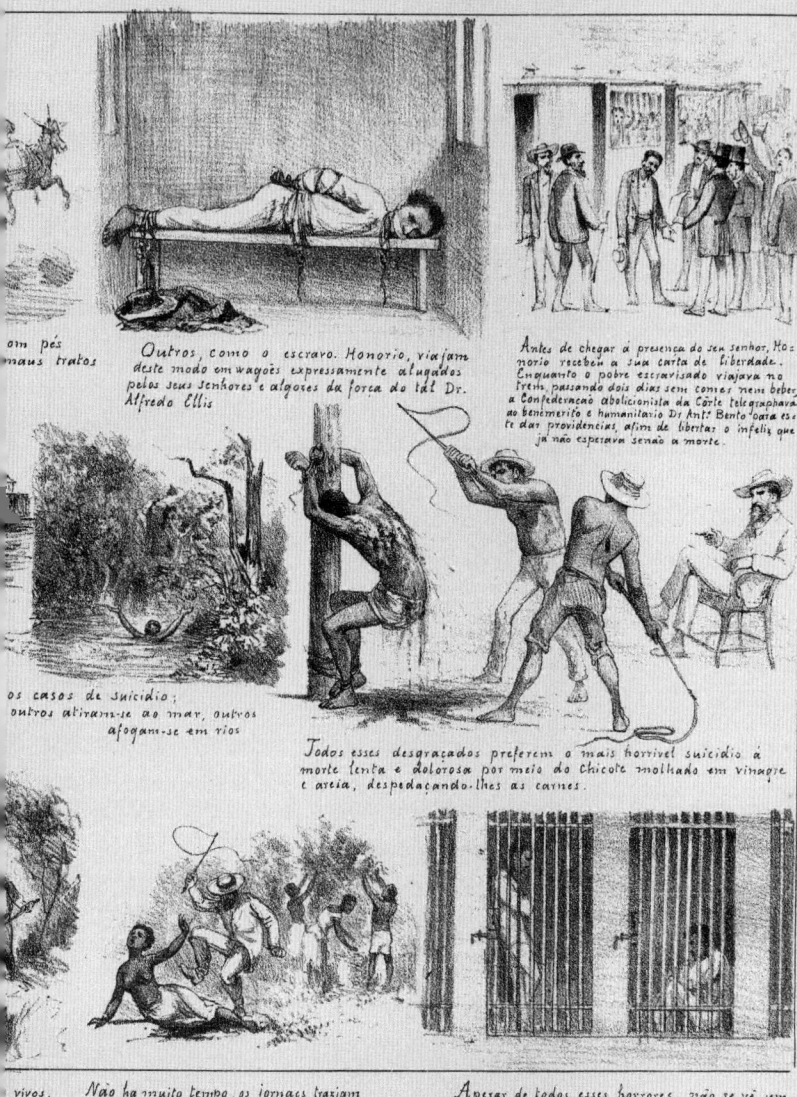

Outros, como o escravo Honorio, viajam deste modo em wagões expressamente alugados pelos seus senhores e algozes da força do tal Dr. Alfredo Ellis.

Antes de chegar á presença do seu senhor, Honorio recebeu a sua carta de liberdade. Enquanto o pobre escravisado viajava no trem, passando dois dias sem comer nem beber, a Confederação abolicionista da Côrte telegraphava ao benemerito e humanitario Dr Antº Bento para este dar providencias, afim de libertar o infeliz que já não esperava senão a morte.

om pés
maus tratos

os casos de suicidio;
outros atiram-se ao mar, outros afogam-se em rios

Todos esses desgraçados preferem o mais horrivel suicidio á morte lenta e dolorosa por meio do chicote molhado em vinagre e areia, despedaçando-lhes as carnes.

vivos.

Não ha muito tempo, os jornaes traziam o horrivel facto de um fazendeiro furioso de vêr uma sua escrava não poder mais trabalhar por ter chegado a hora de dar á luz, matal-a á pontapés na barriga.

Apesar de todos esses horrores, não se vê um só senhor nas prisões do Estado.
Em compensação, ellas estão cheias de infelizes que tiveram a ousadia de se revoltarem contra seus algozes.
Santa justiça!

03 OS MALTRAPILHOS IRREDUTÍVEIS DE CANUDOS

"Para aqueles cujo primeiro contato com o governo da sua Pátria foi a ponta da baioneta e a boca da carabina: a crueldade do vencedor é o maior atestado da bravura do vencido."

Editorial do jornal Commercio de São Paulo, *publicado em outubro de 1897*

É típico, embora não exclusivo, do autoritarismo radical, do fascismo e da irracionalidade que costuma acompanhá-los a lógica "se não me apoia 100%, é meu inimigo". Faz sentido, pois tais vertentes despolitizantes necessitam desesperadamente evitar a argumentação racional para sobreviver e vicejar. Assim, se você, inocente inútil, tenta contra-argumentar com alguém que afirma virulentamente (essas pessoas são, em geral, bem virulentas) que favelado é tudo bandido, essa pessoinha vai olhar para você com espanto e gritar, cheia de saliva covídica: comunista!

O porquê eu não sei, não creio que essas pessoas saibam o que é comunista, certamente o comunismo e a decência humana não têm nenhum vínculo objetivo necessário, mas, enfim, elas são assim. Aí dão as costas e vão para o seu canto sombrio contar para os outros *gremlins* que você é um/a/e abortista, esquerdista, maconhista.

Isso é, sim, típico dos extremismos e, atualmente, dos extremismos de direita. Mas não é sua exclusividade. Todos nós passamos a vida a andar em cordas bambas, sempre no limite entre a tolerância e a condescendência, entre a intolerância e o rigor, entre o amor e a morte, entre a razão e a paixão. Para muitos de nós, hoje, é muito difícil compreender o potencial revolucionário de um movimento reacionário. Principalmente porque nem sempre aquilo que percebemos como reacionário se apresenta dessa forma integralmente.

O movimento em Canudos em fins do século XIX, por exemplo, foi liderado por um radical católico e antirrepublicano, preceitos suficientes para nos fazer torcer o nariz como um legítimo representante do que havia (e há) de mais retrógado no nosso país – mesmo que a violência da repressão a ele nos cause horror. Mas o que o movimento tinha de reacionário, tinha de potência revolucionária em um contexto dominado por uma farsa republicana profundamente repressora e, ela mesma, reacionária, que, com a desculpa de eliminar *barbarismos arcaicos*, buscava de fato esmagar qualquer manifestação popular que emergisse país afora. Como escreveu Rui Barbosa, um "republicanismo de açougue". Ou, talvez, de abatedouro.

RES PUBLICA – COISA PÚBLICA. DO POVO

Nossa República foi *proclamada*, assim como nossa independência, por grandes e sábios líderes que tinham a capacidade de evocar os anseios do povo brasileiro, prever o futuro e, de quebra, criar cenas inspiradoras para quadros cafonas: em 1822, o de D. Pedro em seu cavalo e de espada empunhada, às margens do Ipiranga; em 1889, o de marechal Deodoro, também em seu cavalo, armado com um revólver, no Campo da Aclamação, atual Campo de Santana. Que lindo.

Esse quadro republicano só foi possível, da forma exata como aconteceu (o marechal, suas tropas e o revólver), por causa de uma rede insidiosa de boatos infames, e veloz campanha de mentiras de grupos de republicanos ativos na corte (o Rio de Janeiro). A socióloga Angela Alonso reconstrói essa rede de intrigas,[1] baseada em relatos de jornais da época e correspondências trocadas entre os personagens.

Nos dias anteriores à tal proclamação do novo regime, um boato criado por personalidades ilibadas espalhou-se pelas ruas da capital do Império: o chefe de Gabinete, Visconde de Ouro Preto,[2] estaria prestes a prender figuras ilustres como Aristides Lobo,[3] Quintino Bocaiúva[4] e o próprio general Deodoro, monarquista e amigo pessoal do imperador D. Pedro II. Cartas anônimas, visitas sorrateiras e palavras espalhadas pelas ruas mais influentes da cidade criaram um clima de animosidade, desconfiança e desencontro em um ambiente político já instável. Grandes jornais da época se ouriçam e pressionam os homens do governo em busca de confirmação ou refutação: vão mesmo prender o general Deodoro?

---

1 ALONSO, A. *15 vezes 15*: a instauração da República no Brasil segundo seus personagens.

2 O longo governo do imperador D. Pedro II baseou-se em um complexo jogo de poder que se tornou conhecido como *parlamentarismo ao contrário*. Longe do despotismo do seu pai, o imperador brasileiro habilmente dirigiu o país durante décadas, fazendo uso da alternância de poder entre as facções políticas dominantes para nomear os presidentes do conselho de ministros imperiais (na prática, o primeiro-ministro) – de acordo com a configuração do Congresso. O liberal Visconde de Ouro Preto, Afonso Celso de Assis Figueiredo, foi o último chefe de gabinete do Império. Para conhecer melhor esses mecanismos, SOBRINHO, L. L. V.; MORAES, F. *Parlamentarismo à brasileira no Segundo Reinado (1840- -1889)*. CARVALHO, J. M. de. *A construção da ordem e teatro de sombras*.

3 Jornalista, advogado, deputado e senador republicano.

4 Quintino Antônio Ferreira de Souza "Bocaiúva" foi escritor e jornalista republicano, tornou-se ministro das relações exteriores em 1889 e, posteriormente, presidente do estado do Rio de Janeiro.

Deodoro da Fonseca, homem-chave para a derrubada de D. Pedro, embora monarquista, andava nos últimos anos um tanto irritado com o governo.[5] Militantes republicanos começaram a aproximar-se do velho general, tentando trazê-lo para o lado deles; o que, de certa forma, conseguiram, pois na manhã do dia 15 lá estava ele, sob o olhar do próprio visconde, exigindo a renúncia do gabinete e, de quebra (peça um e leve dois), a queda da Monarquia. Dizem que ele se arrependeu, mas isso também é boato.

Nossa República não passa, portanto, de feio bebê das primeiras (mas nem de longe, as últimas) *fake news* a vencerem uma campanha política no Brasil. O povo, de forma geral alheio ao que se passava, foi brevemente informado que doravante o país não mais obedecia a um imperador, mas, sim, a um presidente.

Resumindo: o Brasil ingressou na era republicana de forma enviesada, sob os auspícios do positivismo europeu muito popular entre as forças armadas, com um golpe militar que alienou os civis do Poder Executivo durante os primeiros anos; golpe esse que implantou um regime de governo ainda desconhecido, na prática, da maioria dos brasileiros. Incoerente em sua origem, nossa jovem República enfrentaria uma grande dificuldade para integrar o povo brasileiro ao processo político, perpetuando o fosso existente entre a população em geral e as classes dirigentes.

Não dá para estranhar o apego dos eleitores, ainda hoje, a figuras que não os representam, com quem não se identificam; preferem votar nos sábios de terno e gravata, quase sempre homens, quase sempre brancos, quase sempre ricos.

FINALMENTE, UM CIVIL. E UM RELIGIOSO

Depois dos curtos mandatos dos militares Deodoro da Fonseca e Floriano Peixoto – marcados por rebeliões, disputas dentro das forças armadas e agudo autoritarismo –, um presidente civil foi eleito em 1894. O paulista Prudente de

---

5 Já na escola aprendemos que a tal "Questão Militar" contribuiu para a derrocada do Império. O termo refere-se às relações conflituosas entre as autoridades civis e militares a partir do fim da Guerra da Tríplice Aliança e, em especial, durante os anos 1880. Os conflitos envolviam questões de organização interna do Exército (e também Marinha), financeiras e atritos políticos. Para mais detalhes, NASCIMENTO, C. S. do. A "Questão Militar": indisciplina e crise política em meio à crise hegemônica imperial (1868-1889). VALLE, L. D. *Cultura e política no século XIX*: o exército como campo de constituição de sujeitos políticos no Império.

Morais assumiu o governo de um país em crise, com um regime ainda carente de legitimidade e enfrentando questões internas que desafiavam sua estabilidade. Nesse contexto, qualquer distúrbio ou insurgência poderia ganhar as cores de uma campanha antirrepublicana aos olhos de um governo inseguro, alvo constante de *jacobinos* radicais defensores de governos autoritários e, de preferência, militares.

O Peregrino ou Antônio Conselheiro: assim o hoje famoso líder de nome Antônio Vicente Mendes Maciel costumava ser chamado em suas viagens pelo interior do Nordeste brasileiro. Cearense da famosa e honrada região de Quixeramobim (por que famosa e honrada?, perguntam vocês; se não é famosa, deveria ser, consultem o são Google),[6] filho de família remediada, nascido presumivelmente em março de 1828, iniciou sua vida de andarilho na década de 1860.

Não havia nada de muito incomum ou espantoso na figura de Antônio Conselheiro, ou em suas crenças e trajetória. Existiam outros conselheiros na região, muitos *profetas* e peregrinos atravessando os sertões em meio a violentas disputas entre poderosas famílias locais, jagunços e coronéis, roubos de terra por parte de grandes senhores, períodos de seca violenta, enormes latifúndios, terras devolutas e gente miserável. Toda a campanha de vilanização que transformou Antônio Conselheiro em um louco extravagante buscava, entre outras coisas, mostrá-lo como uma excrescência e um anacronismo à beira da extinção; uma criatura sub-humana que deveria ser varrida da face da terra, juntamente a seus seguidores. Na realidade, o Conselheiro encarnava o messianismo comum ao sertão e aos sertanejos, alheios a processos políticos formais e descrentes de resoluções terrenas para seus problemas e sua miséria. Nada tão excêntrico ou incomum, ao contrário do que desejavam os almofadinhas urbanos da República.

Os depoimentos de quem conviveu com Antônio Maciel, antes e durante Canudos, deixam entrever um homem carismático, um crente, em geral, equilibrado, mas que sabia muito bem se defender e defender sua gente, um asceta pouco afeito à higiene, uma pessoa razoavelmente articulada, que costumava falar de justiça e felicidade e defender boas ações. A situação extrema em que se viu no contexto da Guerra de Canudos certamente trouxe à cena outro tipo de comportamento, que inspirou a imagem que seus ferozes inimigos adoravam divulgar.

---

6 A Confederação do Equador, movimento político ocorrido em 1824 no Nordeste, em especial em Pernambuco e no Ceará, teve início em janeiro daquele ano em Quixeramobim, que declarou o imperador D. Pedro e sua família decaídos e destituídos de poder e legitimidade.

Quem seguia Antônio Conselheiro? Consta que "acolhe com carinho principalmente as vítimas da politicagem infrene, do fisco voraz e das arbitrariedades policiais".[7] O que deve ser extremamente irritante se você é um político inescrupuloso, um cobrador de impostos iníquo ou um policial homicida. "A maioria dos que se lhe chegam e lhe contam a sua revolta é de pequenos proprietários esbulhados do que era seu" e, para os grandes latifundiários, desde sempre e até hoje, pilares da nossa desgraçada desigualdade, a união desse tipo de espoliado representa sempre grande perigo. Com seu ascetismo, pobreza e paixão, desperta também o ódio da Igreja oficial, para quem até São Francisco de Assis não passou de um duro espinho a ser engolido. Antônio Conselheiro não rezava missa, não se dizia praticante de nenhum sacerdócio e não se declarava profeta, mas se entregava de coração e alma ao cristianismo que conhecia. Calhou de viver e pregar justamente em um tempo em que o Vaticano andava bastante incomodado com os messias e os conselheiros do mundo, orientando as cúrias e os prelados a frearem, a qualquer custo, a atuação daqueles.

Em 1896, o arraial de Canudos dispunha de lavoura de feijão, aipim, cana, milho, e criação de cabras, comercializava com estabelecimentos próximos e atraía pessoas de fora para os sermões na sua Igreja, mesmo entre algumas famílias influentes da região. No entanto, o incômodo era maior do que a aceitação, e uma missão oficial da Igreja no ano anterior (o envio de dois religiosos italianos para investigar a localidade) aconselhou a intervenção do governo, porque os canudenses não queriam pagar impostos nem obedeciam à Igreja do Vaticano. Tal orientação parece um tanto insólita, já que a República recém-parida se orgulhava do seu laicismo.

Havia um outro grande problema em Antônio Conselheiro: seu monarquismo convicto. E isso, para a jovem República, seria uma ofensa sem tamanho. Seria, se não fosse no fundo, inofensivo.

O GRANDE INCÔMODO

O movimento jamais chegou a ameaçar ordem política alguma, nem mesmo mexeu com os negócios daqueles que viviam na região, embora eles não aprovassem o mau exemplo que aquela comunidade meio igualitária e um

---

7 NOGUEIRA, J. C. de A. *Antônio Conselheiro e Canudos*: revisão histórica.

tanto marginal representava. O grande incômodo do arraial de Belo Monte, em Canudos, na Bahia, foi causado pelo que representava, e não pelas ameaças concretas às instituições existentes. Não há indício algum de interesse por parte de Antônio Conselheiro e do vilarejo que liderava em agredir seus vizinhos, invadir as cidades da região, fazer uma campanha ativa contra a República recém-instalada. Testemunhos contemporâneos afirmavam que aquele povo não gostava de frege.

Eles apenas não acreditavam. Não confiavam. O que não é de se estranhar. O historiador Pedro Calmon defende que os sertanejos tinham verdadeiro pavor das autoridades, já que estas só se apresentavam para espancá-los, roubá-los, cobrar imposto ou suborno, depredar, em geral, a mando dos grandes políticos ou oligarcas.[8]

Canudos constituiu-se em uma comunidade organizada, formada por alguns milhares de sertanejos marcados por anos de seca inclemente (a de 1877 deixara mais de 100 mil mortos e flagelados), espoliação por grandes proprietários, opressão oficial e conflitos locais. Sozinhos ou com suas famílias, reuniram-se no sertão da Bahia buscando uma vida melhor; simples e espartana, mas de paz e esperança. Seu arraial tinha igreja, corpo de guarda protetora e alguns milhares de casas. A presença deles incomodou os políticos e grandes proprietários da região; sabem como é, são milhares de braços a menos na lavoura, milhares de potenciais votos de cabresto a menos, milhares de costas a menos para serem espezinhadas (sim, isso é importante; quem está por cima sente falta da carne seca sob os pés).

Não era um amontoado de gente enlouquecida, uma horda desorganizada à mercê das insanidades de Conselheiro. Outros indivíduos se destacavam no povoado: tia Benta, líder das beatas; o curandeiro Manoel Quadrado; João "Chefe do Povo" Abade, líder da tropa de defesa; Leão da Silva, auxiliar de Conselheiro; Pajeú, ex-soldado negro responsável pelas táticas da tropa; e até uma professora para as crianças.

Essa história ganhou fama ao longo dos anos, e nessa nossa época tão moderna já não se compreende a triste aventura como um merecido massacre de facínoras organizados para destruir a sociedade estabelecida. Ponto para elas – as vítimas –, pois a tendência ao longo da nossa história tem sido a de deixar tais acontecimentos caírem no esquecimento a partir do momento

---

8   CALMON, P. *História do Brasil*.

em que se torna impossível sustentar a narrativa oficial original, que transforma em heróis os açougueiros de uniforme.

Conselheiro encerrou seus anos de peregrinação pelo sertão após o fim da sua amada Monarquia, estabelecendo-se no vale do rio Vaza-Barris, um sítio adequado para o trabalho de cultivo (sua ética de trabalho era quase protestante). No interior da Bahia, indigentes, roubados, pobres, *ex-escravos* e miseráveis da seca, guiados por uma poderosa (e perigosa) esperança, fundaram um arraial originalmente concebido para se chamar Belo Monte, onde se assentaram em 1893.

É difícil precisar o número de pessoas que chegou a habitar o povoado. Segundo algumas fontes da época,[9] o contingente foi de 20 mil, atraídos pela esperança de viverem sem medo de serem espoliados, agredidos, enganados, expulsos das terras nas quais trabalhavam. Construíram seus lares e viveram como podiam. Não pagavam impostos, não regularizavam sua situação, viviam à margem; quase uma comunidade hippie, mas sem as drogas, o rock e o amor livre. Pensando bem, nada a ver com uma comunidade hippie.

Buscavam viver à margem da sociedade estabelecida – quem nunca? –, mas não havia indício de que a desrespeitavam. Diz César Zama (médico, escritor, testemunha de alguns momentos da guerra e deputado baiano muito revoltado com a repressão oficial) em 1889: "A guerra de Canudos foi o requinte de perversidade humana... A justiça estadual não se ocupava dos habitantes daquele arraial. Contra eles não se havia instaurado processo algum. Nos cartórios do Estado nenhum deles tinha o seu nome no rol dos culpados".[10] Um intenso sentimento de déjà-vu – alguém se lembra dos cabanos assassinados sem culpa formada? Esse ponto vai dar vários nós ao longo deste livro.

Analisando de perto essa tragédia tão brasileira, temos a impressão de que tudo poderia ter sido evitado com relativa facilidade; que a desgraça e a crueldade que se abateram sobre aquelas pessoas foram quase um acaso ou um desejo de perpetrar violências. Temos a nítida sensação de que Canudos eventualmente teria se esvaziado em consequência da sua própria inviabilidade, ou apenas se tornado uma vila miserável a mais no sertão baiano,

---

9   Atualmente, alguns pesquisadores consideram os 20, 25 mil um número excessivo, posto que tornaria o arraial um dos maiores povoados da Bahia, o que dificilmente teria ocorrido em tão pouco tempo e tão à margem das instituições públicas locais.

10 ZAMA, C. *Libelo republicano acompanhado de comentários sobre a campanha de Canudos*.

talvez com algumas peculiaridades, mas, ainda assim, apenas mais uma vila largada ao deus-dará.

Contudo, a mesquinharia, a avareza e a covardia de figuras locais transformaram Conselheiro e Canudos – até então pouco mais do que uma figura bizarra e um vilarejo esquisito, mas insignificantes do ponto de vista político – em inimigos da pátria e ameaça nacional. Por causa de disputas comerciais e picuinhas políticas, milhares de pessoas foram assassinadas, muitas delas a sangue-frio, pelos militares que o governo enviou – inicialmente, para acalmar os ânimos locais; mas, a partir da primeira derrota, para apagar os sucessivos vexames impostos por um bando de indigentes.

Certamente, o momento político vivido pelo presidente da República orientou todo o caminho macabro percorrido por Conselheiro e seus seguidores até o desastre final. Os eventos que se acumularam e ganharam um peso desproporcional em consequência de mesquinharias locais transformaram uma sucessão de erros em uma enorme bola de neve nacional, virtualmente irresistível.

O confronto entre o arraial e as forças policiais, e posteriormente militares, teve início com a intervenção de um juiz de primeira instância e quinta categoria que decidiu acreditar em boatos e dar vazão a mágoas pessoais, pedindo socorro para o governo estadual para estancar um perigo absolutamente inexistente.

Antônio Conselheiro havia comprado um lote de madeira na vila mais próxima que não fora entregue por falta de quem o levasse. O velho líder mandou avisar que reuniria alguns homens para buscar a mercadoria. A partir daí, o juiz histérico achou que os *jagunços* de Conselheiro iriam invadir a vila. Ninguém acreditou muito, nem aqueles que estavam acostumados a negociar com o arraial e nem mesmo o governador baiano, que desdenhou do primeiro telegrama do tal juizeco. Inconformado, este apresentou um PowerPoint[11] mostrando que mil homens armados até os dentes se dirigiam à vila para invadi-la, saqueá-la e o que mais. O governador Luís Viana acabou acreditando e, pelo sim, pelo não, mandou uma força de uma centena de homens para interceptar os combatentes de Canudos em novembro de 1896.

Eles detiveram um bando de homens de variadas idades, em geral armados de pás, enxadas, espingardas velhas, bandeiras religiosas, músicas cristãs

---

11 Ele não apresentou PowerPoint; não havia na época.

e táticas de enfrentamento típicas de guerrilhas. Mataram mais de cem canudenses, mas também tiveram suas humilhantes baixas e foram obrigados a recuar. Cerca de trinta valentes soldados escaparam, na verdade, debandaram, aproveitando para saquear e incendiar a vila de Uauá em seu caminho de fuga, com a desculpa de que o pobre vilarejo era *aliado* de Conselheiro.

Estranho perceber como, até nos dias de hoje, uma ruma de gente comum se dispõe a acreditar no relato das forças da ordem, e nunca naqueles que sofreram as violências que nossas instituições executam com uma desfaçatez acachapante. Muita gente ainda deve comentar, com PhD de *feicibuqui* na mão: "Ah, os soldados não teriam matado cem homens do nada, alguma esses miseráveis aprontaram, com certeza". Possivelmente, são as mesmas pessoas que sempre acreditam na versão oficial quando um menino de 11 anos é metralhado no telhado enquanto empinava pipa (são sempre olheiros do tráfico, claro, e, como tal, sujeitos ao justo extermínio).

O governador baiano Luís Viana não parecia muito a fim de continuar uma briga que lhe soava muito mais um mal-entendido e um desperdício, mas sabem como é. Sempre há um sem-número de pessoas interessadas em espalhar o medo, o horror e o ódio. Sempre há quem ganhe com isso. E nem é preciso dizer o quanto o grupo de Canudos se apresentava como o perfeito receptáculo dos piores sentimentos de que nosso simpático povo e suas elites são capazes.

Aviso que há toda uma bibliografia no fim do livro para aqueles que quiserem conhecer melhor os primeiros anos da nossa platônica República e todo o desenrolar dos fatos como historiadores e cientistas sociais os veem e interpretam. Mais uma vez, a preocupação central deste texto, embora não única, dessa investigação, é com a atuação bárbara e as ações ilegais e desproporcionais do Estado brasileiro, sempre pronto a arrancar a própria mão para esmagar quem lhe pede apenas um anel. Novamente é preciso enfatizar que ninguém que viva sob esse sol merece o que impôs as forças de repressão. Uma das coisas que os brasileiros deveriam aprender é que nada justifica a tortura, o assassinato a sangue-frio, a ilegalidade cometida por agentes do Estado. A lei existe para ser aplicada, ou deveria. E isso deveria valer para todo mundo, da mesma forma.

Como já citado, ainda havia monarquistas no Rio de Janeiro. Mas a origem da instabilidade política residia nas disputas entre os diversos grupos de republicanos, as oligarquias regionais, civis e militares. Os grupos se digladiavam em defesa das diferentes formas de se gerir a República recém-criada e, principalmente, em torno das melhores formas de saírem lucrando com o novo regime. Mas Canudos, convenientemente, tornou-se o alvo do ódio republicano, originando uma união em torno de um (inexistente) inimigo comum. Tão inexistente que a imaginação de um tanto de gente ganhou asas para descrever o novo inimigo: louco, descontrolado, sujo, doente, arcaico, fanático, sem dentes e sem patrão – e muito conveniente. Com o apoio de uma Igreja que detesta os pobres e não admite concorrência, de latifundiários locais desconfortáveis com a exploração comunitária de terras de lavoura, o governo federal acabou contribuindo para fazer rolar a bola de neve de intrigas e oportunismos que se tornou uma guerra de extermínio contra brasileiros.

PEDRA SOBRE PEDRA

Foram necessárias quatro incursões para derrotar Canudos, destruído em 1897. Impávidos, irredutíveis, sem nada a perder, a não ser a vida e recusando-se a, mais uma vez, abaixar a cabeça para políticos, soldados, fazendeiros e fiscais do Estado, o povo de Canudos se entregou a uma luta desigual em defesa de uma vida que acreditavam justa. Essa desconcertante e macabra *vitória* foi entregue à opinião pública como uma necessidade, uma inevitabilidade, um mal que deveria ser realizado para exterminar um ainda maior. Depois de pintados com as cores do fanatismo e do bandidismo, os sertanejos de Canudos tiveram seu massacre legitimado por um discurso que os aproximava de aberrações incorrigíveis a macular o caminho para o progresso da nossa pátria ordeira.

(Muito) resumidamente, a Guerra de Canudos desenrolou-se da seguinte forma: em janeiro de 1897, uma segunda expedição, já com mais de seiscentos homens, foi enviada para combater no sertão. Naquele momento, o presidente nada Prudente (de Morais) se encontrava afastado do cargo, recuperando-se de uma cirurgia realizada no ano anterior. Assim o vice-presidente assumiu, o baiano Vitorino Pereira, amigo do governador Luís Viana (que acabou convencendo-se de que Canudos era, sim, um caso de polícia), que adotou como sua a briga contra Antônio Conselheiro. Os policiais baianos, entretanto, tomaram outro pau dos sertanejos.

Provavelmente àquela altura a vergonha inominável de apanhar de um bando de andrajosos incentivou, e muito, a disseminação e ampliação de alguns mitos em torno dos canudenses: somente fanáticos muito fervorosos e ensandecidos seriam capazes de tal façanha, aliados certamente a experientes e sanguinários jagunços.

O fracasso das duas operações encheu de brios o governo federal, ainda sob comando de Vitorino Pereira. Em fevereiro, o notório coronel do Exército, Antônio Moreira César (conhecido como *corta-cabeças*, em consequência da sua atuação nada ponderada na Revolução Federalista gaúcha poucos anos antes), liderou mais de 1.300 soldados para combater os *jagunços*, a alcunha ofensiva aos inimigos da vez.

Dessa vez, as tropas federais não apenas saíram humilhadas da refrega como também perderam seu líder, o coronel influencer Moreira César, em uma emboscada em pleno povoado, e foram obrigados a deixar para trás armas e víveres que seriam de inestimável valia para os combatentes de Canudos, que até então contavam com armamento frágil e escasso.

Uma das causas da derrota das tropas federais tem origem na empáfia obtusa das lideranças do Exército. Provavelmente se sentindo nos campos russos a combater Napoleão, ou em Paris a combater a comuna, os soldados brasileiros usavam uniforme de lã (!!!!!!) na cor vermelha, muito *adequada* para camuflagem na paisagem seca. Tornaram-se alvos fáceis.

Em março, o presidente Prudente reassume, com uma chuva de críticas em relação à forma com que o governo vinha fracassando miseravelmente diante dos impávidos canudenses. Já transformados em inimigos da República e, por conseguinte, da nação, os seguidores de Antônio Conselheiro tornaram-se alvos de uma implacável campanha de desumanização.

Como já salientado, ao observarmos toda a reação em cadeia a partir do interior da Bahia e seus ecos nas ruas da capital federal, temos a impressão muito clara de que alguma coisa saiu do controle. Em algum momento, erraram a mão. Não seria a primeira vez nem a última.

Jornais monarquistas foram atacados e pelo menos um partidário da Monarquia, o coronel e jornalista Gentil de Castro, acabou assassinado. A terceira e fragorosíssima derrota das forças oficiais diante de Canudos alimentou o ódio de militares, *jacobinos*, e de muitos grupos republicanos. É difícil acreditar, contudo, que tamanho ódio e medo tenham sido inspirados, apenas, por um velho beato e algumas centenas de miseráveis irredutíveis que, por acaso, ainda amavam o antigo imperador.

> As últimas tristes notícias recebidas da Bahia relativamente ao malogro da expedição contra os fanáticos de Antônio Conselheiro, comandada pelo bravo coronel Moreira César, repercutiram dolorosamente nessa capital, causando a mais viva impressão.
> A perda irreparável de distintos militares, dedicados a causa Republicana, aliada a convicção de que as hordas de fanáticos inconscientes e bandidos de toda a espécie, acastelados nas abruptas serras de Canudos, são inspirados pelos inimigos da República, despertaram vivaz o espírito patriótico dos habitantes desta capital.

Essa notícia, publicada em 9 de março de 1897 no *Jornal Minas Gerais, órgão oficial dos poderes do Estado,* segue o tom geral da cobertura dos acontecimentos até então.

Em junho, organizou-se a quarta e definitiva expedição contra Canudos. A última. A imperdoável. Aquela que o presidente ImPrudente desejou incentivar com a frase: "Em Canudos não ficará pedra sobre pedra, para que não mais possa se reproduzir aquela cidadela maldita".[12]

Como em outros episódios deste livro, o massacre foi deliberado e anunciado com orgulho.

Liderada pelo general Artur Oscar de Andrade Guimarães, que viera especialmente de Pernambuco para desempenhar a custosa tarefa, a última expedição contou com melhor nível de organização e armamentos. Inicialmente reunia cerca de 5 mil homens, mas, em junho mesmo, já havia perdido cerca de mil. Após reforços solicitados ao governo federal, novas tropas chegaram da Bahia, do Pará, do Amazonas e de São Paulo, e o número chegava a 10 mil combatentes. Em dado momento, o ministro da Guerra, Carlos Bittencourt, dá o ar da sua graça.

As semanas seguintes foram de impasse aguerrido; correspondentes de jornais de algumas capitais se deslocaram para as proximidades do teatro de guerra. Acadêmicos de medicina também chegaram de Salvador para cuidar dos soldados atingidos. Entre esses dois grupos, alguns indivíduos, testemunhas diretas dos acontecimentos macabros, mudaram de posição e perceberam que se

---

12   *Jornal do Commercio*, Rio de Janeiro, 8 out. 1897.

desenrolava diante dos seus olhos, pura e simplesmente, um extermínio de seres humanos de ambos os gêneros e de todas as idades. Eles é que denunciaram as condições deploráveis das tropas: fome, sede, imundície e doenças foi o que os soldados encontraram e tiveram que enfrentar em nome de uma República incapaz de respeitá-los, nem antes nem depois do conflito. Relataram a maldade e a perversidade de que as mulheres e as crianças eram vítimas, muitas das quais sequestradas, molestadas e vendidas. E anunciaram ao país inteiro (que, aliás, demorou a querer ouvir) que o Exército não fazia prisioneiros, aplicando sistematicamente a degola a sangue-frio para eliminar os sobreviventes, mulheres e crianças, inclusive; pois, vocês sabem, a subversão é hereditária.

A destruição final do arraial de Canudos deu-se em outubro; restos carbonizados, metralhados, bombardeados de edifícios e corpos humanos ocupavam o local antes habitado por alguns milhares de sertanejos.

Sempre pronto a combater o inimigo de forma voraz, o Exército brasileiro aplicou indiscriminadamente a política de não deixar sobreviventes – uma tática extrema de guerra.[13] Consta que o general Artur Oscar, grande *herói* do conflito, prometeu poupar a vida daqueles que se rendessem. Um dos líderes remanescentes, por alcunha Beatinho, liderou ao quartel-general centenas de canudenses que acreditaram na honrosa promessa. Todos eles foram degolados de forma bastante eficiente, e a sangue-frio. A essa degola se dá o nome de gravata vermelha.

GRAVATA VERMELHA E OUTRAS MODAS

A Guerra de Canudos tornou-se célebre, em grande parte, por causa da publicação de *Os sertões*, de Euclides da Cunha, lançado em 1902. Enviado do jornal *O Estado de S. Paulo*, acompanhara de perto o ocorrido e lançou seu livro alguns anos depois do trágico evento. Durante a maior parte do conflito, o tom dado pela imprensa era praticamente unânime, adotava o discurso higienista e belicista defendido com afinco pela elite letrada do nosso país. Esse

---

13 Martins Horcades – na época, estudante de Medicina – apresentou o que seria um dos mais explícitos relatos das atrocidades do Exército em Canudos, em HORCADES, M. *Descrição de uma viagem a Canudos*. Também Manoel Benício denuncia o lugar-comum do toque de carga e degola em *O rei dos jagunços*: crônica histórica e de costumes sertanejos sobre os acontecimentos de Canudos.

discurso, além de tudo racista, enfatizava a necessidade de purgar a sociedade brasileira dos resquícios de um passado supostamente obscurantista e atrasado, carregado de mestiçagem e misticismo. Segundo essa lógica, as tradições populares e rurais, o *fanatismo* religioso, as velhas superstições, o improviso, tudo o que não coadunasse com uma modernidade eurocêntrica, urbana e republicana representaria um obstáculo para a evolução do Brasil.

Mas testemunhos diversos vieram à tona, inclusive o de Euclides, e, à medida que detalhes da vitória infame das forças do Exército se espalhavam pelo Brasil, vozes respeitadas denunciavam as atrocidades arbitrárias que vitimaram miseráveis de todas as idades e ambos os gêneros no interior da Bahia. Assim, embora *Os sertões* ainda apresente Conselheiro como um fanático enlouquecido seguido por miseráveis cegos pela fé e pelo desespero, a obra traça um painel pungente de um povo *forte, agreste, impávido*, mas também espoliado e injustiçado em uma luta sangrenta e extremamente desigual. Logo os assassinados em Canudos passaram a despertar mais pena do que ódio, ao menos entre parte da população letrada.[14]

Alguns (não muitos) denunciaram as atrocidades da guerra, em geral os já citados correspondentes de jornais e acadêmicos de medicina que prestavam socorro aos soldados feridos. O jornalista Manoel Benício reuniu seus relatos, dando-lhes estilo de romance, para o *Jornal do Commercio* sobre o massacre no interior da Bahia em um livro chamado *O rei dos jagunços*. Assim ele apresenta a si e sua obra:

> Manoel Benício, ex-correspondente do Jornal do Commercio junto às forças legaes contra Antônio Conselheiro. [...] Afora os elementos oriundos de tão boa fonte [coronel João Brígido] outros obtive, com tempo, paciência e cartas enviadas aos amigos do norte e officiaes que estiveram em mais de uma expedição a Canudos, rogando-lhes me coadjuvassem na organização da chronica *O Rei dos jagunços*. Abastado de provas e documen-

---

14 Alguns jornais trouxeram o testemunho cruento de seus repórteres, que narraram a saga de sangue e covardia da vitória sobre Canudos: o *Diário de notícias* de Salvador; o *Diário da Bahia*; o *Jornal do Commercio* de São Paulo. Vale ressaltar que, em geral ,a esmagadora maioria dos órgãos de imprensa colaborou ativamente para a destruição da imagem de Canudos e seus habitantes até a hora derradeira, quando a atuação infame e covarde do Exército brasileiro desencadeou as denúncias subsequentes. Walnice Nogueira Galvão esmiúça a abordagem da imprensa da época diante do episódio em GALVÃO, W. N. *No calor da hora*: a guerra de Canudos nos jornais.

tos, metti hombros à tarefa, valendo-me às vezes de publicações officiaes que alludiam ao caso ocorrido.

Recheado de atrocidades testemunhadas por ele ou relatadas por outras pessoas, o livro descreve em detalhes como os nobres soldados receberam as mulheres rendidas, oriundas do arraial já destruído, e degolaram-nas de forma sádica; como o Exército ateou fogo em casas com pessoas vivas dentro, mulheres grávidas, inclusive; como traíram Beatinho, prometendo poupar a vida dos últimos rendidos, e, no entanto, assassinando-os da mesma forma fria e atroz; como soldados sequestraram as crianças, mesmo as que encontravam com seus pais em caminho de fuga em pleno sertão, sabe-se lá com que motivação. A gravata vermelha foi aplicada de forma sistemática – havia até um toque de clarim específico para o início do trabalho sórdido, o toque da degola – principalmente porque essa forma indigna de morrer era o que mais assustava e ultrajava os sertanejos, que assim prefeririam morrer, em combate ou de inanição, por causa do cerco. Narrado em prosa romanceada, *O rei dos jagunços* traz à tona, entretanto, apenas o que o autor apurou a partir de suas pesquisas em documentos oficiais e junto a testemunhas do ocorrido. A capa do livro, lançado em 1899, reproduzida na página 80, em edição fac-símile do Senado Federal, entrega com bastante crueza o que foi a vitória do Exército em Canudos.

Nós, contemporâneos do início do século XXI, tendemos a ser condescendentes com antigas barbaridades, esquecendo-nos, inclusive, das que recheiam a nossa vida. O massacre ilegal de Canudos já o era na época, e muitos perceberam a raiz do problema, como atesta mais um comentário de César Zama:

> Dar-se-á que para ensinamento e como provação nossa a Providência reunisse e amontoasse sobre as classes que se arrogaram o privilégio exclusivo de governar a nação, todas as baixezas, que pode conter o coração humano? [...] A Constituição Federal não faz distinções: todos os brasileiros devem ser garantidos em seus direitos naturais, civis e políticos.[15]

Na terra do "manda quem pode e obedece quem tem juízo", a palavra escrita e carimbada não passa de um roteiro de teatro.

---

15 ZAMA, *op. cit.*

UMA VITÓRIA FOSCA. EMBARAÇOSA

A vitória sobre Canudos não glorificou o Exército como desejavam seus comandantes. Mesmo à época, a derrocada de Canudos causou incômodo entre os círculos intelectuais e entre muitos políticos. De Euclides da Cunha a Rui Barbosa, não foram poucos os que perceberam que a carnificina havia sido desnecessária e que o conflito fraticida mostrou, antes de mais nada, a incapacidade de a jovem República entrar de cabeça erguida no mundo civilizado. Citando novamente César Zama,

> o governo da União não se deu ao trabalho de inquerir de coisa alguma, esquecendo até o que devia à humanidade e às luzes do século se conseguiu exterminar em um país, que tem pago a peso de ouro a imigração europeia, uma povoação de cinco mil e duzentas casas habitadas por brasileiros que se entregavam à indústria agrícola e pastoril. As luzes do progresso do novo século hipocritamente figuravam na bandeira nacional, cinicamente traziam navios de imigrantes europeus, mas não haviam, de forma alguma, iluminado as mentes e as ações dos ilustríssimos homens sábios da República.[16]

De nada adianta apontar o dedo para a ação inclemente das forças armadas sem descer o braço inteiro, em primeiro lugar, nos *poderes constituídos* (municipais, estaduais e federal) que criaram aquele cenário de horror e medo e depois mandaram seus agentes incendiá-lo. Nem generais agem por conta própria.

Em 1947, a antiga revista *O Cruzeiro* publicou uma extensa fotorreportagem quando dos cinquenta anos da destruição do arraial de Belo Monte, escrita pelo jornalista Odorico Tavares e fotografada por Pierre Verger. Na época, alguns sobreviventes[17] forneceram um testemunho em primeira mão sobre o ocorrido, o inesquecível evento de décadas antes. Entre reticências e entusiasmo, as histórias que contaram corroboram e enriquecem os relatos de médicos, jornalistas e soldados.

---

16 *Ibidem*.
17 O arraial foi destruído sem rendição, mas muitos conseguiram se evadir pelo sertão antes dos combates finais.

Centenas de pessoas degoladas, uma por uma. Por homens pagos pelo Estado. "Mas, ahn, morreram milhares de soldados." Sim, que pena. Para começar, não deveriam estar lá. Canudos/Belo Monte era sequer um caso de polícia. E nunca é demais lembrar que nada justifica assassinato a sangue-frio, tortura, extermínio, principalmente se perpetrados por agentes do Estado. Quem age ao arrepio da lei são os bandidos. As forças públicas jamais deveriam se entregar à ilegalidade, quanto mais à ilegalidade assassina.

Mais uma vez, o Estado brasileiro mandou suas forças armadas para eliminar premeditadamente aqueles que deveria defender. Concebidas para proteção do território e da nação, com espantosa frequência elas são enviadas em missões fratricidas para tirar pedras do caminho das nossas generosas elites, varrendo da face da terra aqueles que pensam e agem em defesa de si, do seu bem-estar, das suas ideias e escolhas, se porventura estas forem de encontro àquilo que os donos do matadouro desejam. É preciso bater palmas para essas elites, que, com extremo sucesso e competência, transformam questões sociais em casos de polícia, e casos de polícia em alvos extermináveis de tropas concebidas para combater inimigos internacionais muito bem armados.

Se as últimas observações parecem panfletárias e dramáticas, voltem ao Capítulo 1 e leiam tudo de novo. Ao fim do Capítulo 8, contem em quantos episódios deste livro a lei foi de fato aplicada. Há leis para combater a desordem e, mesmo que discordemos do que venha a ser desordem e para que serve a polícia, essas leis existem e deveriam ser cumpridas. Degolar pessoas a sangue--frio não é cumprir a lei. E, mais uma vez, nos chama a atenção a forma com que nossas elites vendem a ideia de que alguns grupos de pessoas merecem ser exterminados. Mais impressionante ainda é o número de pessoas que não integram essas elites – beneficiárias da nossa eterna desigualdade e do profundo autoritarismo –, mas compram essa ideia e a defendem com assombroso ardor, chamando de idealistas e esquerdopatas aqueles que apenas se recusam a aceitar os genocídios domésticos.

Vejam a seguir os documentos citados neste capítulo.

Reprodução/Biblioteca do Senado, Brasília, DF

Capa da publicação *O rei dos jagunços: chronica historica e de costumes sertanejos sobre os acontecimentos de Canudos*, de Manoel Benício, escrita em 1899.

—Bem. Póde ir e venha acompanhando a sua gente com armas e tudo.

—V. S. nos deixa tambem levar as nossas armas? perguntou contente e admirado o ingenuo Beatinho.

—Não. As armas ser-me-hão entregues.

Beatinho desceu para o arraial.

Nem um tiro perturbava a monotonia maravilhosa das conversações do campo de guerra em treguas.

Passado certo tempo appareceu, comboiando um troço de desgraçados, maltrapilhos, cadavericos, horriveis, de olhos accesos e ventas tremulas de sêde.

Sobrebraçava um feixo de clavinas que apanhara nas ruas, salpicadas dellas.

As pobres mulheres e crianças, antes de falar pediam agua... agua!

Aquella grande miseria consfrangia a alma de todos.

Mettia dó e pena encarar com aquelles rostos macilentos e sulcados de rugas profundas de soffrimentos indiziveis.

Algumas, feridas, com o sangue coalhado, emplastrado entre os cabellos poeirentos, amamentavam os filhos: outras baleadas nas pernas, no dorso, nos braços torciam-se de dores. Os pequerruchos enrolavam-se medrosos nas barras das saias sujas e esfarrapadas das mães.

Reprodução/Biblioteca do Senado, Brasília, DF

Páginas 391 e 392, de *O rei dos jagunços: chronica historica e de costumes sertanejos sobre os acontecimentos de Canudos*. O trecho descreve a armadilha montada pelo Exército com o objetivo de degolar prisioneiras.

Beatinho conseguio trazer quasi um milhar de mulheres e crianças que eram entregues a determinados batalhões que desappareciam com os bandos por detraz dos morros.

Muitas mulheres negaram-se a companhar ao beato sertanejo, preferindo morrer com suas filhas ao lado dos seus maridos.

Thiago, que acompanhara um grupo de mulheres e crianças para ver que destino lhes era dado, voltou horrorisado e espavorido, e enfiou pelo arraial ao buraco onde se metteram os jagunços!

— Morram, mas não se entreguem, que estão cortando os pescoços dos que se entregam...! avisou elle.

Os desgraçados ergueram-se todos num impeto electrico, com os olhos esgaziados pela indignação e angustia.

— Oh? que miseraveis! exclamou Macotas. Pois bem, elles vão ver como uma mulher sabe morrer, amaldiçoando-os!

E hirta de colera, louca, encaminhou-se para o lado dos inimigos.

Toda ella tremia, vibrada por uma tensão de nervos extraordinaria.

Os olhos tomaram o brilho secco e rispido dos loucos em horas de accesso.

Defronte do quartel general parou insolente e sublime, com as mãos escanchadas nos quadriz,

Reprodução/Biblioteca do Senado, Brasília, DF

Páginas 391 e 392, de *O rei dos jagunços: chronica historica e de costumes sertanejos sobre os acontecimentos de Canudos*. O trecho descreve a armadilha montada pelo Exército com o objetivo de degolar prisioneiras.

MILITARES E POLITICOS 395

Não seriam bastante para comboiarem as almas das degoladas, as destes bravos que morriam no cumprimento de um dever deshumano?

O clarim deu signal de degola e a tropa invadiu, por todos os lados, todo o arraial.

Fizeram mão rasa nos habitantes; a idade, o sexo, a cor, as condições phisiologicas dos que foram encontrados neste hediondo dia, em Canudos, não foram respeitadas.

As roças foram incendiadas, as casas derruidas com os jagunços dentro.

O perfume pôdre dos cadaveres insepultos, que alastravam o arraial ha dias, fôra abafado pelo cheiro de carne assada que trezandava das fogueiras.

Mortos os maridos, a lei dos catholicos não foi menos cruel do que a dos filhos de Brahma, para as viuvas.

Era preciso queimal-as e queimaram-nas.

O castigo era pouco e era mister um exemplo pomposo e feroz, que o Tzar da Russia e Torquemada nunca deram. Respeitaram estes, nas victimas de sua perseguição, as que se achavam gravidas.

Em Canudos, os ventres em gestação, como caldeiras humanas, aqueceram-se, ebuliram-se e se não estouraram foi devido ao fogo já ter abrazado as paredes das comportas onde jaziam embryões e fetos que o fogo ja incinerar.

Reprodução/Biblioteca do Senado, Brasília, DF

Página 395 de *O rei dos jagunços: chronica historica e de costumes sertanejos sobre os acontecimentos de Canudos*. O trecho descreve o toque de clarim de degola e a carbonização de Canudos.

04 | CHIBATA A BORDO

"Enquanto a guarnição for o esgoto da sociedade, a disciplina, a ordem e a segurança têm os seus direitos e a chibata o seu lugar."

Macedo Soares[1]

---

1 SOARES, J. E. D. M. *Um oficial da Armada*. Política *versus* Marinha. José Eduardo de Macedo Soares era tenente na época em que publicou esse livro; defendia o castigo dos marinheiros e considerava os mestiços em geral incapazes de agir civilizadamente sem a adequada orientação dos seus superiores de pele branca.

maginem:

Uma cidade pretensamente elegante, capital de uma República recém-parida entre negociatas, boatarias e quarteladas cujas elites consumiam avidamente tudo o que vinha dos salões e ruas chiques da Europa. Muita gente pobre, mas uma minoria rica e (quase? meio?) branca, acostumada a ser obedecida.

E, de repente, em um dia de novembro o coração dessa cidade se vê alvo de canhões instalados em poderosos navios de guerra, ameaçadores, apontados para as suas recém-reformadas ruas e edificações, manejadas, comandadas por homens, em grande parte, negros, como os *escravos* que duas décadas antes apanhavam no tronco das fazendas ou nos pelourinhos das cidades.

Um desaforo.

O mar sempre teve regras selvagens. E a exploração marítima até o início do século XX baseava-se em ordenamentos, se não exatamente selvagens, ao menos estranhos a outras corporações e instituições nacionais. O levante ocorrido no encouraçado Potemkin em 1905, na Rússia, imortalizado por Eisenstein no filme de mesmo nome, deu-se em protesto a essas regras estranhas que também eram, aliás, bastante infames. No Brasil, as coisas eram ainda mais estranhas. Mais infames.

OS ÚLTIMOS SEVICIADOS

O alistamento regia-se pelo Decreto nº 1.591, de 14 de abril de 1855, que estabelecia três formas de entrada na Marinha: menores de idade poderiam ser indicados pelos pais ou tutores, treinados para servirem nos navios; e, para os adultos, havia a possibilidade do voluntariado ou do recrutamento compulsório. Na época do decreto e por muito tempo, raramente havia voluntários suficientes, o que levava o governo imperial a determinar uma cota anual para cada província, estabelecendo quantos homens cada uma delas deveria ceder à Marinha. Obviamente as autoridades buscavam entre a população mais pobre e vulnerável esse contingente que deveria servir nos navios da Armada Imperial.

O perfil dos convocados à força era diversificado, mas não era incomum o engajamento de indivíduos considerados problemáticos: desordeiros, desempregados, *vadios*, capoeiras (vistos como rebeldes irremediáveis). No entanto, mesmo o Império já estava abortando o recrutamento compulsório e, em fins do século XIX, a maior parte dos marinheiros vinha das escolas de aprendizes, em geral meninos pobres, sem outra perspectiva, treinados desde os 13 ou 14 anos e que deveriam cumprir ao menos quinze de serviço na Marinha. Muitas vezes os pais de jovens *problemáticos* os enviavam para servir quando não conseguiam mais mantê-los sob controle, ou quando a polícia os detinha seguidas vezes. Enfim, a instituição servia como escoadouro dos indomáveis das classes mais baixas, e ela mesma se percebia como disciplinadora fundamental para a ordem e a paz social.

A vida do marinheiro de baixo escalão na virada para o século XX era uma sofrência só: salário miserável, condições de trabalho deploráveis, vigilância intensa e restrição ao direito de ir e vir. No que dizia respeito aos castigos por desordem, indisciplina, insubordinação, havia semelhanças com os destinados aos *escravos*: chibatadas, grilhões e alimentação restrita a pão e água. Além de navegar, o marinheiro cozinhava, lavava roupas, esfregava o convés, cortava o cabelo do comandante e levava o cachorro para passear – ou quase isso. Os oficiais, obviamente, vinham de famílias abastadas, brancas. A ralé dos navios constituía-se, em grande parte, de indivíduos não brancos, e a eles era vedada tacitamente a ascensão ao oficialato.

Mas, como todo castigo pra pobre e preto é pouco, e os marinheiros em geral ou eram pretos ou pobres (frequentemente os dois), essa situação não parecia chocante para o grosso da população.[2] Apesar disso, muitos marujos, possivelmente a maioria deles, orgulhavam-se da sua farda e mostravam dedicação inconteste à Marinha, que, além do mais, representava, mal ou bem, um modo de sobrevivência estável aos rapazes de famílias pobres e inegável fonte de estabilidade e integração social. Mas ainda levavam chiba-

---

2 "Desde o século XIX, as Forças Armadas brasileiras resolviam os problemas disciplinares castigando o corpo do infrator. No caso da Marinha de Guerra, o tipo de castigo (golilha, chibata, palmatória, prisão a ferros, solitária) e a quantidade aplicada (dias na solitária, pancadas nas mãos e costas) eram definidos após decisão de um Conselho de Disciplina formado pelo comandante e mais dois oficiais a bordo. Embora castigos semelhantes fossem utilizados em marinhas de guerras europeias – a russa até o início do século XX –, no caso brasileiro era muito difícil dissociar essas punições físicas em marinheiros negros daquelas praticadas legalmente em trabalhadores cativos do último país das Américas a abolir juridicamente esse tipo de disciplinamento" (NASCIMENTO, 2016, p. 151-172).

tadas e, além de chibatadas, um processo disciplinar que a República transformou em criminal.³

O inconformado oficial Macedo Soares escreveu uma obra, em 1911, em que deixou bem claro por que a chibata era tão necessária – e, de quebra, ofereceu um vislumbre claro do que a elite (quase) branca pensava dos *ex-escravos* e seus filhos:

> A oficialidade da marinha sempre foi, ao menos, uma parte das mais escolhidas da alta sociedade do Brasil; porque ela merecerá menos crédito quando afirma a imprescindível necessidade do castigo do que indignos políticos que advogam os próprios inconscientes interesses explorando uma falsa piedade pelo negro boçal que mata e rouba? Modificai a situação das guarnições: é o dever da política que legisla e do governo e depois dai largas ao humanitarismo. Enquanto a guarnição for o esgoto da sociedade, a disciplina, a ordem e a segurança têm os seus direitos e a chibata o seu lugar.⁴

Depoimentos ilustram não só a aplicação do regimento, mas também seu abuso:

> Sim, Sr. Cte. Alencastro Graça, naquele tempo o marinheiro não podia fitar o superior, sob pena de ser considerado insubordinado e como tal ser castigado com algumas cincoenta chibatadas!... Basta dizer que se se apresentasse na "amostra" de bordo [*sic*] com a pinha do fiel suja, ficava sujeito a palmatoadas ou chibatadas.⁵

Um dos grandiosos projetos da jovem República era a modernização da Marinha, cujo ápice foi a compra de dois supercouraçados (*dreadnoughts*) ingleses, diretamente saídos do estaleiro, moderníssimos e carésimos. A nova frota

---

3 Para mais detalhes das mudanças nos processos contra os marujos a partir de 1889 e suas diferenças em relação ao Império: Idem. *A ressaca da marujada*: recrutamento e disciplina na Armada Imperial.

4 SOARES, J. E. D. M. *Um oficial da Armada*. Política versus Marinha.

5 "Carta apócrifa enviada em 1949 ao Comandante Luiz de Alencastro Graça, referente ao movimento de 1910, atribuída ao ex-Marinheiro Francisco Dias Martins, 'comandante' revoltoso do Bahia e mentor da conspiração que levou os marinheiros à revolta" (MARTINS, 1988).

contaria também com cruzadores, torpedeiros e contratorpedeiros que tornariam a Marinha brasileira uma das mais bem-armadas do mundo. Houve um treinamento exaustivo para o uso dessas potentes armas de guerra, e as viagens de aprendizado empreendidas a Newcastle (Inglaterra) pelos tripulantes dos dois couraçados contribuíram para o fomento da revolta: foi em contato com marinheiros europeus que eles perceberam que a organização do corpo de marinheiros poderia negociar o fim das deploráveis condições de trabalho.

Os marujos brasileiros trabalhavam a bordo dos navios mais modernos do mundo, mas ainda viviam em um dos poucos países a permitir castigos físicos na corporação.

MUDANÇA A PERDER DE VISTA

Durante breves meses logo depois da instauração do regime republicano, as punições físicas estiveram suspensas. Mas retornaram em abril de 1890, com a Companhia Correcional, que impunha humilhações, constrangimentos e também instituía processos criminais rigorosos aos marinheiros reincidentes, inclusive a velha chibata, aplicada na presença de toda a tripulação, com os oficiais engalanados e enluvados: de acordo com o artigo 18, para "faltas mais graves [que] fosse aplicada a pena de 25 chibatadas".

É curioso que esse Decreto nº 328, inconstitucional aos olhos de qualquer leigo, uma vez que a Constituição de 1890 proibia castigos físicos,[6] editado a 12 de abril de 1890, não tenha sido de fato publicado no *Diário Oficial* nem formalmente referendado pelo ministério, sendo assinado apenas pelo marechal presidente, Deodoro da Fonseca, e pelo ministro da Marinha, Eduardo Wandenkolk. Apesar de sua inegável importância e de revogar um decreto anterior assinado por todo o ministério, especificamente essa nova lei do chicote passou ao largo da ordem constitucional, permanecendo em um limbo jurídico que, no entanto, foi poucas vezes apontado.[7]

---

6 "Esta abundância de citações de leis, regulamentos, decretos etc. mostra que houve muitas oportunidades para que juristas percebessem que o preceito constitucional proibindo os castigos corporais estava sendo infringido, não por caprichos pessoais, mas por documentos legais, laborados e referendados por outros jurista." *Ibidem*.

7 Ver *ibidem*.

Assim, em 1910, já depois do fim do Império e da escravidão legalizada, milhares de indivíduos ainda se encontravam forçados a uma vida de trabalho degradante. Mas em um certo dia de pré-verão, a bordo do novíssimo e moderníssimo encouraçado Minas Gerais, o marinheiro negro Marcelino Rodrigues Menezes foi acusado de quebra recorrente da disciplina e condenado a 250 chibatadas.[8]

Fazem de tudo para justificar o impensável. Pensem: 250 chibatadas.

Quem está por cima, aqueles que sequer sabem o que é dor, e em geral são os verdugos, continuamente permanecem no conforto das suas poltronas, insistindo para que esqueçamos o passado, pois este não deixa dúvidas. No fundo, morrendo de vontade de revivê-lo.

Para a execução do castigo, os oficiais compareciam de luvas brancas e uniforme completo; quiçá carregando as condecorações. Dirão que a presença dos oficiais era necessária para reforçar o caráter disciplinador do espancamento. Mas a presença desses oficiais brancos e impecáveis em uma cerimônia de castigo físico extremamente cruel imposta a um homem negro, despojado (de quase tudo), pode muito bem ser explicada não apenas pela necessidade de manter a hierarquia e a disciplina, mas também pelo desejo de marcar essa hierarquia com o signo da diferenciação entre humanos e menos-humanos, e transformar esses últimos em párias, à mercê da sabedoria disciplinadora dos seus eternos superiores. Só uma possibilidade. Para reflexão.

Naquela ocasião específica, os marinheiros subalternos decidiram anunciar que não queriam mais se submeter a condições tão sórdidas de trabalho, de vida. Os marujos já vinham se organizando e planejando um movimento de insurreição contra suas condições de trabalho havia cerca de dois anos. E, em 22 de novembro de 1910, a oportunidade se fez: André Avelino, Francisco Dias Martins, João Cândido e Manoel Gregório do Nascimento lideraram a rebelião que se tornou conhecida por Revolta da Chibata. Os marinheiros se ergueram contra os seus oficiais, executaram aqueles que resistiram e assumiram o comando da esquadra brasileira à frente do gigantesco Minas Gerais. Outras embarcações novas e potentes – São Paulo, Bahia e Deodoro – apoiaram o levante que tomou a baía de Guanabara e fez a capital da República de refém.

---

8 Há uma certa discordância quanto à razão da punição: uns alegam que o marujo teria levado garrafas de cachaça a bordo; outros afirmam que uma agressão com faca estaria na origem da punição.

Uma afronta

A Lei Áurea não chegara aos navios brasileiros, mas alguns milhares de marinheiros naquele novembro de 1910 deram um basta. Pagariam um preço alto pela ousadia, porém teriam dado um passo na direção da conquista de direitos humanos em solo pátrio, antes mesmo que alguém soubesse o que eram *direitos humanos*. Francisco Dias Martins – o Mão Negra –, um dos líderes do movimento, escreveu o comunicado enviado pelos rebeldes ao presidente da República, Hermes da Fonseca, reivindicando o fim do castigo físico, a melhoria no soldo e a anistia de todos os envolvidos no levante. Segundo os rebeldes, eles não podiam mais suportar "a escravidão na Marinha brasileira," afirmando o seguinte: "vinte anos de República ainda não foi o bastante para tratar-nos como cidadãos fardados em defesa da Pátria". Com a cidade sob a mira dos canhões que os rebeldes ameaçavam disparar, o governo não teve alternativa, a não ser abrir negociações.

Não se tratava, contudo, apenas de reivindicações pontuais:[9] na carta que Mão Negra escreveu ao marechal-presidente, explicitamente se coloca a necessidade de educar e melhorar a seleção dos próprios marinheiros, posto que alguns "não tinham competência para vestirem a orgulhosa farda". Também propunham novas tarefas de trabalho, condizentes com o efetivo da Marinha e as necessidades da corporação. Outras das suas reivindicações: reajuste de seus soldos, revisão da carga horária e das condições de trabalho. Um despautério.

De forma geral, as reivindicações dos marujos desmoralizavam os oficiais, que, com toda a sua empáfia e elevado nível de instrução, se consideravam os únicos capazes de lidar com a organização da força de trabalho (que julgavam inerentemente selvagem e inferior) e com os destinos dos navios brasileiros.

> Planejada por um oficial comandante, cada navio possuía uma "Tabela de Serviços" distribuindo as fainas diárias para cada marinheiro [...] Para evitar a sobrecarga, os revoltosos redigiram uma nova "tabela de serviços" e exigiam que ela fosse posta em atividade. Sem dúvida, isso era algo impensado até aquele momento: marinheiros redigindo e propondo nova rotina de trabalho para os navios, independentemente de seus "superiores"

---

9 "Compunham as bases de um projeto político de mudança na Marinha de Guerra, proposto por quem olhava os problemas cotidianos do ângulo das camadas mais baixas da hierarquia militar. Propostas que surgiram das críticas à forma como eram vistos e comandados por seus superiores imediatos, e – ainda mais significativo – da autocrítica ao comportamento e formação educacional de muitos marinheiros" (NASCIMENTO, *op. cit*.).

> hierárquicos. Representava mais uma insubordinação, uma forma de sobrepujar a autoridade dos oficiais.[10]

Aparentemente, a Marinha brasileira de então não acreditava em meritocracia, visto que a capacidade e o treino não eram fatores preponderantes para a definição das responsabilidades e posição hierárquica.

É preciso lembrar que os rebeldes estavam de posse dos mais modernos navios do mundo. O governo gastara uma fortuna modernizando sua esquadra, o que incluiu um treinamento de oficiais e marinheiros na Inglaterra para que conseguissem lidar com os novos equipamentos. Assim, os marujos não apenas controlavam potentes armas de guerra como também sabiam muito bem tirar o melhor proveito delas.

Nos últimos anos da sua vida, um dos líderes do movimento, João Cândido, concedeu uma entrevista ao Projeto Memória, do Museu da Imagem e do Som (MIS), em que afirma:

> Foi sonegado, sonegado mesmo [seu nome dos registros da Marinha]. Pelo fato de haver tomado a posição que tomara na revolta, pelo ódio. Muitos oficiais da Marinha não conseguiram comandar o Minas Gerais e eu tive o sobejo poder de dominá-lo, fazer o que ele jamais faria na baía do Rio de Janeiro. Quando eu recebi o ofício escrito que Júlio Medeiros[11] me entregara a bordo do Minas Gerais, que a esquadra seria atacada pelo governo, eu não dei resposta a Júlio Medeiros, preparei meus navios e me fiz ao mar e de lá passei um radiograma para o governo avisando que os navios estavam a 30 milhas da costa do Rio de Janeiro esperando o ataque do governo porque daquela altura nós brincávamos melhor. Esperei lá 24 horas, não apareceu ninguém, retornei à baía do Rio de Janeiro, vim me abastecer, umas 3 ou 4 vezes vinha aqui me abastecer e quando chegava à tardezinha eu fazia ao mar para descansar a tripulação.

Ele pagaria muito caro pela gracinha.

---

10 *Ibidem*, p. 151-172.
11 Um dos poucos que tinham acesso aos navios em rebelião, o jornalista de *O malho*, Júlio Medeiros, também trazia informações para os marinheiros a bordo.

A REPÚBLICA CONTRA-ATACA

O contra-almirante José Carlos de Carvalho, deputado federal à época, subiu a bordo do Minas Gerais, encontrou um grupo coeso e decidido, e o pivô da revolta – na verdade, seu estopim – ainda acamado e ensanguentado, depois do castigo recebido. O deputado descreveu suas costas como "tainha aberta e pronta para ser salgada". Causa espanto o fato de um contra-almirante não ter percebido antes que as condições de vida e trabalho dos marujos eram lastimáveis. Por que não se mobilizara para alterar uma situação tão deplorável? Rui Barbosa, candidato derrotado a presidente nas eleições ocorridas poucas semanas antes, expressou receio diante da grave quebra de hierarquia em uma instituição que necessariamente se baseava naquela, mas defendeu com firmeza o fim da situação degradante dos marinheiros e a anistia para os revoltosos, por considerar o movimento uma rebelião justa.

Os navios circulavam pela baía, e ocasionalmente disparavam sobre a cidade ou em direção a alvos militares. Poucas, mas dolorosas, baixas civis foram computadas no centro da cidade, onde duas crianças morreram. Os amotinados se cotizaram para pagar uma humilde indenização às famílias delas. Por razões humanitárias e estratégicas, eles evitavam atingir a cidade ou prejudicar a população civil.

Quando centenas de trabalhadores foram expulsos para o Acre semanas depois, obviamente não houve preocupação alguma por parte do governo, nem de ninguém neste país, com as famílias que ficariam desamparadas.

Aparentemente, o governo aceitou os termos dos revoltosos e, no dia 27 de novembro, a insurreição terminou: revoltosos anistiados, e o fim da chibata.

Mas, claro, que militares, políticos, oligarcas e patriarcas da sociedade de bem não poderiam aceitar tamanha afronta sem nem uma gota de sangue pobre e preto ser derramada.[12] Vai que eles acostumam a ter seus direitos garantidos assim tão facilmente. O primeiro passo para tentar remediar a

---

12 "Com aproximadamente 75% de marinheiros negros, como veremos, a revolta também externou algumas das adversidades enfrentadas pelas primeiras gerações de filhos e netos de libertos, ventre-livres e negros livres, que estavam a bordo dos navios da Armada, 22 anos após a Abolição. Gerações nascidas observando os pais em cativeiro, que se viram forçadas à migração com suas famílias, que ouviram as histórias das agruras da escravidão contadas por libertos, que viram as barreiras à ascensão econômica e social impostas pelo racismo (Mattos; Rios, 2005; Weimer, 2013)" (NASCIMENTO, *op. cit.*).

situação e colocar a ralé no seu lugar foi o Decreto nº 8.400, de 28 de novembro, que permitia a expulsão sumária de qualquer marinheiro inconveniente. Embora alguns estivessem lá à força, havia um contingente expressivo que necessitava do emprego, e sem a Marinha estaria virtualmente na indigência. Muitos já haviam desertado durante a revolta, e cerca de 2 mil acabaram expulsos. O governo, inclusive, pagou passagem para as cidades de origem dos sublevados, para ver-se livre dos arruaceiros.

No início de dezembro, uma outra revolta, na Ilha das Cobras, daria a chance de vingança tão esperada pela elite, àquela altura inconformada com a derrota e sedenta de sangue. Embora não houvesse ligação direta com o movimento anterior, o governo e a Marinha empenharam-se, dedicaram-se intensamente e com ardor a implicar marinheiros anistiados na nova revolta, que dessa vez foi massacrada com a costumeira bestialidade das nossas elites.[13]

Várias lideranças da Revolta da Chibata que haviam sido anistiadas seriam presas na segunda revolta, embora absolvidas em um julgamento que só ocorreu um ano e meio depois, possivelmente porque o governo tinha esperança de que, mantendo essas lideranças na prisão, todas acabassem morrendo àquela altura, submetidos a inumeráveis iniquidades e torturas. O que de fato quase ocorreu.

O estado de sítio foi decretado na calada da noite de 10 de dezembro. Sob a capa desse estado de exceção, que deixa todos à mercê do discernimento (ou falta dele) do Estado, o marechal-presidente da República, Hermes da Fonseca – uma flor de pessoa –, enxovalha centenas de marujos dissidentes da primeira e segunda rebeliões, e aproveita para fazer o mesmo com outro tanto de *vadios* (operários, militantes, desempregados, prostitutas, capoeiras, cartomantes, opositores e criminosos de rua, por exemplo) detidos pela polícia nas ruas da cidade. Sob o manto do estado de sítio, o governo prendia, mas não processava, simplesmente despachava para o Acre aquela ralé indomável e desnecessária, cancro a corroer o brilho da capital federal e da

---

13 Pesquisadores ilibados mostram que o ocorrido após o segundo levante se caracterizou por uma ação mesquinha do Estado contra os amotinados que anistiara. O historiador naval Hélio Leôncio Martins foi também vice-almirante da Marinha brasileira, e nos alerta: "Em 1910, é forçoso confessar, as autoridades do país – e não só as navais – deixaram-se levar por sentimentos de revide; contra elementos que, à força, teriam imposto suas exigências, espezinhado os princípios de disciplina e ordem [...]. A ação vindicatória das autoridades encontrou pretexto na segunda rebelião, deflagrada sem objetivos definidos, mas que prometia uma insuportável continuidade de atitudes semelhantes".

jovem República. Assim como os despojados de Canudos, a existência dela maculava a pretensa modernidade de um regime incapaz de lidar com as velhas e novas desigualdades.

Na chamada Primeira República (1889-1930), os presidentes em geral enfrentavam qualquer prego no pé decretando um estado de sítio.[14] Ah, o estado de sítio, sonho de consumo de tantos presidentes. Esse estado de exceção, no qual o Executivo ganha poderes excepcionais e suspende garantias constitucionais (garantias essas que permitem que nós, inocentes que acreditam na democracia e na liberdade, permaneçamos fora das cadeias, mesmo quando governados por sujeitos obscenamente autoritários), foi decretado apenas três vezes depois de 1930: quando da revolta que colocou Getúlio Vargas na Presidência da República; em novembro de 1935, após a fracassada tentativa de golpe comunista (utilizada por Vargas para endurecer o regime até alcançar seu ápice na ditadura do Estado Novo em 1937); e em novembro de 1955, em um contexto de crise institucional que acabou por depor Carlos Luz (quem?) da Presidência da República e alçar Nereu Ramos ao cargo.[15]

Somente três vezes em quase cem anos. O estado de sítio é só para os fracos. Mas nos 41 anos da Primeira República, a coisa foi diferente. Segundo Gomes e Matos,

> como regra, os governos da Primeira República enfrentaram as contestações sociais do seu tempo por meio do estado de sítio, o que consistiu num abuso da utilização do instituto, que se tornou paradigma de governo.

---

14   "Estado de sítio e desterro caracterizavam-se por serem medidas adotadas em momentos de crises provocadas por revoltas populares ou quando das tentativas de golpes dentro dos grupos políticos (civis e militares) que divisavam o poder e a condução da chamada República Velha. É sobejamente sabido que o recém-instaurado regime republicano, nas suas primeiras décadas, foi atravessado por disputas internas, que tornavam o chamado 'pacto oligárquico' extremamente frágil às acomodações e a recorrente estabilidade política. Isso provocava frequentes rearranjos, fissuras e rupturas continuadas, pois tal pacto não era capaz de equacionar a contento todos os 'interesses predatórios em competição' de forma duradoura" (SILVA, 2010).

15   Presidente da Câmara dos Deputados, Carlos Luz tomou posse como presidente da República em 8 de novembro de 1955 em consequência do licenciamento, por motivos de saúde, do então presidente Café Filho. No entanto, foi acusado de conspirar para impedir a posse de Juscelino Kubitschek, eleito em outubro daquele ano, e acabou destituído em 11 de novembro, tendo permanecido apenas três dias no cargo, entregue a Nereu Ramos até a posse do presidente definitivo, JK.

De acordo com pesquisa realizada pelo Senado Federal, no período da República Velha (1889-1930) governou-se por 2.365 dias em estado de sítio.[16]

Contudo, embora pareça alentadora a diminuição drástica do uso do estado de sítio após 1930, tal aspecto positivo é dramaticamente obscurecido pelo fato de, entre 1930 e 1985 (55 anos), termos vivido quase trinta anos sob governos ditatoriais (mesmo que não consideremos os seis anos entre 1979 e 1985, são 23 anos em 55; entre 40% e 60% desse tempo, vivemos fora do espectro democrático).

E em 1910, sob a Constituição promulgada em 1891, o estado de sítio era assim regido:

> Art. 80 - Poder-se-á declarar em estado de sítio qualquer parte do território da União, suspendendo-se aí as garantias constitucionais por tempo determinado quando a segurança da República o exigir, em caso de agressão estrangeira, ou comoção intestina (art. 34, nº 21).
>
> § 1º - Não se achando reunido o Congresso e correndo a Pátria iminente perigo, exercerá essa atribuição o Poder Executivo federal (art. 48, nº 15).
>
> § 2º - Este, porém, durante o estado de sítio, restringir-se-á às medidas de repressão contra as pessoas a impor:
>
> 1º) a detenção em lugar não destinado aos réus de crimes comuns;
>
> 2º) o desterro para outros sítios do território nacional.
>
> § 3º - Logo que se reunir o Congresso, o Presidente da República lhe relatará, motivando-as, as medidas de exceção que houverem sido tomadas.
>
> § 4º - As autoridades que tenham ordenado tais medidas são responsáveis pelos abusos cometidos.

Daí o desterro sumário.

O Congresso Nacional - é sempre fundamental lembrar - precisa aprovar a decretação desse estado de exceção, que tem duração determinada. Mas, enquanto durava, o Executivo agia a seu bel-prazer contra aqueles que considerava indesejáveis: mais da metade dos embarcados para o Acre em consequência da revolta dos marinheiros constituía-se de civis (aqueles vagabundos odiosos que flanavam pelas ruas da capital).

---

16   GOMES, A. S. T.; MATOS, A. S. D. M. C. O estado de exceção no Brasil republicano. *Revista Direito e Práxis*.

Se o Mão Negra pensava a revolta, João Cândido a encarnava. Confiando na anistia e desejando permanecer na corporação, não desertou. Estava no navio Minas Gerais quando da eclosão do novo movimento, obedecendo a ordens do seu oficial superior, mas foi preso, injustamente acusado de colaborar com os revoltosos. Não foi o único implicado por meio de manobras criminosas do alto oficialato e do presidente Hermes da Fonseca – a flor de pessoa –, que lograram jogar na prisão e exilar na Floresta Amazônica centenas de marinheiros e párias sociais, cumprindo penas de trabalhos forçados.

O relato do próprio João Cândido explicita a crueldade deliberada a que foram submetidos os dezessete prisioneiros detidos naquela noite de dezembro e encaminhados para a Ilha das Cobras, apelidada pelo jornal *Correio da Manhã* de Ilha do Martyrio, ou Ilha da Morte. O jornal também publicou uma lista com o nome de dez dos mortos entre o Natal e o Ano-Novo de 1910 e uma série de reportagens entre os dias 13 e 20 de janeiro de 1911, descrevendo os horrores das prisões e mortes na Ilha das Cobras:

> A impressão era de que estávamos sendo cozinhados dentro de um caldeirão. Alguns, corroídos pela sede, bebiam a própria urina. Fazíamos as nossas necessidades num barril que, de tão cheio de detritos, rolou e inundou um canto da prisão. A pretexto de desinfetar o cubículo, jogaram água com bastante cal... o líquido, no fundo da masmorra, se evaporou, ficando a cal. A princípio, ficamos quietos para não provocar poeira. Pensamos resistir os seis dias de solitária com pão e água. Mas o calor, ao cair das 10 horas, era sufocante. Gritamos. As nossas súplicas foram abafadas pelo rufar dos tambores. Tentamos arrebentar a grade... Nuvens de cal se desprendiam do chão e invadiam os nossos pulmões, sufocando-nos. A escuridão, tremenda. A única luz era um candeeiro a querosene. Os gemidos foram diminuindo, até que caiu o silêncio dentro daquele inferno.[17]

Aparentemente o comandante Marques da Rocha foi o responsável pelas mortes, já que sumiu das instalações prisionais no dia 24 de dezembro, levando a única chave da minúscula cela. Quando deu o ar da sua graça, depois de se empanturrar na ceia de Natal, já no dia 27, estavam quase todos mortos. Mas, claro, ele jamais teve a intenção de que tal desgraça ocorresse. Chegou

---

17   Depoimento em MOREL, E. *A revolta da Chibata.*

a ser julgado, porém acabou inocentado pela justiça e terminou a carreira como almirante. Os prisioneiros mortos foram enterrados como indigentes, em grupos de três no mesmo caixão, à noite, no cemitério do Caju.[18]

Já no ano seguinte, o *Correio da Manhã*, do dia 6 de maio de 1911, rebateu as alegações do marechal flor de pessoa, segundo quem o estado de sítio fora um piquenique no campo:

> Mais um caso monstruoso vai chegar ao conhecimento público, depois do indescritível quadro de que foram teatro as solitárias da Ilha das Cobras, onde pereceram assassinados barbaramente pela falta de pão, de água e de ar, nada menos de dezoito infelizes homens. [...] A brandura do estado de sítio nada mais foi que uma fantasia com que se tentou embair o público.

A crueldade produzida pelo Estado brasileiro ao longo da sua existência encontra sua expressão mais acabada na necessidade do tratamento extremo e horrendo àqueles que tentam subverter uma ordem social excludente ou até mesmo apenas se defender dos ataques constantes que deixam um numeroso contingente de pessoas à mercê de condições deploráveis de vida, não apenas do ponto de vista material, mas também psicológico, intelectual, emocional.

A República que se queria moderna, europeizada, racional, iluminada e positivista agia e se movia com um bestialismo medieval.

IDA AO INFERNO

As centenas de enxovalhados foram jogadas nos porões da nau Satélite: cerca de 440 pessoas (aqueles homens e mulheres já citados), sem processo, sem culpa formada, sem condenação. Muitos nada tinham a ver com a revolta, com nenhuma revolta, mas o estado de sítio deu ao presidente Hermes da Fonseca

---

18 Houve muitos outros incidentes violentos no bojo da repressão ao movimento: "Além das mortes ocorridas nesses locais [Ilha das Cobras e nau Satélite], sabe-se de outros casos. O marinheiro Marcelino Rodrigues de Menezes (cujas chibatadas recebidas foram o estopim da Revolta da Chibata) narrou quatro décadas depois ao jornal *O Globo*: 'Eu mesmo assisti ao assassinato do cabo Medeiros, fuzilado por ordem do marechal Hermes. Depois, no Realengo, vi tombarem Canuto, Zacarias e Marinho, sob carga de fuzil'" (MOREL, M.; BRAGA, E., 2008).

a liberdade para, de forma arbitrária, livrar-se de indivíduos que perturbavam a ordem social, tanto os ativistas políticos quanto os párias da sociedade.

Em 3 de maio de 1911, Hermes da Fonseca discursou diante do Congresso Nacional e atacou, com a ignorância e o desatino típicos dos donos do poder, os marinheiros rebelados. Como sempre, desqualificando não apenas sua luta, mas também os indivíduos que a incorporaram:

> Como sabeis, terminava apenas a primeira semana do meu governo, quando uma estranha e injustificada [sic] indisciplina de marinheiros pôs nas mãos de homens rudes e incultos as duas mais poderosas unidades navais que a marinha brasileira possui. Em tal emergência, diante do levante de homens que nem sequer sabiam o que queriam, desorientados, arrependidos mesmo do ato inicial do movimento que custara a vida de bravos oficiais, acudistes, para evitar males maiores, com o remédio da anistia.

Precisamos repetir que os marinheiros sabiam muito bem o que faziam, tanto politicamente quanto no comando das poderosas máquinas de guerra?

Ele nem pensava em disfarçar o desprezo vitriólico não apenas pelos atos dos insubordinados, mas também pelas (não) pessoas que os levaram a cabo; tinha orgulho desse ódio.

O comandante da nau Satélite, Carlos Brandão Storry, que ficou conhecida na época por *navio fantasma*, relatou a viagem horrenda que durou de 25 de dezembro de 1910 a 4 de março de 1911, quando aportou novamente no Rio de Janeiro. Parando em vários lugares, seu destino final eram os seringais do Acre, as obras da ferrovia Madeira-Mamoré. Seu relato contém várias páginas e as listas de todos os embarcados: 105 ex-marinheiros, 292 condenados (em tese), 44 mulheres e 50 praças do Exército (para manter a ordem).

Ele relatou sem choque o assassinato de vários dos homens a bordo, acusados de tramarem um motim, apesar das condições em que viajavam e de estarem desprovidos de tudo, inclusive de armas,[19] e não se conteve de alívio ao se livrar da carga viva em Santo Antônio do Madeira, daquele bando de vagabundos (palavras do próprio) perigosos.

---

19 O relato da viagem encontra-se digitalizado no acervo da Casa Rui Barbosa. Disponível em: http://docvirt.com/docreader.net/DocReader.aspx?bib=ArquivoRuiBarbosa&Pesq=canudos&pagfis=627. Acesso em: 25 maio 2022.

"Vagabundos" não constituíam parte integrante do povo, pois os vadios que perambulavam pela cidade não apenas atrapalhavam o caminho, o progresso da verdadeira nação gloriosa, como também mal chegavam a ser considerados humanos. Uma laia, uma ruma, que precisava aprender a ser gente antes de ter o direito de existir; uma horda incapaz, por sua raça e natureza, de viver em sociedade sem os limites impostos pela caridosa elite, que se transformaria em carga viva em navios que reviviam as malditas presigangas, os infames navios negreiros.

Segundo Chalhoub, "um segmento da população era percebido como largamente despreparado para a vida em sociedade, pessoas que precisavam antes de educação e orientação para o 'bem'".[20] Não, não precisamos transformar condições degradantes de vida. Afinal, essas pessoas viviam nessas condições porque mereciam ou porque não sabiam *viver em sociedade*; eram pouco mais que animais. Aqueles que saíram em defesa da Gloriosa Armada e seus infames castigos, erguendo suas vozes ríspidas contra a anistia dos amotinados de novembro, eternizaram as ideias e noções acerca do povo que possivelmente predominava entre as elites nacionais.

Desde cedo nosso país aprendeu que há pessoas descartáveis, e que não apenas podem como também devem ser jogadas no lixo. De preferência no dia de Natal, porque o aniversário de Cristo não deve ser comemorado por todos: a viagem forçada à Amazônia teve início em 25 de dezembro de 1910, e a lista de embarcados já contava com nove nomes marcados com uma cruz cristã ao lado, que jamais chegaram ao destino, tendo sido os fuzilados citados pelo capitão.

O jornal carioca o *Correio da Manhã* publicou extensas matérias sobre o horror na Ilha das Cobras e também sobre os deportados no navio fantasma. Ao denunciar o ocorrido na nau Satélite, o jornal tomou por base o depoimento de uma das poucas vítimas da sanha assassina dos militares a retornar da selva amazônica: Benedicto Collares, preso por dois policiais quando flanava pela rua Frei Caneca somente por ser civilista,[21] e despachado, sem a menor cerimônia, para os porões do *navio fantasma*: "Durou 42 dias daqui a Manaus, onde foram desembarcados os últimos deportados. Foram dias de

---

20 CHALHOUB, S. Medo branco de almas negras: escravos, libertos e republicanos na cidade do Rio. *Revista Brasileira de História*.
21 Na campanha para presidente de 1910, os partidários do candidato (derrotado) Rui Barbosa eram chamados *civilistas*, pois defendiam um civil em oposição ao candidato dos quartéis.

angústia, de sofrimentos, de pesar, de tristeza, de choro, de convulsão, tais os horrores, tais as barbaridades que se cometeram a bordo". [22]

Ele relatou os maus-tratos atrozes a todos os presos e o que ganhou os contornos de uma manobra sórdida para incriminar prisioneiros considerados *problemáticos*, que foram então surrados, amarrados, submetidos a um *conselho de guerra* improvisado e sumariamente executados.

Belfort Oliveira, diarista auxiliar do serviço sanitário da Comissão Rondon, testemunhou o desembarque dos desterrados, corroborando as palavras de Collares:

> A guarnição formou ao longo do navio, armada em guerra, de carabinas embaladas, os porões foram abertos e a luz de um sol amazonense os 400 desgraçados foram guindados, como qualquer coisa menos corpo humano, e lançados ao barranco do rio. Eram fisionomias esguedelhadas, mortas de fome, esqueléticas e nuas, como lêmures das antigas senzalas brasileiras. As roupas esfrangalhadas deixavam ver todo o corpo. As mulheres então estavam reduzidas a camisas. Imediatamente uma porção de seringueiros começou a escolher aos lotes os que mostravam restos de uma robustez passada. E assim foram-se espalhando naquele solo de misérias, e de morte, até que ficaram reduzidos a 200, inclusive as mulheres, sendo recolhidos ao acampamento da Comissão. Estas por determinação do tenente Matos Costa, que assumiu o comando do contingente, [...] foram postas para fora, e como lobas famintas, entregaram-se a prostituição, para sustento do corpo e a estas horas talvez não sobreviva nenhuma. Os cento e tantos que ficaram ao serviço da Comissão, nem todos eram marinheiros, quase metade era constituída de trabalhadores, operários, [...] que foram feitos prisioneiros durante o Estado de Sítio.

Por não haver infraestrutura nos acampamentos da Comissão, os recém-chegados dormiam ao relento, sem coberta, sem colchão, expostos a insetos e outros bichos, umidade e chuva. Sem alimentação suficiente, sem preparo, passavam os dias em um trabalho duro sob o calor de quase 40 °C. Belfort também relatou mais dois assassinatos por parte do dedicado tenente Matos

---

22 Citado por MARINHO, M. C. *A anistia aos marinheiros revoltosos e o caráter repressor do Estado brasileiro (1910-1911)*.

Costa, a tiros de Mauser, e um terceiro que foi atingido por fuzil para servir de exemplo aos outros prisioneiros, cuja situação era de virtual escravidão. Já ao final da carta, Belfort afirmou:

> E desta maneira os outros todos foram dizimados – ou pela bala, ou pela malária!
> Nessa mesma Comissão de que fiz parte, naquele mesmo lugar em que foram imolados os passageiros do Navio Fantasma, também sofrem os soldados que, recrutados em todos os estados da União com os mesmos bafios de futuro, vão para servir de escravos a mando dos braços fardados do feitor, chibatadas de manhã à noite. Mas os crimes perpetrados sob a luz do sol e seu rio perene de sangue hão de ter vingança.

Esse relato consta de uma carta enviada por Belfort, de Recife, em 30 de maio de 1911, a qual se encontra nos arquivos da Fundação Casa Rui Barbosa; algumas folhas estão reproduzidas nas páginas 104 a 107.

ASSOMBRAÇÕES

Assim como na Revolta da Vacina, em Canudos e na Cabanagem, a selvageria exemplificadora do governo brasileiro desterrou não apenas física, mas também moral e politicamente centenas de indivíduos que não apresentavam as credenciais para integrarem a unidade *povo brasileiro*. As pessoas morreram ou foram destruídas do ponto de vista civil sem culpa formada, sem denúncia, sem processos. Irremediavelmente fantasmas.

O presidente Hermes da Fonseca – a flor de pessoa – informou, em mensagem ao Congresso,[23] que era sua a iniciativa de enviar o navio para a Amazônia, explicando o destino dos passageiros:

> "metade iria trabalhar para Companhia Telegráfica chefiada pelo coronel Cândido Rondon e a outra metade seria entregue à Companhia Construtora da Estrada Madeira-Mamoré". Como a Companhia Madeira-Mamoré não

---

23 *Mensagens presidenciais, 1910-1914*: Hermes da Fonseca.

os quis receber, "os restantes dos desterrados" foram "colocados em diferentes seringais".

O horror de viver em um lugar inóspito, forçado a trabalhar em uma atividade e em um ambiente aos quais não se estava habituado, a miséria e a impossibilidade de partir (para qualquer outro lugar) são aspectos para uma outra história.

Somos testemunhas, em pleno século XXI, do quanto a elite brasileira prefere incendiar o país a melhor dividi-lo. Tivemos exemplos claros disso nos últimos anos. Uma versão mais ampla do afundar o barco antes que marinheiros o tomem. O *povo* é apenas tolerado, e na medida apenas em que apresenta o comportamento adequado: ordeiro, moral, pacífico, cristão, silencioso e submisso. Fora dessas descrições, o povo deixa de ser povo e se torna uma horda facínora, contra quem qualquer ação repressora, por mais ilegal e cruel, é permitida. Sempre que esse povo se desgarra das fronteiras do aceitável, é descrito como desocupado, desordeiro, bêbado e meretriz ou ladrão, bicha e maconheiro – mesmo que se trate de trabalhadores questionando a legislação vigente por percebê-la injusta e perversa. Como disse Ariano Suassuna: "Sempre que o Brasil real – o Brasil da imensa maioria de despossuídos – levanta a cabeça, o Brasil oficial vai lá e corta essa cabeça".

Segundo Francisco Bento Silva,

> o Brasil daquela época apresentava uma sociedade cindida, vista como sendo composta de adaptados versus inadaptados, educados contra ignorantes, civilizados de um lado e rudes de outro. Em resumo, as posturas, as práticas e as crenças eram dicotomizadas para estabelecer o permitido e o proibido à maioria da população de um país recém-saído da escravidão. Uma Nação que pelo alto negava ao mesmo tempo o que tinha sido, mas ainda não era o que queria ou imaginava ser.[24]

Cabe-nos perguntar que herança recebemos *daquela época*, e quais as dicotomias – falsas ou concretas – que nos restaram.

João Cândido chegou a receber uma pensão do Estado, décadas depois da sua expulsão da Marinha. Uma miséria. Os outros, nem isso. Já no final

---

24   SILVA, F. B. da, *op. cit.*, p. 161-179.

do século XX, começou a receber homenagens, sua expulsão foi revertida em 2008 e ganhou estátua no centro do Rio de Janeiro – pasmem, deixando oficiais da Marinha muitíssimo revoltados.

Os desterrados? Muitos morreram, e ninguém quis contar suas histórias. Para sempre, fantasmas.

Vejam a seguir trechos da carta de Oliveira Belfort, auxiliar de serviços sanitários na Comissão Rondon, destinada a Rui Barbosa, relatada neste capítulo.

> Posta a prancha do portaló para o barranco do rio, conseguimos entrar a bordo. Ahi soubemos estarem todos recolhidos nos porões do vapor, todos prisioneiros — trescentos e tantos homens, e quarenta e uma mulheres. Para assumir o Sub-commando do Contingente vinha no mesmo bordo o 1º Tenente Mattos Costa, que ás nossas indagações, nos fez sciente de uma revolta á vila do porto da Bahia, contra a vida do commandante de bordo e mais superiores agaloados, o que deu razão a um reforço em Pernambuco e a resolução do fuzilamento dos chefes, pois haviam, para isso, tido carta branca do governo. Formada a companhia com os pragmaticos do estylo, foram escolhidos onze, competentemente manietados, etc. Dez foram passados no fuzil, tendo o decimo primeiro se lançado ao mar. Esta foi a affirmação official que tivemos.
> Quanto aos outros lá estavam: hermeticamente guardados, numa clausura de quarenta e um dias, sem verem a luz do sol, sob o regimen de uma alimentação forçada, numa am-

Reprodução/Fundação Casa Rui Barbosa, Rio de Janeiro, RJ

Carta de Oliveira Belfort, auxiliar de serviços sanitários na Comissão Rondon, destinada a Rui Barbosa, relatando os eventos por ele testemunhados quando da chegada da nau Satélite na região amazônica. Recife, 11 de maio de 1911.

biente mephitico, como sardi-
nhas em tigellas!

A guarnição formou ao longo
do navio, armado em guerra, de
carabinas embaladas, os porões
foram abertos, e, á luz de um
sól amazonense os quatrocentos despaçados foram guindados
como qualquer coisa menos
corpo humano, e lançados a bor-
ranco do rio. Eram phisiono-
mias esquedelhadas, mortas
de fome, esqueleticas, e nuas,
como lembres dos antigos senzalas brazileiras. As roupas
esfrangalhadas deixavam vêr todo
o corpo. As mulheres, então, estavam reduzidas a camisas.

Immediatamente uma por-
ção de seringueiros apresentou-
-se e foram escolhendo aos lotes
os que mostravam ainda restos
de uma robustez passada.

E, assim foram-se espalhando
naquelle solo de miseria, e de morte, até que ficaram reduzidos a
duzentos, inclusive as mulheres,
sendo estas recolhidos a acampamentos da Commissão. Estas,
por determinação do tenente Mattos Costa, que assumiu o Comman-
do do Contingente no dia seguinte,
por haver-o deixado o tenente Borges,

Reprodução/Fundação Casa Rui Barbosa, Rio de Janeiro, RJ

Carta de Oliveira Belfort, auxiliar de serviços sanitários na Comissão Rondon, destinada a Rui Barbosa, relatando os eventos por ele testemunhados quando da chegada da nau Satélite na região amazônica. Recife, 11 de maio de 1911.

Elle sorriu-se dizendo: – Realmente
se contarem ao Barbosa Lima,
ella fará publico de tudo, mas...
todos conhecem o Amazonas como
um logar de doenças pavorosas e
attestam logo – beri-beri ou palu-
dismo. –
E desta maneira os outros todos foram dizimados – ou pela bala
ou pela malaria!
Por ahi V. Ex.cia pode fazer uma
pequena ideia do que no Brazil
representa aquelle recanto de
terra. É applicando a phrase de
Hall Caine – a sepultura do sui-
cida moral, a patria dos proscriptos.
Ali impera o egoismo, o crime,
o contrabando e todas as miserias
da humanidade têm aceito ali!
Nessa mesma Committão, de que
fiz parte, naquelle mesmo logar
em que foram imolados os passageiros do Navio Phantasma, Tambem soffrem os soldados que re-
crutados em todos os Estados da
União, com as mesmas trapaças
de feitura, vão para servir de escravos a mando dos braços bordados
de galões, chibateados de manhã á
noite.
Mas os crimes perpetrados sob a
luz do sól e esse rio parece de sangue ha de ter vingança.

Reprodução/Fundação Casa Rui Barbosa, Rio de Janeiro, RJ

05 A DEVASTADORA TRAGÉDIA DOS *BONS SELVAGENS*

"Estou cansado de ser um coveiro de índios... Não pretendo contribuir para o enriquecimento de grupos econômicos à custa da extinção de culturas primitivas."

Antonio Cotrim, sertanista da Funai [1]

---

1 Em 1972, Antonio Cotrim Soares pediu demissão da Funai. Depois de dez anos trabalhando no interior do Brasil estabelecendo contato e confiança de aldeias indígenas, ele anunciou sua saída dizendo que o órgão em que trabalhava se transformara em um *blefe*. A frase ficou famosa na época e foi publicada em inúmeros jornais. PREZIA, B. *Caminhando na luta e na esperança:* retrospectiva dos últimos 60 anos da pastoral indigenista e dos 30 anos do Cimi: textos e documentos.

Não sei se o atual desastre ambiental intensificado por políticos de extrema direita e empresários vorazes, desejosos de alimentar cada chinês com um bife de boi por dia, e o papel óbvio que os nativos brasileiros – *índios* – desempenham no processo de salvaguarda do ecossistema nacional mudaram a visão que o brasileiro comum tinha dos povos indígenas. A cada queimada criminosa, vemos lideranças indígenas apontando o dedo para os culpados de sempre, denunciando a destruição da sua terra e, consequentemente, da sua gente, de forma sistemática e deliberada por agentes privados com todo o suporte e apoio do poder público, cada vez mais desavergonhado em fazê-lo.

Talvez a tragédia exposta nas nossas telas a cada dia tenha conseguido fazer as pessoas compreenderem que os indígenas são um grupo social contemporâneo a integrar esse estranho mosaico que é a sociedade brasileira. Talvez elas vejam o *índio* nacional menos como um bom selvagem, portador de uma *cultura primitiva* já praticamente extinto, a não ser por exóticos bolsões na Amazônia e em livros de autores românticos do século XIX, e mais como uma força dinâmica, minoritária, mas ativa do nosso mundo atual. Ou talvez não. Talvez continuem a achar que aquela meia dúzia de gente que vive no mato de bermuda e camiseta não passa de selvagens meia-boca reclamando do inevitável avanço do progresso ao mesmo tempo que dele se aproveitam, ao tirar dinheiro de turistas incautos com a triste exibição de um simulacro de cultura ancestral.

Que os europeus brancos espalharam a desgraça pelos quatro cantos da Terra, isso a gente já sabe – ou deveria saber. Aqui no nosso continente, estupraram, mataram, puseram fogo em gente viva e também em animais, roubaram, mentiram, enganaram, atraiçoaram, dizimaram. Calcula-se que havia entre 2 e 4 milhões[2] de pessoas vivendo no território que atualmente forma o Brasil no ano de 1500. Em 2010, menos de 900 mil pessoas enquadravam-se na categoria *indígena*.[3] O nível mais baixo de quantitativo indígena foi registrado em 1957: 70 mil.

---

2   WILL, K. L. P. *Genocídio indígena no Brasil.*
3   Estimativas da Funai e do IBGE.

O nome disso é genocídio, pra quem não sabe.[4] Definido juridicamente na Lei nº 2.889, de 1956:

> Quem, com a intenção de destruir, no todo ou em parte, grupo nacional, étnico, racial ou religioso, como tal: a) matar membros do grupo; b) causar lesão grave à integridade física ou mental de membros do grupo; c) submeter intencionalmente o grupo a condições de existência capazes de ocasionar-lhe a destruição física total ou parcial; d) adotar medidas destinadas a impedir os nascimentos no seio do grupo; e) efetuar a transferência forçada de crianças do grupo para outro grupo.

ENTRANDO NO SÉCULO XX

Nossos povos nativos entraram no século das guerras extremas vistos com desconfiança ou romantismo pelos não *índios*. Cem, 120 anos atrás, ainda tinha muito Brasil para esconder os *índios* que restaram e queriam permanecer assim, afastados da praga de gafanhotos constituída pelos não *índios*. Mas, à medida que as décadas passaram, as questões ligadas à posse de terras indígenas e sua *integração* à nação se tornaram mais prementes, até porque o país se interiorizou aos poucos ao longo do século.

O olhar do Estado voltou-se para os povos indígenas no início do período republicano. A sanha modernizante que tomou conta dos novos governantes impulsionou projetos de caráter desenvolvimentista e esboçou tentativas de ocupação de terras ainda não ocupadas pelas atividades agropecuárias visando ao lucro, processo que se tornaria acelerado a partir da década de 1930. O Serviço de Proteção ao Índio (SPI) nasceu em 1910, com o nome de Serviço de Proteção aos Índios e Localização de Trabalhadores Nacionais (SPILTN).

---

4 No dicionário on-line mais pop, encontramos o uso amplificado, político, da palavra: "Extermínio proposital que aniquila, mata uma comunidade, um grupo étnico ou religioso, uma cultura ou civilização etc.: o genocídio dos *índios* das Américas; ação de aniquilar grupos humanos através da utilização de diferentes formas de extermínio: a pobreza ou a fome em certas regiões do mundo, o sequestro permanente de crianças e refugiados são exemplos de genocídio" Disponível em: https://www.dicio.com.br/genocidio/. Acesso em: 25 maio 2022.

Uma vez que esse nome insinuava que seus objetivos (longe de expressarem uma genuína preocupação com os povos autóctones, cuja vida vinha sendo destruída pela ocupação de feições europeias) se aproximavam da transformação de *índios* em trabalhadores, o novo órgão mudou de denominação e, em 1918, passou a se chamar apenas SPI (a segunda tarefa do SPILTN, a organização de braços para a lavoura, foi designada para outras repartições). De todo modo, a subordinação do SPI ao Ministério da Agricultura, Indústria e Comércio (Maic) até 1930, ao Ministério do Trabalho entre 1930 e 1934, ao Ministério da Guerra (!!!!) até a ida para o Ministério do Interior em 1940 não deixa dúvidas acerca das intenções mais urgentes do órgão. Lidar com os indígenas fazia-se necessário apenas diante do desenvolvimento agrícola, da abertura de novas vias (ferrovias ou estradas) de escoamento de produção e da necessidade de organizar a força de trabalho. Embora muitos estudiosos e intelectuais, juntamente a parte dos funcionários do SPI, se dedicassem de fato a proteger os *índios*, que consideravam essencialmente vulneráveis, ao longo dos anos a atuação desse órgão se mostrou muito mais dedicada a abrir caminho para o Brasil modernizado do que a resguardar os *índios* de espoliação e extermínio.[5]

Em meio a escândalos envolvendo corrupção e crueldades, em 1967 o governo cria a Fundação Nacional do Índio (Funai) para substituir o SPI.[6] Apesar da profissionalização dos servidores do novo órgão, e de uma estruturação e regulamentação pensadas para evitar o caos e o assalto aos direitos

---

5 "A política de administração dos *índios* pela União foi formalizada no Código Civil de 1916 e na lei nº 5.484 de 27 de junho de 1928, que estabeleceram sua relativa incapacidade jurídica e o poder de tutela ao SPI. Estes dispositivos, entretanto, partiam de uma noção genérica de 'Índio'. Não foram formulados critérios objetivos que pudessem dar conta da diversidade de situações vividas pelos povos indígenas no Brasil. Além disso, a atuação tutelar do SPI foi permeada pelas mesmas contradições presentes na fundação do SPILTN. Por um lado, visava proteger as terras e as culturas indígenas; por outro, a transferência territorial dos nativos para liberar áreas destinadas à colonização e a imposição de alterações em seus modos de vida. Esta situação foi chamada pelo antropólogo João Pacheco de Oliveira de 'paradoxo de tutela.'" Disponível em: https://pib.socioambiental.org/pt/Servi%C3%A7o_ de_Prote%C3%A7%C3%A3o_aos_%C3%8Dndios_(SPI). Acesso em: 26 maio 2022.

6 Em 1963 o ex-diretor do SPI, Gama Malcher, publicou o dossiê "Porque fracassa a proteção aos índios". A partir de denúncias desconcertantes, Malcher buscava *salvar* a instituição dos facínoras e apaniguados que a haviam assaltado, recuperando-a para os técnicos, especialistas e pessoas de interesses legítimos. SANTOS, E. B. dos. *A ação indigenista brasileira sob a influência militar e da Nova República (1967-1990)*. Alguns anos depois, o Relatório Figueiredo levou o escândalo a um novo patamar e enterrou definitivamente o antigo SPI.

indígenas, a Funai não poderia escapar à lógica autoritária e desenvolvimentista imposta pela ditadura militar instaurada pelo golpe de 1964.

Ao longo do século XX, o *avanço inevitável do progresso* – justificativa que vem pautando nossas políticas econômicas e sociais desde a República e se encontra, inclusive, na nossa bandeira – devastou o país, o planeta e, obviamente, as terras indígenas: plantações de cana, usinas de açúcar e álcool, pasto para boi, soja transgênica, extração de riquezas minerais. Mas os povos indígenas não aceitaram e não aceitam o desastre, e até hoje pagam um preço alto por isso.

"Mas, ai, tem tanto índio que agora é até evangélico, ou trabalha no garimpo, e bebe cachaça, e engana turista, e tem iPhone, blá-blá-blá, mimimi." Sim, cara-pálida, a discussão é justamente essa: os nativos brasileiros integram uma parcela da sociedade e são gente como eu e você, não são peça de museu, mas têm idiossincrasias e um passado específico que exigem, sim, uma forma diferenciada de tratamento por parte do Estado quando se trata dos recursos alocados para sua sobrevivência.

FOGO DE 51

Um episódio pouco conhecido aconteceu em 1951, no sul da Bahia, na aldeia vital para o povo Pataxó, a aldeia mãe de Barra Velha.[7] Chamado de Fogo de 51 por historiadores, sobreviventes e seus descendentes, ou Revolta de Barra Velha, o triste evento é conhecido principalmente por meio de testemunhos da população local, indígena e não indígena, e de notícias nos jornais. O esbregue teve origem imediata na criação do Parque Nacional do Monte Pascoal, aquele que Pedro Álvares Cabral avistou. Foi apenas em 1940 que o governo federal determinou oficialmente o local de *descobrimento* do Brasil – onde os navios portugueses primeiro aportaram. Um decreto, três anos depois, criou o Parque Nacional e delimitou as terras indígenas da região sem muito conhecimento acerca dos povos que viviam ali e se sentiram enormemente

---

7   Sabe-se que a Aldeia de Barra Velha, em sua origem, abrigou, além dos Pataxós, também Maxakalís, Botocudos e Kamakãs-Meniã. TRINDADE, R. N. *A internacionalização dos direitos humanos dos povos indígenas na ótica da resistência Pataxó no sul da Bahia entre 1951 e 2017.*

ameaçados pela criação do sítio histórico; marco de uma desejada brasilidade europeia, alheia aos outros povos que não os descobridores portugueses.

Anos depois, os Pataxós buscaram o apoio do SPI para garantir o direito às suas terras, sem êxito. Nesse contexto, já em 1951, dois indivíduos que se diziam engenheiros, ou (em algumas versões) representantes do próprio governo federal, reuniram os *índios* da região, a pretexto de organizá-los e exigir a demarcação das suas terras. Em companhia de alguns deles, saquearam um estabelecimento comercial na vila de Corumbau. Três dias depois – apesar de não haver registros oficiais, mas apenas em jornais –, com base em depoimentos dos sobreviventes, constatou-se que as polícias de Porto Seguro e Prado invadiram a aldeia de Barra Velha durante a madrugada, mataram ao menos um índio a tiros, incendiaram a aldeia, estupraram mulheres e espancaram crianças e velhos.[8] A agressão durou semanas. Pataxós foram escravizados como se estivéssemos no Brasil Colônia, expostos a agressões físicas e humilhação pública nas vilas da região.

Tenho certeza de que muita gente achou que eles *mereciam* aquilo porque, afinal, haviam roubado um comerciante honrado. Mesmo que toda a aldeia tivesse se reunido para roubar uma loja – o que de forma alguma foi o caso –, ninguém merece ser espancado, morto, escravizado por isso. Ninguém merece ser estuprada(o). Ninguém, e é triste demais que ainda tenhamos que afirmar isso diante de tantos cínicos que insistem em determinar que sim. Enfim, tem gente que não serve nem para reproduzir.

Toda a história é muito mal contada. O que se sabe com certeza é que o capitão Honório, cacique da aldeia de Barra Velha, chegou a ir ao Rio de Janeiro no fim da década de 1940, então capital federal, para saber exatamente como, quando e o que seria demarcado em função da criação do Parque Nacional. Embora tratado pelas autoridades de forma cortês, não teve suas dúvidas esclarecidas e nenhum técnico do órgão apareceu na aldeia, como havia sido prometido no encontro. Seu envolvimento com os *engenheiros* deu-se neste contexto: sem apoio nem garantias do Estado, os Pataxós aceitaram a aproximação de dois indivíduos que se dispuseram a apoiar suas reivindicações e orientá-los do ponto de vista técnico e político.

---

8   SAMPAIO, J. A. L. *Breve história da presença indígena no extremo sul baiano e a questão do território Pataxó do Monte Pascoal*; CUNHA, R. C. S. *O Fogo de 51*: entre a memória oficial e as subterrâneas.

Alguns indícios apontam para militantes do Partido Comunista Brasileiro (PCB), e outros, para arruaceiros comuns. A *tese comunista* fez a festa da imprensa, da polícia, de comerciantes, latifundiários, homens de bem, enfim, daqueles que precisam sempre odiar e massacrar alguém. E quem melhor do que os comunistas, não é mesmo?

Um certo major Arsênio (o nome é esse mesmo, às vezes acho que nada é por acaso) Alves liderou toda a operação, da concepção à prática. Esse militante integralista,[9] muito proativo, mas nada sagaz, recebeu impiedosas críticas de uma parte da imprensa local, que foram reproduzidas em veículos nacionais. O fato é que se criou uma força-tarefa sob o comando desse homem, formada por policiais de Prado e Porto Seguro, e coube a ela a responsabilidade de queimar a aldeia e dispersar os incômodos Pataxós, que até então viviam em suas terras de forma quase isolada e desconhecida do restante do país.

Mesmo à época, houve discrepância de versões em relação ao ocorrido, com o relato oficial transformando *índios* (e camponeses) em bandidos a serem rechaçados a todo e qualquer custo e colocados em seu devido lugar de subserviência. Mas na época – acreditem se quiser – também havia um movimento intenso na chamada imprensa esquerdista, que vestiu o Fogo de 51 com as cores da luta de classes, a se espalhar por toda a região.

Verdade que lutas campesinas (com as invasões, grilagens e os assassinatos de lavradores que as acompanhavam) eram endêmicas naquela região, naquele tempo, assim como tentativas de invasão de terras indígenas. Integrar essas lutas em uma mesma narrativa certamente fazia sentido para os militantes comunistas, ou socialistas, ou nacionalistas de esquerda. Assim como fazia sentido, para as elites, transformar aqueles que lutavam pelo direito à terra em bandidos merecedores de bala e fogo.

A aldeia de Barra Velha, chamada de aldeia-mãe, foi destruída no processo; os Pataxós que a ocupavam se dispersaram pelas fazendas – onde muitos foram escravizados –, por outras aldeias e pelas periferias das cidades da região.

---

9 A Aliança Integralista Brasileira, ninho do integralismo e dos integralistas, atuou na política nacional na década de 1930. Admiradores de Hitler e Mussolini, chegaram a arregimentar centenas de milhares de brasileiros de todos os cantos para as suas fileiras. Cumprimentavam-se com o pitoresco *anauê* e vestiam uniformes verdes para desfilar seu orgulho patriótico. Para conhecer melhor o integralismo, leia tais livros, ambos de Hélgio Trindade: *Integralismo*: o fascismo brasileiro na década de 1930 e *A tentação fascista no Brasil*.

> Minha mãe mesmo foi uma das pessoas que sofreu muito nesse massacre de 51, porque ela conta que ela ficou perdida 15 dias, né? Na mata... dentro da mata. Passando fome, dormindo, comendo orelha. Aqueles que vocês chama de fungo. Orelha de pau. Ela conta muita coisa triste. Depois eles tiveram que trabalhar pra fazendeiro. Tipo um escravo. Ela diz que capinava não sei quantas tarefas de terra. Com aqueles cavador de pau, pra poder eles dar alimentação pra eles, só em troca de um prato de comida... um prato de comida. Aí trabalhava dia e noite, fazendo... plantando... e aí dormia nessas fazendas. Quando terminava aqueles trabalho, aí o pessoal mandava eles embora, eles ia procurar outro lugar. A vida deles foi muito sofrida. Muito, muito. Foi humilhante assim.[10]

Tais ilegalidades foram levadas a cabo por policiais e agentes do Estado. Os Pataxós acreditavam que esse mesmo Estado havia encarregado a força-tarefa oficial de realizar o trabalho sujo. Foram trinta dias de arbitrariedades e violências, ao fim dos quais os habitantes da aldeia não mais ocupavam seu território de direito. Aqui, um outro registro dessa história, tão comum quanto degradante:

> Mulheres estupradas, crianças amarradas, todos chicoteados e levados até a cidade vizinha de Caraíva, onde sofreram as vaias dos habitantes não índios. Índios foram arreados com rédeas de tiririca, planta urticante, e cavalgados pelos soldados. Outro teve que carregar um porco de quatro arrobas ao longo dos 7 km que separam a aldeia da povoação de Caraíva. Este massacre durou 30 (trinta) dias, até pegarem os dois ladrões e também um índio que fugiu com eles. Matando-os a tiros, enterraram os três na mesma sepultura, próximo ao Monte Pascoal.[11]

A beleza dessa história reside na recuperação da aldeia, do seu território, dos Pataxós, que, reorganizando seu povo, voltaram a Barra Velha e reivindicaram seu espaço. O episódio trágico de 1951 marcou a história e a identidade Pataxós, e acabou provocando um renascimento da aldeia de Barra

---

10 Depoimento registrado por CUNHA, R. *O Fogo de 51*: reminiscências Pataxó.
11 SILVA, V. L. da. Fogo de 51: uma narrativa da dor do povo Pataxó da Bahia. *Revista Escrita*.

Velha anos depois; uma consequência do processo de reconhecimento, pelos indígenas, da possibilidade de lutar para defender sua terra e sua história.[12]

O Fogo de 51 foi um episódio emblemático, de feições comuns e, infelizmente, considerando-se a história do genocídio dos povos indígenas, brando, já que ninguém foi queimado vivo nem comeu rapadura envenenada.

PRA FRENTE, BRASIL

A trajetória dos povos indígenas é recheada de histórias macabras e muitas encontram seu fim na extinção de populações inteiras. De estupros generalizados a gente queimada viva, de aldeias inteiras destruídas por tratores e facões a distribuição de cobertores contaminados com o vírus da varíola ou da gripe, a maldade humana parece não conhecer limites. Já nos contava Darcy Ribeiro que os próprios Pataxós haviam sido vítimas de ataques bacteriológicos perpetrados por plantadores de cacau, que espalhavam roupas infectadas por hanseníase (a boa e velha lepra) e varíola entre as matas do rio de Contas e o Pardo, como uma forma de atingir os últimos bandos que viviam isolados de forma autônoma no sul da Bahia.[13]

Os relatórios Figueiredo, de 1967, e da Comissão Nacional da Verdade, de 2013, que serão comentados neste capítulo, dão conta apenas do ocorrido na segunda metade do século passado, mas horrores inimagináveis vieram antes, quando os europeus puseram seus pés aqui.

A história dos nossos indígenas inclui o acintoso roubo de terras ocupadas por indígenas e entregues a imigrantes europeus do início do século XX para que estes nela trabalhassem em prol do desenvolvimento do Brasil, até a persistente exploração de garimpo e a extração ilegal de madeira. A história

---

12 "Para a mídia regional e nacional, a 'Revolta dos caboclos de Porto Seguro'' para os Pataxó, o 'Fogo de 51'; um severo e injustificado ataque das polícias de Prado e Porto Seguro ao último refúgio dos Pataxó, à época. Totalmente incendiada, a aldeia seria abandonada por todos os moradores. Compelidos à dispersão, os indígenas buscariam se inserir na camada subalterna da sociedade envolvente, enfrentando severas restrições e experimentando duramente o preconceito anti-indígena arraigado regionalmente e recrudescido pelos acontecimentos. Este quadro, bem como o sentimento de terem sido expropriados de sua terra, convenceu os Pataxó a empreender o retorno a Barra Velha e o restabelecimento da comunidade dispersa" (TRINDADE, *op. cit.*, 2018).

13 RIBEIRO, D. *Os índios e a civilização*.

é sempre a mesma: roubo, extorsão, ameaças, assassinatos e genocídios, posto que, depois que os donos da terra morrem, herdeiros são aqueles que nela investem. Os relatórios citados tratam de inúmeros casos de crianças roubadas das suas famílias, homens expulsos e vivendo "amarrados e surrados a pau", ou presos em buracos, como animais capturados – um vale-tudo realizado pelo antigo SPI (e depois, Funai), no desejo de *integrar* os *índios* à *civilização*. Desde então, as variadas nações brasileiras se obrigaram a conhecer seu inimigo, organizar-se e lutar pelos seus direitos e pela terra que os sustenta e à qual pertencem.

O roubo de terras e o genocídio encoberto jamais cessaram e sempre andaram lado a lado. Nas páginas 127 a 134, os leitores podem consultar a reprodução de algumas partes do Relatório Figueiredo. Como a essa altura já deu para perceber, o Estado brasileiro é pós-graduado em quebrar as próprias leis, e na década de 1970 – sob os auspícios da insidiosa ditadura militar – incentivava uma indiscriminada aquisição de terras em prol do desenvolvimento agrário e pecuário. Isso impeliu famílias do sul do Brasil e de outros estados a se mudarem para a região amazônica, por exemplo. Com a garantia oficial de que encontrariam apenas terras vazias, esses neocolonizadores levavam uma agricultura comercial para territórios indígenas, que, em tese, estavam protegidos por lei, mas que o governo desconsiderava, alegando que não havia "índios puros" [*sic*] na região. Já na década de 1980 e ainda sob os auspícios dos generais, o projeto "Calha Norte" incluía a redução dos grandes territórios indígenas,

> excluindo-os de uma zona de 62 km das fronteiras e lhes atribuindo uma nova classificação de aculturados – índios que já assimilavam a língua e os costumes da sociedade envolvente; e os silvícolas – os que permaneciam em reservas, com pouco contato, com os não índios.[14]

Integrado ao Ministério da Defesa, esse programa abrangia 85% da população indígena brasileira em uma área que correspondia a 99% da extensão das

---

14 CUNHA, R., *op. cit.*

terras indígenas.[15] Quase como se as forças armadas decidissem o destino das nações indígenas, seja por ação, seja por omissão.

> O índio, razão de ser do SPI, tornou-se vítima de verdadeiros celerados, que lhes impuseram um regime de escravidão e lhes negaram um mínimo de condições de vida compatível com a dignidade da pessoa humana. É espantoso que exista na estrutura administrativa do país repartição que haja descido a tão baixos padrões de decência. E que haja funcionários públicos cuja bestialidade tenha atingido tais requintes de perversidade. Venderam-se crianças indefesas para servir aos instintos de indivíduos desumanos. Torturas contra crianças e adultos, em monstruosos e lentos suplícios, a título de ministrar justiça.

Esse trecho integra o chamado Relatório Figueiredo, produzido pelo procurador Jader de Figueiredo Correia em 1967 e convenientemente desaparecido por 45 anos. Páginas do documento estão reproduzidas nas páginas 127 a 134. O documento reapareceu milagrosamente em sua quase totalidade em 2013, no Museu do Índio, no Rio de Janeiro. São mais de 7 mil páginas denunciando caçadas humanas promovidas com metralhadoras e dinamites atiradas de aviões, disseminação deliberada de varíola em povoados isolados e doações de açúcar misturado a veneno (um requinte extra de desmedida perversidade).

Não é conto de esquerdopata para difamar a ditadura – até porque tais atrocidades tiveram início muito antes do golpe de 1964. Não é folclore. Não é invenção de índio cachaceiro. São fatos concretos descritos em um relatório oficial do governo brasileiro – aliás, solicitado e elaborado durante a ditadura militar, ou seja, monstruosidades perpetradas por indivíduos que agiam sistematicamente em nome do Estado brasileiro contra uma parcela extremamente vulnerável da sua população.

---

15 Disponível em: https://www.gov.br/defesa/pt-br/assuntos/programas-sociais/copy_of_programa-calha-norte/programa-calha-norte. Acesso em: 26 maio 2022.

O RELATÓRIO FIGUEIREDO[16]

O relatório resultou de uma investigação extensa realizada a pedido do então ministro do Interior, Albuquerque Lima, em 1967, e levada a cabo por uma expedição que percorreu mais de 16 mil quilômetros, entrevistou dezenas de agentes do SPI e visitou mais de 130 postos indígenas. A solicitação do ministro (que na verdade instaurou uma comissão no âmbito do seu ministério) foi um desdobramento da Comissão Parlamentar de Inquérito para apurar *irregularidades* no SPI (CPI – SPI) instaurada em 1963. Chamado de Relatório Figueiredo (em referência ao procurador responsável), causou grande impacto quando da sua apresentação em 1967 e serviu como catalisador para a extinção do SPI.

Crucificação, troncos para espancamento, funcionários obrigando filhos a agredir seus pais e vice-versa... Trechos desse documento estão em fac-símile nas páginas 127 a 134, que também há estupro, recém-nascidos sendo literalmente arrancados dos braços das suas mães e muito mais. Parece aquelas propagandas de compra televisiva: mas espere, tem mais! Ainda não acabou!

E, de fato, não acabou.

Na sua introdução, o relatório aponta uma extensa lista de crimes sistematicamente cometidos pelo SPI. Uma vez que a prática criminosa era disseminada e seu acobertamento, organizado, não vale dizer que tais atos hediondos eram cometidos por meia dúzia de psicopatas, sem lógica ou propósito objetivos. Inúmeros agentes do Estado brasileiro trabalhavam em função do crime e do seu acobertamento, envolvendo instâncias do Executivo e do Judiciário.

Dos poucos processos instaurados contra funcionários do SPI que sobreviveram a um grande incêndio que atingiu o Ministério da Agricultura em 1967, o relatório afirma:

> Os poucos processos salvados do incêndio dão a impressão de protecionismo, pois havia em todos uma característica comum, um traço dominante:

---

16 Quando o Relatório Figueiredo foi reencontrado, suas denúncias chocaram o Brasil de 2013. Talvez hoje não chocassem tanto. Inúmeras matérias estão na web. Disponível em: https://istoe.com.br/294080_A+VERDADE+SOBRE+A+TORTURA+DOS+INDIOS/; https://www.correiobraziliense.com.br/app/noticia/politica/2013/04/20/interna_politica,361596/violacoes-denunciadas-no-relatorio-figueiredo-ainda-sao-desconhecidas.shtml; https://acervo.socioambiental.org/index.php/acervo/noticias/relatorio-revela-expulsao-de-tribo-kadweu. Acesso em: 26 maio 2022.

a existência de um vício processual que determinava sua anulação e arquivamento, sem que jamais se voltasse a instaurá-lo novamente ou depois, nele nem se falava mais. Ora, a conveniência era flagrante. Defendiam-se entre si pois conheciam os crimes uns dos outros.

O índice do extenso relatório[17] nos fornece um vislumbre dos horrores contidos em suas páginas, e inclui "assassinatos de índios (individuais e coletivos, tribos), prostituição das índias, sevícias, trabalho escravo, apropriação de recursos indígenas, adulteração de documentos oficiais" e muito mais.

Mais recentemente os Cinta-largas em Mato Grosso teriam sido exterminados a dinamite atirada de avião, e a estricnina adicionada ao açúcar, enquanto mateiros os caçam a tiros de "pi ri pi pi" (metralhadora) e racham vivos, a facão, do púbis para a cabeça, o sobrevivente!!!! Os criminosos continuam impunes, tanto que o Presidente desta Comissão [de inquérito] viu um dos asseclas deste hediondo crime sossegadamente vendendo picolé à crianças em uma esquina de Cuiabá, sem que a justiça o incomode.[18]

Querem ler a página toda? Uma reprodução está na página 128.
Picolé para crianças. Que fofo!
Pessoalmente eu duvido muito, mas muito mesmo, que um procurador e o próprio Ministério do Interior ativos e a serviço do governo militar em 1967

---

17   O relatório na íntegra pode ser obtido em: http://www.docvirt.com/docreader.net/DocReader.aspx?bib=MI_Arquivistico&pesq=%22relat%C3%B3rio%20figueiredo%22&pagfis=201427. Acesso em: 26 maio 2022.

18   Esse caso horrendo também foi citado no relatório da Comissão Nacional da Verdade, volume 2. Cerca de 5 mil Cintas-largas morreram nos anos 1960 em consequência de "envenenamento por alimentos misturados com arsênico; aviões que atiravam brinquedos contaminados com vírus da gripe, sarampo e varíola; e assassinatos em emboscadas, nas quais suas aldeias eram dinamitadas ou por pistoleiros". Um dos massacres foi iniciado por um pistoleiro contratado pela empresa seringalista Arruda, Junqueira e Cia. em 1963, quando este metralhou dezenas de *índios* que construíam suas malocas. "Chico Luís atirou na cabeça da criança, amarrou a mulher pelas pernas de cabeça para baixo e, com um facão, cortou-a do púbis em direção à cabeça, quase partindo a mulher ao meio" (Relatório: textos temáticos, v. 2. Comissão Nacional da Verdade).
Vocês conseguem dormir com essa imagem na cabeça? E sabendo que nada disso foi por acaso? Que não são casos isolados? E que todos os responsáveis por essas atrocidades tiveram uma vida feliz e próspera, cheia de filhos, netos e histórias para contar? Eu não.

dessem ouvidos a meros boatos desse tipo. Muitos relatos assustadores foram investigados e levados a sério. As milhares de páginas do relatório contêm depoimentos de vítimas, testemunhas e acusados, documentação comprobatória, e fornecem detalhes de quantas chibatadas os indígenas levavam, onde seus corpos eram enterrados, a idade das crianças estupradas e/ou espancadas, como os funcionários se organizavam para explorar o trabalho dos indígenas escravizados, quanto cobravam a *particulares* por serviços realizados por eles e como transportavam a produção resultante do trabalho indígena para comercialização em proveito próprio. O relatório cita ainda o caso de aldeias em que não havia crianças porque o homem responsável pelo posto indígena não permitia que as mulheres amamentassem seus bebês e, assim, eles morriam de fome. Há também relatos sobre buracos em que os indígenas eram enfiados por dias a fio e de terras indígenas que eram arrendadas a fazendeiros pelos funcionários do SPI para obtenção de uma renda extra, enquanto os *índios* morriam de fome sem poder plantar para sobreviver. Um depoimento chocante está reproduzido nas páginas 135 e 136.

A lista não tem fim. O relatório dá nome aos bois, literalmente: os acusados têm nome, CIC (antigo CPF) e CNPJ. Tudo isso apenas no preâmbulo, que indica as páginas em que cada acusado tem seus crimes destrinchados, além de afirmar claramente que, à medida que avançamos para o noroeste do país, tudo piora. Algumas descrições sórdidas de tais crimes podem ser consultadas nas páginas 127 a 130. A grande propriedade sempre deixa um rastro de sangue, e, se nas últimas décadas paramos de gritar isso aos quatro ventos porque saiu de moda, a atualidade do horror gerado por um sistema de produção tão perverso quanto o capitalismo se percebe nas notícias do dia a dia, em 2022, quando o mundo observa, pasmo, os desmandos na Amazônia, os favorecimentos dos madeireiros, as invasões do garimpo, a discussão do marco temporal, a queima do cerrado e do pantanal.

Os espancamentos, estupros, escravizações e humilhações objetivavam reduzir os indígenas a sub-humanos, despidos da sua personalidade única, dos seus desejos, da sua identidade. Técnica muito utilizada nos campos de concentração nazistas, aliás. O resultado buscado, a obliteração do inimigo como agente e subjetividade atuante, abre caminho para o roubo e a espoliação.

Não existe crime ambiental em grandes extensões de terra sem o assassinato sistemático daqueles que a defendem. Indígenas em primeiro lugar, mas ativistas ambientalistas e defensores dos direitos humanos que denunciam os crimes contra aqueles, também.

Os criminosos têm nome e cargos, por meio dos quais estruturam a exploração ilegal e predatória de terras e recursos naturais pertencentes aos indígenas. São milhares de páginas que chegam a se repetir de tão metodicamente que os crimes foram reproduzidos por diferentes pessoas e ao longo das décadas. Mais de cem indivíduos foram denunciados no relatório, que produziu uma mui extensa lista de crimes, como prevaricação, roubo de madeira e de gado, escravização de *índios* e loteamento de terras indígenas para grandes empresários e fazendeiros. Uma bandidagem raiz.

O roubo e a crueldade andam de mãos dadas. E as inquirições presentes nas páginas 135 e 136 dão objetivo e desapaixonado testemunho dos horrores vividos por seres humanos como nós, consumados por sádicos contumazes que trabalhavam a favor da ambição própria ou alheia.

Muito dramático? Panfletário? Pungente além da conta?

Multipliquem isso por uns 100, para terem uma ideia do teor completo do relatório. Agora multipliquem talvez por 10 mil, para terem uma ideia vaga da extensão dos crimes cometidos por funcionários, madeireiros, fazendeiros, garimpeiros em sua sede de sofrimento, poder e riqueza ao longo do século XX – o relatório nem arranha a superfície do horror vivido por aquelas pessoas, etnias nativas desse solo, tratadas como coisas.

PÁTRIA ACIMA DE TODOS

A Comissão Nacional da Verdade (CNV),[19] de saudosa memória, investigou (ou tentou investigar) violações dos direitos humanos ocorridos em solo pátrio perpetradas pelo Estado Nacional entre 1946 e 1985. Enquanto o foco do Relatório Figueiredo era o SPI e seus servidores, e como estes agiam com o objetivo de enriquecer com a exploração (e extermínio) de indígenas em associação com a proativa iniciativa privada, a CNV ampliou o escopo para a atuação de todas as agências públicas, o que escancarou as conexões entre os serviços de inteligência, a polícia, o Judiciário e ampla parcela das nossas benquistas

---

19 Para conhecer o trabalho da Comissão, consultar: http://cnv.memoriasreveladas.gov.br/. Acesso em: 26 maio 2022.

elites. Afinal de contas, uma ditadura que impõe silêncio e morte deve servir para alguma coisa: para que o roubo ostensivo não seja investigado é uma delas.

O documento do Grupo Temático Violações dos Direitos Humanos dos Povos Indígenas, presente no relatório final produzido pela comissão, apresenta uma pequena parcela dos casos ocorridos, documentados (pelo próprio Estado brasileiro) e testemunhados. Percebe-se claramente que, desde 1946, muito mais do que estabelecer uma política indigenista consistente e estruturar um sistema efetivo de proteção aos seus direitos, o Estado brasileiro se organizou ao longo dos anos para apropriar-se indevidamente das terras e do trabalho dos nativos, utilizando-se, para tal, de violência extrema e atuando de forma simbiótica com a iniciática privada – uma verdadeira PPP do roubo e da violência. A CNV chegou a um número de indígenas mortos no período entre 1946 e 1985 por ação direta do Estado ou sua omissão: 8.500. Pode-se dizer que é um número simbólico, uma vez que uma fração mínima chegou a ser denunciada, analisada e investigada, e no caso do extermínio de nações inteiras o número é tão alto que se torna incontável: "Não ousamos apresentar estimativas para os Guarani e Kaiowá mortos no Mato Grosso do Sul e Paraná, por exemplo, embora tenhamos abordado esses casos aqui".

De resto, 8.500 mortos nem é tanta gente assim, para o brasileiro médio, incapaz de se indignar também com o número de pessoas que, ao longo de março e abril de 2021, a cada dois ou três dias, morria em consequência da covid-19 e da necropolítica implementada com bastante empenho pelo governo federal ao longo de toda a crise sanitária iniciada com a pandemia em 2020.

O relatório da CNV encontra-se disponível na internet, e ele esmiúça a política do SPI e da Funai no período da ditadura militar e a ele anterior, assim como as promíscuas relações desses órgãos públicos (e de outras instâncias dos Executivos municipais, estaduais e federal) com grandes proprietários, que ao longo de décadas invadiram terras indígenas para delas extraírem um número ofensivo de metros cúbicos de madeira de lei, instalarem garimpos que nunca respeitaram leis ambientais e plantarem soja (hoje transgênica) em biomas delicados. Não existe capitalismo não predatório. Menos ainda no Brasil.

Resta pouco a elaborar, no escopo deste livro, acerca da corrupção organizada para espoliar e exterminar indígenas. Resta pouco a discutir, aqui, acerca de uma política obtusa de *integração* de etnias e povos estranhos a um projeto de desenvolvimento nacional intrinsecamente excludente, autoritário, e que, por fim, se provou ineficiente. Resta-nos trazer os acachapantes casos de tortura e extermínio dos povos indígenas, e nossa incapacidade em proteger a integridade das terras deles – origem de um vexame internacional tão indecoroso. Para citar apenas um exemplo recente, o Brasil foi condenado na Corte Interamericana de Direitos Humanos em 2016 no caso do povo Xucuru, no Ceará, pela incapacidade em demarcar o território desse povo e garantir a integridade física dele.

Embora antes da ditadura militar o Estado brasileiro já se organizasse para a espoliação e o extermínio indígenas, ao longo dos anos em que ela existiu, a lógica do projeto desenvolvimentista se impôs e se expandiu como nunca. Os governos militares produziram filmes às dezenas mostrando como eram lindos o desmatamento da Amazônia e a domesticação dos selvagens.

Transferências forçadas para viabilizar projetos de infraestrutura, utilização economicamente mais rentável da terra por parte de colonos brancos vindos de outras partes do país enquanto os donos originais minguavam até a fome em terras pobres e áreas ínfimas, instalação de extensos projetos agropecuários e abertura de imensos garimpos são apenas alguns exemplos dos (des)propósitos das expulsões e dos genocídios sistemáticos de aldeias nativas das suas terras, perpetrados pelo governo.

Da década de 1950, quando o governador do Pará foi acusado de organizar expedições armadas com a empresa Alto Tapajós S.A. para o massacre Kayapó, até os anos 1980, quando os Yanomami na Amazônia sofreram com a invasão do garimpo e a inclemência do poder público que custou a vida de aldeias inteiras, passando pela década de 1970, quando, segundo depoimento de Cláudio Guerra,[20] à epoca agente do Departamento de Ordem Política e Social (DOPS), houve expedições organizadas por agentes do estado na Bahia e no Pará para matar indígenas nessas regiões, o relatório da CNV emerge como um arrepiante testemunho dos nossos horrores oficiais.

A (necro)política indigenista brasileira aplicou, e aplica até hoje de forma sistemática, o princípio do *deixar morrer*. Depois de décadas (séculos) de espoliação e genocídio, boa parte dos povos indígenas basicamente não tinha como sobreviver sem algum tipo de suporte externo, e bastou o Estado brasileiro negá-lo para que esses povos morressem à mingua.

O esbregue continua nos anos 1980, já na democracia. Na gestão de um-moço-famoso-até-hoje,[21] a Funai expulsou de uma região Yanomami inva-

---

20 Relatório: textos temáticos, v. 2. CNV, p. 210.
21 Romero Jucá.

dida por garimpeiros várias ONGs brasileiras e estrangeiras que denunciavam a situação crítica na região, que já havia vitimado centenas de *índios*, assassinados ou doentes. De quebra, também expulsou todos os profissionais de saúde, com a esfarrapada desculpa de que estavam evangelizando os indígenas (desculpa sem-vergonha, já que a Funai não se intrometia com religiosos que pudessem fazer lavagem cerebral em aldeias) e "jogando-os contra os garimpeiros" [sic]. A região permaneceu fechada por mais de um ano, quando pressões internacionais e a ação da Comissão dos Direitos Humanos do Conselho Econômico e Social da Organização das Nações Unidas (ONU) forçaram a exposição da situação. A desastrosa situação dos Yanomami, que passavam pela crise sanitária mais grave da sua história, ganhou as páginas dos jornais.[22]

Esse mesmo moço *desinterditou* em 1986 o território em que o elusivo povo Akuntsu vivia e entregou-o de mão beijada para os fazendeiros. Ao longo dos dez anos seguintes, morreram quase todos os indivíduos dessa nação, e atualmente apenas meia dúzia, talvez, sobrevive.

Pensam que o-moço-famoso-até-hoje pediu desculpas, reconheceu o erro, ajoelhou no milho? Imagina. Está lá seu rosto estampado com um sorriso glorioso na Wikipédia, que descreve sua ascensão política no Senado e também à frente do Ministério da Previdência Social no Brasil, durante o primeiro mandato do governo de Luiz Inácio Lula da Silva.

ANDANDO EM CÍRCULOS

Parece que voltamos ao primeiro capítulo, quando todos se sentiam no direito de matar *índio*. E, mais uma vez, as palavras levam uma goleada da realidade das coisas, e os inúmeros casos de atrocidades relatados neste livro não passam de letras impressas se as pessoas continuam a dar de ombros como se isso fosse apenas um passado que não podem alterar. Porque isso ainda acontece. E vai continuar acontecendo – pior em alguns governos, menos pior em outros. Mas vai continuar acontecendo. No momento em que

---

22 Disponível em: https://reporterbrasil.org.br/2021/06/romero-juca-o-maior-inimigo-dos-yanomami/; https://observatoriodamineracao.com.br/romero-juca-o-garimpo-e-o-genocidio-contra-o-povo-indigena-yanomami/; http://mapadeconflitos.ensp.fiocruz.br/conflito/rr-invasao-de-posseiros-e-garimpeiros-em-terra-yanomami/. Acesso em: 26 maio 2022.

termino este triste capítulo, um dispositivo espúrio e, aos olhos de qualquer leigo, inconstitucional tramita no Superior Tribunal Federal (STF). Chama-se "marco temporal", tese jurídica que entrou na moda recentemente segundo a qual os povos indígenas podem reivindicar apenas as terras já ocupadas em 5 de outubro de 1988, o que traz, além de enorme insegurança jurídica, ampla margem de expulsão de aldeias inteiras que já haviam conquistado seu lugar ao sol. Defendido com amor e zelo pelos latifundiários (ou *ruralistas*, como eles gostam de ser chamados), ganhou força com um parecer atroz publicado pela Advocacia-Geral da União (AGU) no governo de Michel Temer em 2017 e é abençoado pelo seu sucessor, o atual presidente.

Infelizmente, esse nem chega a ser o maior dos problemas das nações indígenas no Brasil pós-2018. As nações que ocupam o território que hoje se chama Brasil, há séculos, milênios, são peça fundamental para a preservação e o equilíbrio ambientais. Parece incrível ter que, em pleno século XXI, lembrar às pessoas que preservar o meio ambiente não é *frescura* nem bom-mocismo. Impressionante, mas ainda existe uma horda de gente (*xóvens*, inclusive) que acha que devemos escolher entre crescimento econômico e preservação ambiental. Espantoso. Pindérico.

Uma vez que eles representam um obstáculo expressivo (apesar dos pesares) à espoliação ambiental, faz sentido que sejam os primeiros a tombar, a serem varridos pra fora do mapa com os movimentos de qualquer ação predatória, em geral movida por empresas ou latifundiários, mas também pelo próprio Estado. Mas não são os únicos: ativistas e defensores do meio ambiente e dos direitos humanos e camponeses (sem-terra e suas lideranças) sofrem violência igualmente sistemática, igualmente denunciada junto à já citada Corte Interamericana de Direitos Humanos. E, da mesma forma, com aviltante frequência, surgem nas nossas telas como vítimas de chacinas, extermínios e desaparecimentos.[23]

Vejam a seguir alguns documentos citados neste capítulo.

---

[23] A conceituada Escola de Saúde Pública da ainda mais conceituada Fundação Oswaldo Cruz (Fiocruz, para os íntimos) produz o Mapa de Conflitos, Injustiça Ambiental e Saúde no Brasil, e oferece um quadro nefasto da situação de várias populações vulneráveis e suas consequências para o ambiente e a saúde pública. Disponível em: http://mapadeconflitos.ensp.fiocruz.br/. Acesso em: 27 maio 2022.

MINISTÉRIO DO INTERIOR

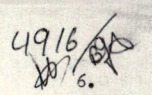

1- CRIMES CONTRA A PESSOA E A PROPRIEDADE DO ÍNDIO

   1.1 - Assassinatos de índios (individuais e coletivos: tribos)
   1.2 - Prostituição de índias
   1.3 - Sevícias
   1.4 - Trabalho escravo
   1.5 - Usurpação do trabalho do índio
   1.6 - Apropriação e desvio de recursos oriundos do patrimônio indígena
   1.7 - Dilapidação do patrimônio indígena:

      a) venda de gado
      b) arrendamento de terras
      c) venda de madeiras
      d) exploração de minérios
      e) venda de castanha e outros produtos de atividades extrativas e de colheita
      f) venda de produtos de artezanato indígena
      g) doação criminosa de terras
      h) venda de veículos

2- ALCANCE DE IMPORTÂNCIAS INCALCULÁVEIS
3- ADULTERAÇÃO DE DOCUMENTOS OFICIAIS
4- FRAUDE EM PROCESSO DE COMPROVAÇÃO DE CONTAS
5- DESVIO DE VERBAS ORÇAMENTÁRIAS
6- APLICAÇÃO IRREGULAR DE DINHEIROS PÚBLICOS
7- OMISSÕES DOLOSAS
8- ADMISSÕES FRAUDULENTAS DE FUNCIONÁRIOS
9- INCÚRIA ADMINISTRATIVA

      Tamanhos são os crimes.

      O Serviço de Proteção aos índios degenerou a ponto de persegui-los até ao extermínio. Relembram-se aqui os vários massacres, muitos dos quais denunciados com escândalo sem, todavia, merecer maior interêsse das autoridades.

      Citaremos, entre outros as chacinas do Maranhão, on de fazendeiros liquidaram toda uma nação, sem que o SPI opuses se qualquer reação. Anos depois o Departamento Federal de Segurança Pública tomou a iniciativa de instaurar inquérito, em vista da completa omissão do SPI.

Reprodução/Serviço de Referências Documentais/Museu do Índio, Rio de Janeiro, RJ

As páginas selecionadas integram a apresentação do Relatório da Comissão de Inquérito ao Ministro [do Interior, Albuquerque Lima]. Mostram um índice de crimes praticados, as recomendações para indiciamento, uma descrição dos crimes imputados a cada possível indiciado e uma exposição de provas testemunhais e documentais. O relatório foi apresentado em novembro de 1967.

MINISTÉRIO DO INTERIOR

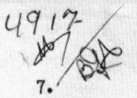

7.

O episódio da extinção da tribo lozalizada em Itabuna, na Bahia, a serem verdadeiras as acusações, é gravíssimo. Jamais foram apuradas as denúncias de que foi inoculado o vírus da variola nos infelizes indígenas para que se pudessem distribuir suas terras entre figurões do Govêrno.

Mais recentemente os Cintas-largas, em Mato Grosso, teriam sido exterminados a dinamite atirada de avião, e a extricnina adicionada ao açúcar enquanto os mateiros os caçam a tiros de "pi-ri-pi-pi" (metralhadora) e racham vivos, a facão, do pubis / para a cabeça, o sobrevivente !!! Os criminosos continuam impunes, tanto que o Presidente desta Comissão viu um dos asseclas dêste hediondo crime sossegadamente vendendo picolé à crianças em uma esquina de Cuiabá, sem que justiça Matogrossense o incomode.

A falta de assistência, porém, é a mais eficiente maneira de praticar o assassinato. A fome, a peste e os maus tratos, estão abatendo povos valentes e fortes. São miseráveis as condições atuais dos Pacáas Novos, enquanto os orgulhosos Xavantes resumem-se a uma sombra do que foram até sua pacificação.

A Comissão viu cenas de fome, de miséria, de subnutrição, de peste, de parasitose externa e interna, quadros êsses de revoltar o indivíduo mais insensível.

Não tem seus membros a veleidade de conhecer as mazelas do SPI . O pouco que lhes foi dado ver é suficiente para / causar espanto e horror.

Senão vejamos: apesar de a Comissão manter no seu roteiro sob rigoroso sigilô as estações de rádio do Serviço-muito potentes por sinal- transmitiam a todos o aviso da próxima chegada, dando tempo de providenciar certas melhorias.

Mas não era possível mudar tudo. A miséria, permaneceu imutável.

Não nos foi possível fotografar tudo o que foi visto.
2 Não entendiamos o dialeto "caingang", guarani, tupi , aruak, etc. É uma palavra, um gesto, e simples ação da presença de um capitão indígena, ou a lembrança de torturas atrozes infligidas a índios por acusações em tempos passados, era suficiente para calar até os mais afoitos. Pouca ajuda conseguimos dos índios amendrotados.

Em Guarita (IR-7-RGS), por exemplo, seguindo uma família que se escondia, fomos encontrar duas criancinhas sob uma

Reprodução/Serviço de Referências Documentais/Museu do Índio, Rio de Janeiro, RJ

As páginas selecionadas integram a apresentação do Relatório da Comissão de Inquérito ao Ministro [do Interior, Albuquerque Lima]. Mostram um índice de crimes praticados, as recomendações para indiciamento, uma descrição dos crimes imputados a cada possível indiciado e uma exposição de provas testemunhais e documentais. O relatório foi apresentado em novembro de 1967.

MINISTÉRIO DO INTERIOR

moita tendo as cabecinhas quasi completamente apodrecidas de horrorosos tumores provocados pelo berne, parasita bovino.

Enquanto nos adentrava-mos na mata, o capitão indígena, em todos os Postos, um lacaio a serviço do Chefe, ao que sabemos, produrava nos demover dizendo-nos não haver ninguém.

Exigimos o encaminhamento dos infelizes ao médico e, logo a seguir, verificamos que, enquanto nenhuma assistência era prestada aos índios, o chefe Luiz Martins da Cunha, vendia grandes partidas de gêneros da produção do Posto para manutenção de sua família em regime de mesa lauta, enquanto lançava fraudulentamente os gastos na prestação de contas como sendo distribuição aos indígenas de sapatos, alimentos e remédios.

Em Nonoai, também de jurisdição da IR-7, uma cela de táboas, apenas com pequeno respiradouro, sem instalações sanitárias, que obriga o índio a atender suas necessidades fisiológicas no próprio recinto da minúscula e infecta prisão, foi apontada pelo Chefe do Posto, Nilson de Assis Castro, como melhoramento de sua autoria. Ralmente o cárcere privado anterior lembra présidios de Luis XI, da França: Uma escura caixa de madeira de cêrca de 1,30x1,00, construída dentro de um imundo pavilhão de pocilga e estrebaria.

Encontramos a "enfermaria" - antro abjeto e sórdido-ocupado conjuntamente por cães, porcos e uma doente, no mesmo quarto infecto. O instrumental estava completamente deteriorado, apesar de o Chefe haver contratado sua própria esposa para "supervisionar" o antro.

Ainda ali encontramos um índios preso, cujo dorso, riscado de muitas cicatrizes longas, indicava serem resultado de chicotadas. Instado a responder, o desgraçado demonstrou verdadeiro / pânico e não declarou a origem das cicatrizes.

As choças fotografadas no PI Cacique Doble dão bem ideía do tipo de moradia dos índios daquele grande POsto, cuja produção agrícola seria suficiente para dar-lhes maior conforto do que os de seus bem assistidos visinhos do PI Paulimo de Almeida.

Mas as condições de vida pioram a proporsão que se avança para o Noroeste.

Em Mato Grosso, as ricas terras do Nabileque foram invadidas por fazendeiros poderosos e é muito difícil retirálos um dia

MINISTÉRIO DO INTERIOR

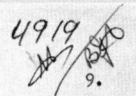

Os Kadiueus (antigos Guaiacurús), donos das ricas terras que lhes deu o Senhor D. Pedro II pela decisiva ajuda à tropas brasileiras naquela região durante a Guerra do Paraguai, sentem-se escorraçados em seus domínios, o seu gado vendido e suas mulheres prostituídas.

Na jurisdição da IR-6, Cuiabá, há Postos que se notabilizaram pela crueldade para com os índios, citando-se -que ironia- o Fraternidade Indígena e o Couto de Magalhães.

A imensa Fazenda S. Marcos, em Roraima, na IR-1, está próxima de liquidação, com suas terras invadidas e suas dezenas de milhares de bovinos reduzidos a cêrca de 2.000, sòmente.

Tudo o que se disse acima pouco representa do que acontece verdadeiramente no SPI.

O Patrimônio Indígena é fabuloso. As suas rendas alcançariam milhões de cruzeiros novos se bem administrados. Não requereria um centavo sequer de ajuda governamental e o índio viveria rico e saudável nos seus vastos domínios.

Mas o SPI traduz fome, desolação, abandono e despersonalização do indígena.

Proclamam-se a míngua de recursos orçamentários escondendo-se que o índio brasileiro, um dos maiores latifundiários do mundo, tem meios de auferir rendas de suas terras, de suas dezenas de fazendas, capazes de tornar cada um dêles imensamente rico se convenientemente administrados, com zêlo e honestidade. São milhões de hectares de terras espalhados em quasi todo o País, justamente nas regiões mais férteis, nos lugares mais aprasíveis, nos climas mais amenos.

Palmilhando o campo em todos os sentidos o índio fixou--se nos sítios onde o solo mais rico permitia maior abundância de elementos para sua atividade típica de colheita.

Seria obvio que a aculturação dessas tribos, o encaminhamento de seus membros para a atividade rural, mesmo agro-pastorial-elementar, traria abundantes frutos. E tanto isso é verdade que assim acontece no Posto Indígena Paulino de Almeida, no Rio Grande do Sul, chefiado pelo Inspetor de Índios João Lopes Veloso.

BR RJMI RELFIG-V20-f247

Reprodução/Serviço de Referências Documentais/Museu do Índio, Rio de Janeiro, RJ

As páginas selecionadas integram a apresentação do Relatório da Comissão de Inquérito ao Ministro [do Interior, Albuquerque Lima]. Mostram um índice de crimes praticados, as recomendações para indiciamento, uma descrição dos crimes imputados a cada possível indiciado e uma exposição de provas testemunhais e documentais. O relatório foi apresentado em novembro de 1967.

MINISTÉRIO DO INTERIOR

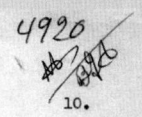

4920

10.

   Aquele Pôsto, o único dêsse nome de que a CI tem notícia, adminstrado dentro de elevados padrões de decência, tem hoje excelente produção agrícola e seus índios gozam de apreciável "status" sócio-econômico-cultural.

   Note-se que anteriormente essa unidade sofria dos mesmos males comuns ao SPI em geral e os índios passavam fome e miséria, justamente na época em que se devastavam seus pinheiros e se exauriam suas terras.

   Mas, infelizmente, o PI Paulino de Almeida é uma exceção à regra. As devastações contínuam em tôda a rosa-dos ventos. Abatem-se as florestas, vendem-se gados, arrendam-se terras, exploram-se minérios. Tudo é feito em verdadeira orgia / predatória porfiando cada um em estabelecer novos recordes de rendas hauridas à custa da destruição das reservas do índio.

   Basta citar a atitude do Diretor Major Aviador Luis Vinhas Neves, autorizando tôdas as Inspetorias e Ajudâncias a vender madeira e gado, e arrendar terras, tudo em uma série de Ordens de Serviço Interna cuja sequência dá uma triste idéia daquela administração, (fls. 4065 a 4088). Aliás êsse militar pode ser apontado como padrão de péssimo administrador, difícil de ser imitado, mesmo pelos seus piores auxiliares e protegidos.

   Mas não para ainda a espoliação do índio. Aquilo que não podia render dinheiro farto e fácil podia ser distribuído ou tomado por poderosos locais, por seus afilhados ou testas de ferro. Os dirigentes do SPI nada diziam ou providenciavam para obstaculizar.

   Assim foi o que o SPI perdeu vastíssimo área. Incluindo-se entre elas, pela extensão e valor, a reserva de Mangueirinha no Paraná e a Colônia Tereza Cristina, em Mato Grosso. Em ambos os casos o SPI, ou a futura Fundação do Índio, tem condições e obrigação de recuperá-las.

   Muitos outros casos existem, alguns dos quais na dependência de solução judicial porque alguns servidores mais zelosos felizmente ainda os há - se insurgiam contra o esbulho e intentaram a defesa do Patrimônio Indígena.

   Como se vê, os recursos do índio são miseràvalmente dilapidados.

BR RJMI RELFIG-V20-f248

Reprodução/Serviço de Referências Documentais/Museu do Índio, Rio de Janeiro, RJ

MINISTÉRIO DO INTERIOR

Devidamente inteirado, V.Exa. extinguiu a ação da Portaria nº 154/67, prorrogada pela de nº 222/67, e constituiu a presente Comissão, com amplos poderes para investigar e apurar o que se cometeu de irregular.

As provas

Instalada no dia 3 de novembro de 1967, conforme ata respectiva, esta CI começou a produzir prova testemunhal e documental.

Ouviram-se dezenas de testemunhas, juntaram-se centenas de documentos nas várias unidades da Séde e das cinco Inspetorias visitadas.

Pelo exame do material infere-se que o Serviço de Proteção aos Índios foi antro de corrupção inominável durante muitos anos.

O índio, razão de ser do SPI, tornou-se vítima de verdadeiros celerados, que lhe impuseream um regime de escravidão e lhe negaram um mínimo de condições de vida compatível com a dignidade da pessoa humana.

É espantoso que existe na estrutura administrativa do País repartição que haja descido a tão baixos padrões de decência. E que haja funcionários públicos, cuja bestialidade tenha atingido tais requintes de perversidade. Venderam-se crianças indefesas para servir aos instintos de indivíduos desumanos. Torturas contra crianças e adultos, em monstruosos e lentos suplícios, a título de ministrar justiça.

Para mascarar a hediondêz dêsses atos invocava-se a sentença de um capitão ou de uma polícia indígena, um e outro constituídos e manobrados pelos funcionários, que seguiam religiosamente a orientação e cumpriam cegamente as ordens.

Mas, mesmo que assim não fôsse, caberia ao servidor / impedir a tortura e, na reincidência, destituir e punir os responsáveis. Tal porém jamais aconteceu porque as famigeradas autoridades indígenas eram a garantia julgada eficaz para acobertar as tropelias de facínoras eregidos em protetores do selvícola pátrio.

Reprodução/Serviço de Referências Documentais/Museu do Índio, Rio de Janeiro, RJ

As páginas selecionadas integram a apresentação do Relatório da Comissão de Inquérito ao Ministro [do Interior, Albuquerque Lima]. Mostram um índice de crimes praticados, as recomendações para indiciamento, uma descrição dos crimes imputados a cada possível indiciado e uma exposição de provas testemunhais e documentais. O relatório foi apresentado em novembro de 1967.

MINISTÉRIO DO INTERIOR

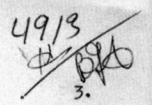

Outras vêzes, porém, o desabusado não se preocupava com o lado formal da questão e- êle próprio-submetia a vítima às sevícias, coforme sua ira do momento.

Reafirmamos que parece inverossímel haver homens, ditos civilizados, que friamente possam agir de modo tão bárbaro.

Nem o sexo feminino fugiu de flagelar o índio. Muitas / funcionários e espôsas de Chefes tornaram-se tristemente famosas pelos maus tratos e pela desumanidade, podendo-se garantir que os atos mais abjetos e humilhantes foram praticados por ordens femininas.

Nêsse regime de baraço e cutelo viveu o SPI muitos anos. A fertilidade de sua cruenta história registra até crucificação, os castigos físicos eram considerados fato natural nos Postos Indígenas.

Os espancamentos, independentes de idade ou sexo, participavam de rotina e só chamavam a atenção quando, aplicados de modo exagerado, ocasionavam a invalidez ou a morte.

Havia alguns que requintavam a perversidade, obrigando pessoas a castigar seus entes queridos. Via-se, então filho espancar mãe, irmão bater em irmã e, assim por diante.

O "tronco" era, todavia, o mais encontradiço de todos os castigos, imperando na 7ª Inspetoria. Consistia na trituração do tornozelo da vítimas, colocado entre duas estacas enterradas juntas em ângulo agudo. As extremidades, ligadas por roldanas, eram aproximadas lenta e contìnuamente.

Tanto sofreram os índios na peia e no "tronco" que, embora o Código Penal capitule como crime a prisão em cárcere privado, deve-se saudar a adoção dêsse delito como um inegável progresso no exercício da "proteção ao índio".

Sem ironia pode-se afirmar que os castigos de trabalho forçado e de prisão em cárcere privado representavam a humanização das relações índio-SPI.

Isso porque, de maneira geral, não se respeitava o indígena como pessoa humana, servindo homens e mulheres, como animais de carga, cujo trabalho deve reverter ao funcionário. No caso da mulher, torna-se mais revoltante porque as condições eram mais desumanas.

MINISTÉRIO DO INTERIOR

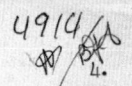

Houve Postos em que as parturientes eram mandadas para o trabalho dos roçados em dia após o parto, proibindo-se de conduzirem consigo o recém nascido. O tratamento é, sem dúvida, muito mais brutal do que o dispensado aos animais, cujas fêmeas sempre conduzem as crias nos primeiros tempos.

Por outro lado, a legislação que proíbe a conjunção carnal de brancos com índios já não era obedecida e dezenas de jovens "caboclas" forma infelicitadas por funcionários, algumas delas dentro da própria repartição.

Mas não paravam aí os crimes contra os indefesos indígenas.

O trabalho escravo não era a única forma de exploração. Muito adotada também era a usurpação do produto do trabalho. Os roçados laboriosamente cultivados, eram sumariamente arrebatados do miserável sem pagamento de indenização ou satisfação prestada.

Tudo- repetimos sempre- como se o índio fôsse um irracional, classificado muito abaixo dos animais de trabalho, aos quais se presta, no interêsse da produção, certa assistência e farta alimentação.

A crueldade para com o indígena só era suplantada pela ganância. No primeiro caso nem todos incorreram nos delitos de maus tratos aos índios, mas raros escaparam dos crimes de desvio, e apropriação ou de dilapidação do patrimônio indígena.

Não se pode avaliar o prejuízo causado ao SPI e aos indígenas diretamente durante tantos anos de orgia admiministrativa. Não temos capacidade para estimá-lo, mesmo por alto, devido às circunstâncias favoráveis em que os autores o acasionaram.

O SPI abrange cêrca de 130 Postos Indígenas, disseminados em 18 unidades da Federação, o que vale dizer que se estende pelo interior de todo o Brasil, excetuando os pequenos Estados do Piauí, Ceará, Rio Grande do Norte, Espírito Santo e Sergipe.

Durante cêrca de 20 anos a corrupção campeou no Serviço sem que fôssem feitas inspeções e tomadas medidas saneadoras.

Tal era o regime de impunidade, que a Comissão ouviu dizer no Ministério da Agricultura, ao qual era subordinado o SPI, que cêrca de 150 inquéritos ali foram instaurados sem jamais resultar em demissão de qualquer culpado.

Contando com a boa vontade dos diversos setores da admi

BR RJMI RELF IG-V20-f242

Reprodução/Serviço de Referências Documentais/Museu do Índio, Rio de Janeiro, RJ

As páginas selecionadas integram a apresentação do Relatório da Comissão de Inquérito ao Ministro [do Interior, Albuquerque Lima]. Mostram um índice de crimes praticados, as recomendações para indiciamento, uma descrição dos crimes imputados a cada possível indiciado e uma exposição de provas testemunhais e documentais. O relatório foi apresentado em novembro de 1967.

MINISTÉRIO DO INTERIOR

TÊRMO DE INQUIRIÇÃO: Aos trinta dias do mês de outubro do ano de mil novecentos e sessenta e sete (1967) na ante-sala do Gabinete do Exmo. Sr. Ministro do Interior, aí reunida a Comissão de Inquérito Administrativo designada pela Portaria nº 239 de 5 de outubro de 1967, compareceu a Senhora JURACY CAVALCANTI BATISTA FERREIRA, brasileira, de prendas domésticas, espôsa do servidor JOSÉ BATISTA FERREIRA FILHO, funcionário do SPI, que expontaneamente declarou: que ao tempo em que o Sr. ALFREDO JOSÉ DA SILVA chefiou a 6a. IR, o Sr. FLÁVIO DE ABREU no exercício da chefia do pôsto COUTO MAGALHÃES (PIRIGARA), entregou a índia BORORO de nome ROSA ao indivíduo por nome SEABRA, em paga do trabalho de SEABRA na confecção de um fogão de barro; que êste fogão foi construído na Fazenda Santa Terezinha, de propriedade de FLÁVIO DE ABREU; que à escolha recaiu sôbre a índia Rosa por meio de uma seleção feita entre às meninas índias que frequentavam a escola de Dona VIOLETA TOCANTINS; que na oportunidade da escolha da índia Rosa, o Sr. Flávio de Abreu em companhia de Seabra visitaram a classe de aula e após mandaram sr. Flávio que as índias ficassem de pé, Seabra fêz a escolha; que imediatamente o Sr. Flávio fêz a entrega da índia Rosa; que o pai da referida índia fêz reclamações ao Sr. Flávio sôbre a entrega de sua filha ao indivíduo Seabra; que em virtude dessa reclamação o Sr. Flávio Abreu mandou surrar o reclamante; que a surra foi aplicada pelos índios OTAVIANO AIEPA e COJIBA; que o indivíduo Seabra após concluir os trabalhos que estava prestando ao Sr. Flávio Abreu, devolveu a índia Rosa; que na época em que foi entregue, a índia Rosa contava 11 (onze) anos de idade; que sôbre êsse fato o Sr. JURANDIR FONSECA, residente em Brasília, possui uma declaração da própria índia Rosa; que o Sr. Flávio de Abreu procedia, digo, criou no pôsto sôbre sua chefia um Serviço médi, digo, médico; que êsse serviço médico era destinado ao exame das índias de idade jovem; que os exames eram procedidos pelo próprio Sr. Flávio de Abreu; que êsses exames eram feitos à noite; que o Sr. Flávio de Abreu esclarecia que fazia êsses exames para constatar a existencia de moléstias venéricas; que em 1962 o Sr. Flávio de Abreu mandou espancar o índio CECÍLIO que contava a idade de sete (7) anos; que em decorrência dêsse espancamento o garôto índio foi atendido pelo médico Dr. FARID, em CUIABÁ; que em 1961, quando a depoente e seu marido chegaram ao Pôsto COUTO MAGALHÃES constataram surprêsos a inexistência de crianças índias; que posteriormente vio digo, veio a saber que a grande mortandade infantil era devida ao fato do Sr. Flávio de Abreu obrigar ao cumprimento de tarefas rurais impossibilitando as mesmas de cuidarem de seus filhos recem nascidos; que as mães índias não disponham de tempo siquer para amamentar seus filhos; que se por acaso uma índia concluia sua tarefa mais rápidamente para dêste modo prestar assistência ao seu filho, no dia seguinte o Sr. Flávio de Abreu aumentava suas tarefas; que durante o dia, enquanto duravam as tarefas das mães, os recem nascidos ficavam na casa da índia MARIA ROSA, amazia de Flávio de Abreu; que por volta de 1950 o Sr. Flávio de Abreu ingressou no SPI; que na época do seu ingresso no SPI era pessoa simples de posses modéstias; que atualmente o Sr. Flávio de Abreu possuidor de vários bens, destacando-se uma residência em Cuiabá e um automóvel particular; que durante a gestão do Major LUIZ VINHAS NEVES o Sr. Flávio de Abreu vendeu uma propriedade por Cr$ 12.000.000,00 (doze milhões de cruzeiros antigos), tendo declarado que essa importância era destinada ao subôrno do Major Vinhas Neves; que não sabe se o Sr. Flávio de Abreu fêz entrega dessa importância ao Major Vinhas Nev, digo, Neves, sabendo apenas que o Sr. Flávio de Abreu não sofreu nenhuma punição durante a gestão do referido Major Vinhas Neves, sendo promovido para as fur, digo, funções de Assessor; que por volta de 1961 ou 1962 o índio SALÚ da raça, digo, tribo Bororo foi mandado trabalhar, sem remuneração, a título de castigo na fazenda de propriedade dos Srs. DÓCA MARQUES e FLÁVIO DE ABREU; que a razão dêste castigo foi o fato do índio Salú haver se negado de espancar sua própria mãe; que o Sr. Flávio de Abreu tinha por costume mandar os próprios filhos espancarem suas mães; que as índias ADALGISA e ALICE, de seis (6) e sete (7) anos de idade eram tidas como escravas de Flávio de Abreu, trabalhando para o mesmo no campo e em casa; que a índia Adalgisa era proibida de visitar sua mãem, digo, mãe, sendo espanca

Reprodução/Serviço de Referências Documentais/Museu do Índio, Rio de Janeiro, RJ

Registro do depoimento da esposa de um servidor do Serviço de Proteção ao Índio, em que são relatados casos de maus-tratos extremos a indígenas, inclusive bebês, impedidos de serem amamentados e, em consequência, morrendo de inanição – 30 de outubro de 1967.

MINISTÉRIO DO INTERIOR

espancadas cada vez que gugia , digo, fugia para visitar a própria mãe; que o pôsto Couto Magalhães produzia grande quantidade de farinha de mandioca; que essa produção era devida ao trabalho índio ; que todo o produto da produção era vendido ; que com tôda a produção havida a alimentação dos indígenas resumía-se em grãos de milho sêco e mamão verde cortado em pedaços; que essa alimentação era distribuída pelo Sr. Flávio Abreu; que em fase de maltratos recebidos digo, recebidos, um índio Bororo contraiu turbeculose ; que o Sr. Flávio Abreu obrigou êsse índio a usar um chocalho no pescoço, obrigando tambem a usar uma lata para não contaminar os, digo, a família dêle , Flávio de Abreu, proibindo que se prestasse qualquer assistência ao índio doente, inclusive o alimentasse; que êsse índio veio a falecer dias após em completa inanição ; que no pôsto Fraternidade Indigena, chefiado por JOÃO BATISTA CORREIRA, digo, CORREIA era esplorada a venda de ipecacunha; que os índios trabalhavam na colheita de ipecacunha; que o Sr. João Batista Correia atrazava o pagamento devido aos índios que de uma feita o garôto índio de nome LALICO vendeu por conta própria na cidade de BARRA DOS BUGRES 5 (cinco) quilos de ipecacunha, utilizando o produto dessa venda na compra de gêneros para sua mãe; que por êsse fato o Sr. João Batista Correia espancou o referido garoto índio pendurando-o pelos polegares durante todo o dia; que o servidor EDUARDO RIOS , penalizado, soltou o garoto LALICO; que Lalico refugiou-se na casa de sua mãe; que na manhã seguinte o Sr. João Batista Correia após espancar o dito garôto amarrou-o; que diante dêsse fato teve início uma revolta dos índios ; que o Sr. João Batista Correia temendo por sua própria vida soltou o garôto Lalico; que ma, digo, nada mais disse e nem lhe foi perguntado , tendo o Sr. Presidente determinado o levantamento da inquirição, e marcada seu reinício para amanhã, dia 31 (trinta e um), pelo que eu, João Luiz Almeida Nobre, Secretário, lavrei o presente têrmo que depois de lido e achado conforme vai assinado pela depoente e por todos os presentes.

_____
Presidente

_____
Vogal

_____
Vogal

_____
Depoente

Reprodução/Serviço de Referências Documentais/Museu do Índio, Rio de Janeiro, RJ

Registro do depoimento da esposa de um servidor do Serviço de Proteção ao Índio, em que são relatados casos de maus-tratos extremos a indígenas, inclusive bebês, impedidos de serem amamentados e, em consequência, morrendo de inanição – 30 de outubro de 1967.

06 ENTRE FÁBRICAS E FUZIS, DEMOCRACIA DE FAZ DE CONTA

"Eles estão cometendo um massacre, mas na aciaria todo o mundo está disposto a morrer, se for preciso, para não ver a usina tomada por militares." [1]

---

1 Metalúrgico não identificado em entrevista ao jornal *O Dia*, publicado em 11 de novembro de 1988.

Estamos na sexta Constituição republicana.[2] Não é pouca coisa, considerando-se que esse documento reúne as leis máximas do país, balizadoras de todo o arcabouço jurídico-político existente. Supõe-se que a permanência das tais leis máximas indique estabilidade e maturidade política (e econômica), o que talvez não seja fácil se a Carta muda a cada vinte anos. A capacidade de adaptação aos novos e admiráveis mundos novos contribui decisivamente para o sucesso e a longevidade das leis máximas, mas a continuidade das mais fundamentais garantias e diretrizes da vida em comum permite aquela estabilidade básica em que normalmente as sociedades mais seguras e mais inclusivas se desenvolvem.

A primeira delas foi promulgada em 1891, e a atual, em 1988 – ontem mesmo. Algumas das nossas Cartas corroboraram o autoritarismo pujante dos governos que as conceberam: a de 1937, que recebeu o singelo apelido de *polaca*;[3] e a de 1967, imposta pelos generais que assaltaram o poder em 1964 e instituíram uma insidiosa ditadura que durou 21 anos.

A atual, conhecida por Constituição-cidadã, resultou de quase dois anos de discussões em Assembleia, entre o início de 1987 e o segundo semestre de 1988. Contou com a participação de cidadãos comuns e organizações da sociedade civil, que se articularam para enviar propostas de emendas, pressionar parlamentares, engajar o povo, uma graça. E de fato, em termos de princípios escritos e de amplitude de direitos políticos e sociais estabelecidos no papel, jamais havia se visto tamanho avanço no Brasil: liberdade de associação, de pensamento, de imprensa, fim da censura, igualdade de direitos entre homens e mulheres, direito a casa-comida-e-roupa-lavada, entre outras coisas. Uma festa dos direitos individuais, sociais e políticos, que infelizmente ganhou inúmeros penetras deletérios ao longo dos anos, na forma de emendas constitucionais que descaracterizaram, quando não suprimiram, uma série de avanços no campo social e político. Que o digam os trabalhadores, os indígenas e todos os brasileiros que dependem de investimentos na máquina pública para estudar ou tratar um câncer.

---

2   Primeira Constituição brasileira, ainda do Império: 1824. Primeira Carta Republicana: 1891. Depois tivemos outras em 1934, 1937, 1946, 1967 e 1988.

3   Integralmente elaborada pelo jurista Francisco Campos, a Constituição outorgada em 1937 expressou a admiração deste pelo fascismo italiano e polonês.

Mas em 5 de outubro de 1988 havia um alívio e uma alegria imensos entre os cidadãos brasileiros. Havia esperança no ar, depois de mais de vinte anos de opressão. Havia esperança de que os direitos políticos e individuais garantidos pela nossa Carta Maior fossem o primeiro passo para um país menos excludente, mais democrático e em que a justiça fosse igual para todos.

Ninguém esperava que, pouco mais de um mês depois dessa festa cívica, os coturnos dos soldados e as lagartas dos tanques viessem novamente perturbar a vida dos brasileiros. Ninguém esperava que o Exército fosse invadir uma cidade e uma empresa estatal, quebrar, arrebentar e matar operários em greve, na mais desastrosa operação militar diante de um movimento grevista jamais vista no Brasil.

Em plena democracia da Nova República.[4]

PORRETE, CABRESTO E PELEGO

Talvez pareça um conceito estranho para alguns, mas existem organizações nascidas no seio da sociedade civil cujo fim último é defender os direitos de determinada parcela da população diante dos interesses de outras. Elas nascem do ativismo de alguns indivíduos e se constituem juridicamente de formas variadas, a depender da atuação, os objetivos, a quem (ou a que) se dedicam a defender etc.

Grosso modo, sindicatos (e uniões, e confederações) de trabalhadores, por exemplo, servem para defender o interesse destes. Despontaram entre o operariado europeu no século XIX, assim que ele percebeu que trabalhar dezesseis horas por dia, todo dia, pra ganhar o suficiente para comprar pão velho e cerveja choca não valia muito a pena. Espalharam-se rapidamente pelo mundo, surgiram no Brasil também no século XIX e passaram a infernizar a vida dos cidadãos de bem. Quase sempre.

---

[4] O termo "Nova República" foi usado para marcar o primeiro governo após a longa série de presidentes-generais imposta pela ditadura. Embora José Sarney não tivesse sido eleito pelo voto direto (sequer foi eleito pelo Congresso Nacional nas eleições indiretas de 1985 que elegeram Tancredo Neves), assumindo o cargo em consequência da morte de Tancredo, seu governo representou um divisor de águas entre a ditadura e a democracia que se tentava construir.

Organizavam manifestações e paralisações (greves) em busca de melhores condições de trabalho e salários, direito de se associarem legalmente, e com o tempo se constituíram em poderosa força a realizar um contraponto à exploração da mão de obra pelo grande capital. Sim, essa exploração existe; não é invenção de esquerdopata, e, se o padrão de vida das pessoas médias em vários países melhorou muito nos últimos duzentos anos, isso se deve, em grande parte, à atuação de sindicatos, que ao longo do século XX se articularam com a política partidária e ocuparam espaços de poder fundamentais para a conquista de direitos e melhorias salariais condizentes com o aumento (estupendo) dos lucros das empresas.

Em 1890 (antes mesmo da promulgação da primeira Constituição republicana), um novo Código Penal foi editado no Brasil, em substituição ao antigo Código Criminal do Império, de 1830. Os três artigos do capítulo VI do novo código eram dedicados aos "crimes contra a liberdade de trabalho", e, sem que se mencionasse a palavra greve, esta acabou criminalizada. Mas poucos meses depois, em dezembro daquele mesmo ano, o Decreto nº 1.162 suavizou o sexto capítulo, alterando sua redação e criminalizando apenas a coação de trabalhadores para que paralisassem suas atividades laborais, ou seja, o ato de impedir que o colega furasse a greve.

Isso de forma alguma evitou que o poder público deixasse de tratar trabalhadores em greve como o bando de vagabundos que eram, afinal de contas.

Se o código pouco se detinha na realidade das greves e sindicatos, a Constituição de 1891 primou pela ignorância em relação ao assunto, deixando um vácuo que permitia todo o tipo de entendimento e consequente repressão. Embora garantisse o livre direito de reunião e associação, passou ao largo de qualquer regulamentação mais efetiva em relação às possibilidades e limitações do movimento sindical e, consequentemente, das greves. Assim, os trabalhadores ficavam à mercê do discernimento (ou da falta dele) de juristas, policiais e políticos cada vez que decidiam se reunir para debater as condições de trabalho ou cruzar os braços para conseguir melhorá-las. De demissões em massa a prisão e cassetete, grevistas sempre tiveram muito a perder a cada vez que decidiam se engajar em um movimento em busca da melhora possível.

Paralisações por melhores salários, condições de trabalho ou contra a carestia – entre outras motivações – já ocorriam no Brasil desde o século XIX, mas, à medida que os anos do século seguinte avançavam, o movimento operário tornou-se mais organizado: não apenas o número de trabalhadores aumentava como também as influências exercidas por movimentos anarquistas e socialistas europeus. Em 1917, uma greve geral começou em São Paulo e se refletiu em outras cidades brasileiras, atingindo proporções que o empresariado sempre relutou em admitir:

> Em julho de 1917, uma greve de enormes proporções, envolvendo cerca de 100 mil trabalhadores, homens, mulheres e crianças, paralisou São Paulo e, com a violência policial e o agravamento contínuo da situação dos operários, transformou a cidade em palco de uma verdadeira revolta urbana, a ação mais espetacular do movimento operário brasileiro até então.[5]

Como em alguns outros momentos da nossa história, o movimento de 1917, iniciado com reivindicações do chão de fábrica, rapidamente incorporou anseios e revoltas de amplas parcelas da população atingidas pela crise, pela pobreza e pelos preços altos dos produtos mais básicos.

Como de costume, a República liberal brasileira reagiu com a indignação elitista que não compreende qualquer organização social fora dos seus próprios clubes nem qualquer participação política fora do quadro partidário por ela criada. O movimento operário tornou-se alvo de uma polícia cada vez mais especializada:

> Em 1920, na esteira das grandes mobilizações operárias dos anos anteriores, como a greve geral paulistana de 1917 e a insurreição operária abortada pela espionagem policial no Rio de Janeiro, em 1918, o nível de especialização da ação policial se aprofunda e a tarefa de conter o movimento operário se explicita. O Corpo de 1907 deu lugar à Inspetoria de Investigação e Segurança Pública. A Inspetoria foi definida como "instituição autônoma, subordinada ao Chefe de Polícia", competindo-lhe entre outras atribuições "a manutenção da ordem pública". Contava com oito seções, entre elas a de "ordem social e segurança pública", única que não

---

5   TOLEDO, E. Um ano extraordinário: greves, revoltas e circulação de ideias no Brasil em 1917. *Estudos Históricos*.

se submetia a subinspetores, estando "sob a responsabilidade imediata e direção exclusiva da Inspetoria".[6]

Progressivamente o papel da polícia se esclareceu: muito mais do que garantir a segurança do cidadão comum, devia-se manter a ordem vigente que a poucos favorecia. Naturalizando determinada concepção de ordem pública e incutindo em boa parte da população a noção de que movimentos sociais necessariamente trazem a violência e a desordem generalizadas em sua esteira, a atuação do aparato repressivo (via legislação e força de segurança, que sempre teve uma margem de manobra bastante ampla para agir ao largo das leis estabelecidas) passou a privilegiar a vigilância e o sufocamento da organização dos trabalhadores, suas greves e reivindicações. Esse discurso relacionado à manutenção de uma ordem pública específica cujo manejo dependia do silêncio e da imobilidade do povo desde o início buscou desqualificar não apenas o sindicalismo, mas também quaisquer movimentos sociais nascidos fora da política institucional e formal que durante muito tempo permaneceu refratária à participação de grupos e indivíduos estranhos às elites.

Nos anos 1930,[7] a situação piorou, uma vez que paralisações no local de trabalho passaram a ser consideradas atos antissociais e passíveis de penalidades no âmbito da justiça do trabalho (Decreto-lei nº 1.237, de 1939) caso realizadas sem autorização. Mesmo antes da instauração da ditadura oficial por Vargas em 1937, a mão pesada da lei caía com cada vez mais frequência sobre o movimento operário: em 1935 foi editada a Lei de Segurança Nacional, de longa e triste história, apelidada pelos trabalhadores de "Lei Monstro", inaugurou a

---

6 MATTOS, M. B. Greves, sindicatos e repressão policial no Rio de Janeiro (1954-1964). *Revista Brasileira de História*.

7 O Movimento de 1930 resultou da insatisfação de vários setores de uma sociedade que deixava de se dedicar exclusivamente ao cultivo e à exportação de meia dúzia de produtos agrários para abrir caminho para setores de classe média e operariado urbanos, dedicados ao comércio, aos serviços públicos, ao ensino, à manufatura. Uma parcela das forças armadas (em especial, de baixa patente) também integrou esse movimento, que acabou apeando do poder a tradicional oligarquia agrária, que, embora tenha perdido a exclusividade, de forma alguma deixou de estar à frente dos negócios do Estado. No entanto, o Movimento de 1930 inaugurou uma forma de fazer política que precisava levar em conta a massa de indivíduos anteriormente excluídas de todo o processo. Getúlio Vargas foi alçado ao cargo de presidente em outubro de 1930. Sete anos depois, favorecido pelo contexto internacional e pela situação interna, ele mesmo articulou um golpe e instalou uma ditadura, que teria fim apenas em 1945.

ilegalidade dentro da lei, ou seja, mesmo sem estar em guerra ou estado de emergência, o Estado poderia defenestrar as garantias processuais para perseguir aqueles que considerava uma ameaça à *segurança nacional*, que, assim como a *ordem pública*, sempre se prestou a servir de desculpa para toda a sorte de arbitrariedades e impunidades, generoso guarda-chuva a proteger atos ilícitos, manter o silêncio generalizado e perseguir o inimigo da vez – não do Brasil ou seus cidadãos, mas daqueles que sempre mandaram nesse beco.[8]

Se o regime político republicano instalado em 1891 não era exatamente uma democracia nos moldes modernos (aproximando-se mais de um republicanismo liberal e excludente), o golpe dado por Getúlio Vargas em 1937 inaugurou um governo que mesclava o corporativismo totalitário próximo ao implantado por Mussolini na Itália e o tradicional paternalismo autoritário tupiniquim. Nesse cenário, a pátria amada, Brasil (e seu defensor maior, o próprio Vargas), encarnava a identidade primordial e unificadora, acima de quaisquer interesses de grupos ou indivíduos particulares. Claro está que nem todos saíram ganhando da mesma forma com esse regime, que, pela primeira vez, impulsionou sistematicamente atividades produtivas não relacionadas ao sistema agroexportador. Atividades vinculadas à vida na cidade (indústrias e manufaturas, comércio urbano, serviços em geral) dinamizaram-se, e a crescente massa de trabalhadores urbanos precisava de um bom cala-boca. A notória Consolidação das Leis do Trabalho (CLT) foi estabelecida nesse período, em 1943, e, embora possa ser considerada uma concessão para uma massa de trabalhadores com capacidade de organização autônoma extremamente reduzida, também apresentou inegáveis avanços e uma segurança maior para pessoas que não tinham como fazer frente ao empresariado para exigir melhores condições de trabalho. Ao longo do governo autoritário de Vargas,[9] a organização dos trabalhadores em sindicatos foi atrelada ao

---

8   O Brasil teve várias versões da Lei de Segurança Nacional, e somente em 2021 os *homens sábios* do Congresso decidiram que não precisaríamos mais de nenhuma Lei de Segurança Nacional, revogada em setembro daquele ano. Ela foi substituída pela Lei nº 14.197, que acrescenta ao nosso vetusto Código Penal os Crimes Contra o Estado Democrático de Direito, e que foi sancionada pelo presidente com (obviamente) vetos em relação à comunicação de massa enganosa. Claro.

9   Entre 1937 e 1945, Vargas governou uma ditadura. Os períodos entre 1930 e 1937, e 1951 e 1954, embora conturbados, não podem ser caracterizados como autoritários, em especial o segundo período, em que ele retornou ao poder eleito pelo povo em eleições diretas.

Estado, que se apresentava como um grande mediador entre capital e trabalho e defensor dos interesses dessa entidade chamada Brasil.

Essa interferência direta sobre o movimento sindical perdurou por décadas, em momentos democráticos, inclusive, com a permanência de Tribunais do Trabalho e mesas de negociação mediadas pelo governo, entre outros aspectos, como o surgimento do sindicalista pelego, alinhado com os interesses do governo, e que buscava contornar os questionamentos dos seus representados em busca de um sindicalismo conciliatório.

Uma série de direitos trabalhistas foi concedida pelo Estado (autoritário) sob a liderança de Getúlio Vargas nos anos 1930 e 1940, mas estes não haviam sido acompanhados por direitos políticos que tornariam os avanços sociais uma conquista do trabalhador, do cidadão. Em 1946, uma nova Constituição – que, como a de 1988, prometia abrir o caminho da democracia moderna para o Brasil – reconhecia pela primeira vez o direito de greve e, aliás, mencionava a dita-cuja em seus artigos 28, 105 e 158. Mas, como sempre, nossa democracia vem com um porém, e esse último artigo determinava que "É reconhecido o direito de greve, cujo exercício a lei regulará". Nos anos seguintes, pouco seria regulamentado (à exceção dos setores fundamentais, que não podiam fazer greve, e os chamados setores acessórios, que podiam).

A falta de compromisso da democracia brasileira com a incorporação ou mesmo o diálogo com classes e grupos historicamente à margem do processo político é atestada pela manutenção de dispositivos legais que permitem a repressão, mesmo que pontual, a movimentos que se desenvolvem fora dos limites da política representativa e partidária. No interregno democrático entre o Estado Novo e a ditadura militar (ou seja, entre 1946 e 1964), apesar de estar em vigor uma Constituição democrática, parte do aparato policial e legal criado por Vargas permaneceu de pé e foi utilizado, em maior ou menor medida, pelos governos da época.[10]

Em 1964, na esteira da ditadura militar instalada em abril daquele ano, a Lei de Greve impôs uma série de exigências para a realização de uma greve, quase um ritual religioso. Na prática, depois que as draconianas determinações do AI-5 ceifaram qualquer possibilidade de oposição legal ao regime e às suas ideias sobre trabalho, desenvolvimento, segurança, economia, geografia

---

10 Greves, sindicatos e repressão policial no Rio de Janeiro (1954-1964).

e matemática, tornou-se impossível liderar uma greve sem ser preso (ou pior) e aderir a uma paralisação sem apanhar.¹¹

Assim como a ditadura de Vargas, a dos militares não apenas cerceou ao máximo o direito de greve como também aumentou a vigilância sobre os trabalhadores e qualquer organização autônoma que pudessem desenvolver; praticaram a perseguição, prisão, tortura e, muitas vezes, o desaparecimento e a morte dos ativistas sindicais; aliás, de qualquer um com voz crítica ativa. O movimento que varreu o município de Osasco, em São Paulo, e seu entorno, em 1968, por exemplo, resultou em repressão violenta não apenas nas fábricas, mas também por toda a região em que as paralisações e os protestos contra o governo ocorreram, além da prisão de inúmeros grevistas.¹²

A violência ilegal e exacerbada, típica do Estado brasileiro quando se vê diante de demandas por mais inclusão social e política, atingiu em cheio os movimentos sindicais, tanto na ditadura de Vargas quanto na ditadura militar, que transformou as lideranças do movimento em seus primeiros alvos. Contudo, sabem os operários, o trabalhador nunca deixou de apanhar da polícia.

---

11 O regime de exceção iniciado em 1964 com a deposição do presidente João Goulart buscava alcançar algum grau de legitimidade de diversas formas: instilação do medo irracional de uma invasão comunista que justificava a ditadura instalada, propaganda em torno das obras e sucessos econômicos alcançados, e também por meio da elaboração de um arcabouço jurídico, que, embora extremamente autoritário, ainda assim não bastou para as forças de repressão, que prendiam, torturavam e matavam pessoas ao largo da ordem legal. O Ato Institucional nº 5, editado em dezembro de 1968, concedia uma liberdade de atuação praticamente ilimitada ao presidente da República, basicamente oficializando a ditadura.

12 Sobre as greves em Osasco (SP) e Contagem (MG): SANTANA, M. A. Ditadura militar e resistência operária: o movimento sindical brasileiro do golpe à transição democrática. *Política & Sociedade*; DE OLIVEIRA R, M. G. *Penélopes e Antígonas*: narrativas femininas sobre a superação diante da violência e da morte de entes queridos na ditadura militar (1964-84); LIMA, M. D. F. C.; CARVALHO, Y. R. de. Operários em construção: a organização da classe trabalhadora apesar da ditadura de segurança nacional. *História em Revista*; SANTANA, M. A. Sinais de incêndio sob a chuva rala: a greve de Contagem e o 68 operário no Brasil. *In*: *68 obrero en Argentina y Brasil*: 50 años después, 88. Em 1968, o movimento sindical realizou greves espantosamente amplas, em especial em Contagem e Osasco. A partir do final daquele ano, com o AI-5, tornou-se impossível opor-se ao regime ou articular movimentos sociais em torno de demandas que contrariavam as demandas dele. Assim, o movimento sindical permaneceria em desconfortável modorra até 1978.

IPATINGA

Uma siderúrgica no interior de Minas Gerais, a Usiminas de Ipatinga, esteve no centro de um episódio macabro que ficou conhecido como Massacre de Ipatinga, em 7 de outubro de 1963. Poucos ouviram falar desse caso escandaloso em que a Polícia Militar deu cabo de no mínimo oito pessoas, possivelmente mais de trinta (os números oficiais muitas vezes não correspondem à realidade, contribuindo para a nossa conhecida prática de esquecer o que incomoda). Segundo o relatório da Comissão Estadual da Verdade de Minas Gerais, uma bebê morreu atingida por um disparo, que também vitimou sua mãe.[13] Em entrevista ao jornal *Estado de Minas*, cinquenta anos após o ocorrido, Edson Oliveira, da Associação dos Trabalhadores Anistiados de Minas, afirmou: "Foi feito um pacto muito forte nessa cidade em que as autoridades oficiais não falam sobre o caso. Encomendaram 32 caixões, mas temos apenas oito vítimas oficiais. Aqui tem pessoas parentes de vítimas, pessoas que perderam pais aos 9, 10 anos e até hoje não encontraram informação sobre eles".[14]

A Usiminas foi instalada no distrito de Ipatinga, então pertencente ao município de Coronel Fabriciano, em 1958. A empresa construiu bairros inteiros e responsabilizou-se por serviços públicos na região, inclusive pela segurança, realizada pela guarda dela com o suporte da PM.

Erro rude.

A Usiminas em Ipatinga apresentava condições de trabalho e habitação de qualidade duvidosa, para dizer o mínimo. Especialmente na primeira década de existência, quase toda a verba disponível era canalizada para a construção, finalização e compra de equipamentos da planta. Sobrava pouco para melhorar o atendimento médico, as moradias e o equipamento urbano público. Trabalhadores eram carregados feito gado em caminhões abertos e lotados, dos quais alguém caía de vez em quando (machucando-se ou mesmo

---

13 A Comissão Estadual da Verdade de Minas Gerais foi instaurada em 2013, seguindo-se a instauração da CNV pelo governo federal em 2012, e apresentou o último relatório em 2018. Disponível em: http://www.comissaodaverdade.mg.gov.br/bitstream/handle/123456789/681/Fotos-Imagens%20Sobre%20Massacre%20Ipatinga.pdf?sequence=1&isAllowed=y. Acesso em: 27 maio 2022.

14 Disponível em: https://www.em.com.br/app/noticia/politica/2013/10/08/interna_politica,457249/historia-do-massacre-de-ipatinga-e-recontada-50-anos-depois.shtml. Acesso em: 27 maio 2022.

morrendo), sem prejuízo da viagem.[15] Filas enormes para almoçar no refeitório, comida ruim. Luiz Verano, chefe-geral da Construção da Usina e da Cidade de Ipatinga, admite, sem rodeios: "Gerou-se muito conflito. Inclusive houve um erro – que eu diria ser meu –, mas não havia outra maneira de fazer. Fizemos alojamentos enormes, onde moravam cem pessoas de cada vez. Como é que eu iria alojar 10 mil pessoas não sendo através de um regime militar?".[16]

Respira.

Era um festival de mesquinharia, como impedir que trabalhadores levassem para casa parte do lanche que era oferecido pela empresa ao longo do turno de trabalho; coisa de pão com mortadela e leite ensacado.

Os trabalhadores eram tratados com violência, achincalhados pelas forças de segurança e pela polícia, que vigiavam cada passo dado, dentro e fora da fábrica; viviam em condições de moradia precárias; a jornada para o trabalho era perigosa e desconfortável; a comida, péssima e regulada.

É de surpreender que os trabalhadores se inquietassem, protestassem, se organizassem para acabar com aquele abuso?

Na noite de 6 de outubro de 1963, um confronto entre trabalhadores e forças de segurança teve início no momento da ofensiva revista à saída do expediente. Sacos de leite foram rasgados, tiros foram dados, xingamentos de parte a parte e um trabalhador acabou preso, o que deu ensejo a um protesto generalizado. Cercando uma das áreas de alojamento (chamar aquilo de bairro seria piada), a polícia mandou para a enxovia umas 300 pessoas. A revolta começou a se espalhar, e, no alojamento vizinho, os trabalhadores quebraram a iluminação pública e ergueram barricadas, inclusive queimando veículos da empresa – aquele bando de vândalos.

Um capitão da PM, percebendo que a situação caminhava para um conflito generalizado e perigoso, pediu a mediação do padre local, que conseguiu apaziguar os ânimos com a promessa de soltura dos 300 colegas presos e da realização de uma reunião entre a direção da empresa e os representantes dos trabalhadores.

---

15 Marcelo Rocha apresenta relatos acerca das condições de trabalho e de vida na cidade em ROCHA, M. F. Não foi por acaso: a história dos trabalhadores que construíram a Usiminas e morreram no massacre de Ipatinga. *Anais eletrônicos do V Encontro Nacional de História.*

16 Depoimento de Luiz Verano à publicação alusiva aos 25 anos de fundação da Usiminas, 1987, p. 16.

Pelo sim, pelo não, na manhã seguinte os trabalhadores optaram por não entrar na usina e se detiveram em um dos portões. Cerca de 4 mil trabalhadores, frustrados, cansados, com muita raiva e dispostos a quase tudo. Mas não tinham fuzis. Do outro lado da rua, duas dezenas de policiais com armas de fogo, fuzis inclusive. De cima de um caminhão, um soldado com metralhadora. Dentro da fábrica, corria a reunião, que até chegou a terminar em acordo.

Claramente não foi um acordo de cavalheiros. Quando a comissão dos trabalhadores se encaminhava para a saída, os soldados abriram fogo contra a multidão inquieta e irritada, que passara todo o tempo a pressionar os soldados. Depois do aterrador entrevero, os valentes soldados se refugiaram no quartel da corporação em Ipatinga.

Um inquérito policial militar (IPM) chegou a ser aberto, e de forma célere. Os indiciados foram recolhidos na prisão do quartel em Belo Horizonte até que se esclarecesse o incidente. Entre indiciados, testemunhas e ofendidos (vítimas), dezenas de depoimentos deram conta dos fatos daquela noite e daquela manhã de outubro de 1963. Algumas páginas estão reproduzidas aqui, e o que restou do IPM pode ser consultado na documentação da Comissão da Verdade.[17]

Mais um momento de grita (local), e o então governador de Minas Gerais, Magalhães Pinto, da União Democrática Nacional (UDN), mandou para Ipatinga o comandante-geral da Polícia Militar, coronel José Geraldo de Oliveira, e o secretário de Segurança Pública, Caio Mário da Silva Pereira – os dois picas das galáxias da Segurança Pública no Estado. O governo estava disposto, inclusive, a substituir os guardas da PM por soldados do Exército – aparentemente um ganho, não sei bem o porquê. O coronel Zé Geraldo bateu um papo mineiro e pediu um voto de confiança aos operários, no que foi atendido.

Houve um IPM acerca do massacre, promovido pela própria PM, que inicialmente apontou a culpa de vinte indivíduos. No entanto, meses depois, ocorreu o golpe militar de 1964, que silenciou as vítimas e passou a corroborar as práticas de espancar e fazer desaparecer quem incomodasse. Não apenas silenciou, como também culpabilizou. Segundo Marcelo Freitas,

---

17   Acervo digital do Arquivo Nacional, com a referência CNV 0 VDH 00092000636201483.

Entre 7 de outubro de 1963 e o final da noite do dia 10 de dezembro de 1965, quando chegou ao fim o processo pelo qual os policiais foram julgados, passaram-se exatos 795 dias. Nesse tempo, um golpe militar destituiu o presidente da República e transformou os trabalhadores de Ipatinga, de vítimas em réus, e os policiais, de réus, em vítimas. Com isso, todos foram absolvidos.[18]

O processo aberto tornou-se uma farsa – como passou a ser muito comum – carregada de comunistas infiltrados, planos com bombas, sindicalistas de outros estados armados e treinados para a *revolução vermelha*. Tudo mentira, sabe-se hoje com certeza (sabiam também na época, mas enfim), *fake news* das mais insidiosas, para apavorar o público e legitimar escabrosidades. Só quem possuía armas de fogo e disposição para matar naquela ocasião era a polícia do estado de Minas Gerais.

O episódio obviamente foi considerado uma grave violação aos direitos humanos (mais uma) no âmbito da Comissão Especial sobre Mortos e Desaparecidos Políticos (CEMDP) e das Comissões da Verdade que surgiram a partir dos anos 1990. Em 2004, o primeiro processo por indenização foi aprovado, e logo se seguiram muitos outros.[19]

VOLTA REDONDA

Em uma época nem tão distante, o sonho de alguns engenheiros sociais (e empresários e políticos) era estabelecer cidades fabris que guardassem certa semelhança com a lógica de um formigueiro: uma hierarquia em que todos conhecessem seu lugar e o trabalho incansável regesse a vida deles, em uma

---

18   ROCHA, M. F., *op. cit.*

19   A Lei nº 9.140, de 1995, instituiu a CEMDP, e reconhece "como mortas pessoas desaparecidas em razão de participação, ou acusação de participação, em atividades políticas, no período de 2 de setembro de 1961 a 15 de agosto de 1979". Em seu primeiro artigo, ela afirma que "são reconhecidos como mortas, para todos os efeitos legais, as pessoas que tenham participado, ou tenham sido acusadas de participação, em atividades políticas, no período de 2 de setembro de 1961 a 5 de outubro de 1988, e que, por este motivo, tenham sido detidas por agentes públicos, achando-se, deste então, desaparecidas, sem que delas haja notícias". A partir dessa lei, o Estado passou a ser responsabilizado por crimes ocorridos durante a ditadura militar, e anos imediatamente anteriores.

comunidade autossuficiente – como as *company towns*.[20] Algumas existiram de fato, principalmente nos Estados Unidos.

O distrito de Volta Redonda, pertencente a Barra Mansa, cidade do interior do estado do Rio de Janeiro, na região do vale do rio Paraíba, viu a pacata vida de interior alterar-se radicalmente a partir de 1941, com o início da construção do alto-forno 1, primeira unidade da Companhia Siderúrgica Nacional (CSN), criada por decreto no mesmo ano. Ele começou a funcionar apenas em 1946, e em 1961 essa unidade específica da CSN ganharia o nome Usina Presidente Vargas (UPV). Ao longo dos anos, a siderúrgica, propriedade do Estado brasileiro até 1993, iria incorporar outras unidades produtivas que a tornariam uma das maiores produtoras de aço do mundo.

Volta Redonda tornou-se município em 1954 e atualmente apresenta uma população cerca de 50% maior do que a de Barra Mansa. Aquela cresceu em função da usina, e toda a sua organização inicial foi consequência das atividades ligadas à CSN, que, desde o início, supervisionava as obras de construção dos bairros operários e, posteriormente, sua segurança; responsabilizava-se por uma boa parcela dos serviços urbanos (transporte coletivo, ordenamento e limpeza, cooperativas), ensino básico e profissionalizante (treinamento da futura mão de obra). Quase um condomínio na Barra. Não, na verdade, quase uma *company town*.

A disciplina e o controle sobre inúmeros aspectos, privados inclusive, da vida dos trabalhadores da poderosa CSN também eram domínio da empresa. Ações francamente ilegais disseminaram-se pela fábrica (e pela cidade), e alguns depoimentos fornecem um quadro sombrio das relações entre as diferentes hierarquias na Companhia: "Se ele [supervisor] ficasse, tivesse um problema contigo, ele não resolvia contigo, ele chamava a guarda pra te levar, te dar porrada, te intimidar, porque a guarda da CSN era guarda armada [...] era uma guarda patrimonial mas tinha o poder de 'teje' preso...".[21]

---

20   "Cidades ou regiões controladas por uma empresa, com dupla perspectiva, de um lado suprir com razoável grau de garantia as necessidades de força de trabalho, por meio da fixação desta pelo fornecimento de moradia e, por outro, estender o domínio da empresa ao âmbito privado dos trabalhadores, por meio de vários mecanismos de disciplinamento." GANDRA, M. A. R. *Cidade "vigiada" do aço:* dominação autocrático-burguesa, repressão militar e resistência popular-sindical em Volta Redonda (1984-1990).
A empresa, em geral de forma conjunta com o poder público, supria necessidades relacionadas a saúde, educação e entretenimento.

21   Ramalho Gandra.

A cidade era a empresa; os cidadãos, os operários.

Quando a ditadura militar se encastelou em Brasília, em 1964, a moleza acabou: as casas foram vendidas (quem podia comprar, comprou; quem não podia, foi *expulso* para os novos bairros periféricos) e a prefeitura assumiu os serviços públicos urbanos. A experiência da cidade-companhia pode ter sido encerrada, mas a relação orgânica, visceral entre ambas, só teria fim com a privatização da CSN nos anos 1990.

A moleza acabou, mas a dureza piorou, já que a ditadura militar lidava com operários insatisfeitos, rebeldes e mal-educados como se estivessem em uma instituição correcional para menores, na melhor das hipóteses; na pior, bom, já foi comentado como a ditadura lidou com o movimento sindical.

Na esteira da reorganização do movimento sindical no Brasil a partir do final dos anos 1970, a disposição dos operários dentro da CSN começou a mudar. Nesse período, o pano de fundo era uma situação em que as benevolências de uma relação paternalista haviam acabado, mas a rigidez dessa mesma relação, conjugada com o despotismo corriqueiro dos anos da ditadura militar, havia se intensificado. Após décadas de um sindicalismo marcado pelo corporativismo, durante as quais as dificuldades de organização de um movimento combativo se expressaram na quase ausência de greves ao longo das quatro décadas de existência da Companhia, começou a se articular um movimento aguerrido (que os sindicalistas adoram chamar de "combativo") que não tinha medo de represálias e buscava, de fato, defender os direitos da sua categoria e ampliá-los sempre que possível. Porque, afinal, é para isso que o sindicalismo serve. Ou deveria servir.

A FÁBRICA É NOSSA, E A CIDADE TAMBÉM

Depois daqueles anos sombrios em que ativistas de todas as esferas tinham que pular fogueira, chupar cana e assoviar ao mesmo tempo – mais especificamente, durante a vigência do draconiano AI-5 –, a inquietude represada em diversos grupos que constituem nossa amada sociedade brasileira começou a vazar por onde desse. Seria injusto dizer que entre 1969 e 1978 não houve movimentos sociais ativos, mas esbarravam sempre no medo da repressão ilegal e em uma legislação autoritária.

No caso do movimento sindical, o ciclo de greves iniciado em 1978 no ABC paulista marcou profundamente não só a história do movimento, mas também desse país, mesmo porque uma das suas lideranças se elegeu presidente dessa República em 2002. Naquela época, ele era apenas o Lula, e chegou a ser preso por "incitação à desobediência coletiva das leis", em 1980, sem mandado judicial e sem flagrante. Ficou mais de um mês preso no DOPS; não foi o único sindicalista encarcerado na ocasião, apenas o mais notório. No entanto, era 1980 e os movimentos sociais (sindicais, inclusive, até certo ponto) já ganhavam a simpatia do cidadão comum e até mesmo da imprensa, por isso nenhum deles foi pendurado no pau de arara nem tomou choque onde o sol não brilha.

Havia algo de novo no sindicalismo brasileiro. Apesar de divergências entre analistas e pesquisadores, o fato é que aquela foi a década em que o movimento amadureceu de fato, e acabou transformando o Brasil no país das greves.[22]

A primeira greve da CSN em Volta Redonda aconteceu em 1984,[23] e, nos anos seguintes, as paralisações seriam frequentes, seguindo-se o padrão da época: 1986, 1987, 1988, 1989. Mesmo após 1985, ano em que os militares se retiraram do poder, as greves na CSN sofreram com a truculência dos soldados do Batalhão de Infantaria Motorizado de Barra Mansa (BIMtz), responsáveis por colocar ordem na casa e cada operário em seu lugar. Greves de ocupação eram facilmente suspensas apenas com a notícia de que os blindados subiam a serra.

Até 1988.

A greve de 1988, de insultuoso desfecho, foi decidida no pátio da Superintendência de Oficinas Mecânicas (SOM) – tradicionalmente epicentro do movimento e ponto de reunião dos metalúrgicos –, no dia 4 de novembro, com início no dia 7 do mesmo mês. Sob liderança do Sindicato dos Metalúrgicos do Sul Fluminense, filiado à Central Única dos Trabalhadores (CUT), cerca de 3 mil operários da CSN e da Fábrica de Estruturas Metálicas (FEM) – uma das

---

22 Literalmente, o país das greves. NORONHA, E. G. Ciclo de greves, transição política e estabilização: Brasil, 1978-2007. *Lua Nova: Revista de Cultura e Política*.

23 Houve uma breve paralisação em 1964, movida pela deposição de João Goulart pelos militares, que foi logo desarticulada.

principais subsidiárias da Companhia –, reunidos em assembleia, decidiram fazer greve de ocupação, que recebeu adesão de mais de 20 mil trabalhadores.

Greves de ocupação caracterizam-se, (quase) obviamente, pela ocupação dos locais de trabalho, objetivando impedir que este seja realizado por aqueles que não aderem ao movimento. Muitas vezes os grevistas passam a habitar as instalações, permanecendo 24 horas por dia e sete dias por semana na fábrica.

Mas pode isso, gente?

Não, não pode. Inclusive ela é considerada ilegal, e não só no Brasil. Na maior parte do mundo, é considerada um delito duplo, pois atenta contra a propriedade privada e contra a liberdade de trabalho. Mas, no Brasil dos anos 1980, podia-se quase tudo, de greve de ocupação a cigarro de chocolate.

Então pode matar gente para acabar com esse tipo de malcriação de peão?

Não, também não pode.

Greves de ocupação representam risco, desafio e uma oportunidade. É aquele momento precioso em que o patrão se sente justificado: olha só, bando de selvagens, bandidos, cadeia, ocuparam minha empresa, vão destruir tudo, oh, meu patrimônio, *vândalos*! Quando o patrão é o governo (caso da CSN, empresa estatal na época), o discurso é enriquecido com acusações de atentado ao patrimônio público, que pertence ao povo brasileiro. A gente quase acredita que os gestores e políticos de fato se importam com o bem público, tamanho auê que fazem.

No mesmo dia em que a greve foi deflagrada, a direção da CSN solicitou (e conseguiu) uma liminar de manutenção de posse ao juiz da 3ª Vara Cível, Moisés Cohen, solenemente ignorada pelos líderes sindicais citados (Juarez Antunes, Marcelo Felício, Isaque Fonseca). O bom juiz, preocupado com a integridade das instalações da maior siderúrgica do Brasil, invocou oficialmente a mobilização de uma força militar para garantir o cumprimento da sua decisão. O diretor-geral da siderúrgica, Juvenal Osório, colocou a engrenagem repressiva em ação e solicitou o apoio habitual das tropas do 22º BIMtz de Barra Mansa, o que as mais altas hierarquias da República não acharam suficiente.

Talvez com uma certa nostalgia dos dias em que botavam peão para correr ou apanhar no DOPS, não apenas o tradicional batalhão de Barra Mansa atendeu ao clamor do poder público, como também invasão da CSN foi levada a cabo por forças do Exército vindas do Batalhão de Petrópolis (1ª Brigada Motorizada do Exército), reforçadas por batalhões de choque da PM no Rio de Janeiro e da Companhia de polícia do Exército, em obediência às ordens diretas do então presidente da República José Sarney.[24]

Naquele momento, e ao contrário dos anos anteriores, os operários não recuaram. E o inconcebível aconteceu: semanas depois da promulgação da Constituição-cidadã, ocorrida sob ovação e foguetório geral da nação, as lagartas do Exército espalharam-se por uma cidade inteira, humilharam seus moradores, invadiram a CSN muito bem armadas e deixaram três cadáveres para trás.

"Ain, mas, nossa, só morreram três pessoas, quanto escândalo."

Respira.

Todos sabiam que o confronto seria violento. A PM não subiria a serra só para dar um rolê em Volta Redonda, nem a brigada de Petrópolis. Os operários dentro da fábrica estavam dispostos a tudo, e organizaram sua defesa como puderam: com material disponível na planta, como vergalhões, canos e bilhas. Nas ruas da cidade, pedras de calçamento contra patas de cavalos, cassetetes, armas de fogo e caminhões.

O momento político reunia incertezas e motivações potentes. O retorno da democracia formal abria espaço para novos movimentos sociais. Estávamos nos anos 1980, o mundo havia mudado desde as agitações dos anos 1960, e uma nova forma de fazer as coisas era sentida: o movimento feminista, as organizações de bairro, o chamado novo sindicalismo, o movimento negro representavam novas forças e novas demandas, mas com alguns pontos de convergência. A interminável crise de uma década em que a inflação chegou a impensáveis quase 1.000% ao ano motivou campanhas salariais acirradas que muitas vezes contavam com o apoio de outros movimentos. Em Volta Redonda, a relação profunda entre cidade e Companhia tinha como consequência o envolvimento de quase todos no movimento grevista e, em geral, ao lado dos metalúrgicos.

Na noite do dia 9 de novembro, as forças policiais e militares avançaram sobre a multidão reunida em ato público em Vila Santa Cecília, perto de

---

24 Como já comentado, Sarney chegou ao cargo máximo da República fortuitamente: vice de Tancredo Neves em uma chapa quimérica que buscava uma estranha *conciliação nacional* para encerrar o regime militar, Sarney, ao contrário de Tancredo, que sempre pertenceu às fileiras da oposição legal e partidária à ditadura, passou as décadas de 1960, 1970 e metade de 1980 apoiando o regime militar, confortavelmente instalado nas fileiras do partido situacionista. Tancredo Neves morreu em abril de 1985, sem nem tomar posse, e a ascensão de Sarney à Presidência tornou-se a maior piada de humor macabro da década. O tipo de coisa que a gente sente que só acontece no Brasil.

uma das entradas da siderúrgica. Do alto da aciaria, muitos metalúrgicos em ocupação conseguiam assistir, impotentes, aos avanços dos soldados sobre a população da cidade. Lojas e lanchonetes foram invadidas, soldados furavam pneus com baionetas. Volta Redonda, típica cidade operária de tamanho médio, em que quase todo mundo se conhece, apesar de ter sido virada do avesso naquela noite, uniu-se em teimosia na defesa das reivindicações dos operários, que se concentravam na recuperação de perdas salariais e readmissão de colegas demitidos em função de atividades sindicais.

Depois do passeio pela cidade, os soldados entraram na fábrica para remover os piqueteiros e grevistas que ocupavam a UPV, concentrados na aciaria. Abriram fogo sem hesitar, e só o suspenderam no fim da noite.

Barroso, Walmir, William (Carlos Augusto Barroso, de 19 anos, Walmir Freitas Monteiro, 27 anos, e William Fernandes Leite, 22 anos) presentes, morreram dentro da siderúrgica. Barroso levou vários tiros e teve o crânio esmagado por coronhadas de fuzil; Walmir morreu com uma bala na nuca; William foi atingido por tiros quando saía do refeitório. Foram mortos por forças de segurança pública dentro de uma empresa estatal, em mais um confronto em que nossas *bem armadas* forças armadas enfrentaram brasileiros fazendo uso de canos e bilhas (ou paus e pedras) como quem se entrega à guerra.

Morreram três pelo menos. Dezenas de outros foram parar no hospital.

O sucinto *diário de operações* da gerência de segurança da usina (que trabalhava com os órgãos de informação e repressão criados pela ditadura e que ainda se encontravam ativos) era muito mais seco e mais preciso ao dar nome aos bois da repressão e, ao contrário dos relatórios do próprio Exército e do Serviço Nacional de Informações (SNI) – órgão da ditadura ainda ativo na época –, não buscava inventar coquetéis molotov e *"provocações"* de grevistas como justificativa para um ataque bárbaro. Algumas páginas desse diário podem ser vistas na página 168.

É simbólico que esse desastre tenha ocorrido no alvorecer de uma nova Constituição. Simbólico e acintoso. Um lembrete, para que nunca nos esqueçamos de que, no fundo, e principalmente se os leitores não fazem parte do venturoso 1%[25] e inventam essas modas de questionar o seu lugar, ninguém

---

25 Segundo o World Inequality Report divulgado em dezembro de 2021, o Brasil seguia na disputa pela liderança no ranking da maior disparidade social e de renda em um mundo já

está de fato seguro diante da sanha de um Estado para quem apenas uma ordem interessa.

Em alguns documentos oficiais, como o informe do SNI, que está na página 167, nem explicaram as mortes ocorridas. O nada envergonhado relatório da Assessoria de Segurança e Informações da CSN descrevia:

> Aproximadamente às 19h15min as tropas de choque da Polícia Militar e tropas do Exército chegaram com a finalidade de retirar os grevistas que se encontravam em frente à passagem superior e ao Escritório Central e foram recebidas a pedradas. Os grevistas reagiram enquanto puderam. Durante esta operação, foram lançadas diversas bombas de efeito moral e de gás lacrimogênio. Em seguida, as tropas do Exército entraram na UPV e novamente foram recebidos com violência, sendo obrigados a reagir com tiros e bombas. Um grande número de trabalhadores evadiu-se para a Aciaria e juntaram-se aos grevistas que ali encontravam-se. Durante o conflito foram queimados um reboque e uma caminhonete veraneio do Exército e três trabalhadores morreram.[26]

Replay:
Em seguida, as tropas do Exército entraram na UPV e novamente foram recebidos com violência, sendo obrigados a reagir com tiros e bombas.

Acho lindo isso. Que violência foi essa que obrigou os pobres coitados de capacete, escudo e fuzil a reagirem com tiros e bombas? Xingaram a mãe? Levaram pedradas? Apanharam de cano? Morderam a orelha? Escorregaram em cascas de banana? Armadilhas montadas pela fábrica, profeticamente inspiradas pelo filme *Esqueceram de mim*?

O que justifica tiros de fuzil contra grevistas e seus canos e bilhas? Que tipo de tática nossas forças de segurança implementam como padrão para considerar normal um saldo de três civis sem acusação de crime violento, sem mandado, sem flagrante, mortos ao final de um verdadeiro combate dentro de uma fábrica?

---

extremamente desigual. No nosso país, o 1% mais rico tem quase a metade da fortuna patrimonial brasileira. Disponível em: https://wir2022.wid.world/. Acesso em: 27 maio 2022.

26 Esse documento se encontra no Arquivo Nacional e pode ser visualizado em sua base de dados digital com a referência BR_DFANBSB_V8_MIC_GNC_AAA_89069189_d00 03de0006.

Durante o conflito foram queimados um reboque e uma caminhonete veraneio do Exército e três trabalhadores morreram.

Não há responsáveis. Três pessoas morreram, podia ter sido de derrame, unha inflamada ou alergia a camarão.

Membros do governo, muito sérios, lamentavam as mortes dos três jovens, descrevendo-as como um lastimável acidente, fruto da radicalização do movimento, da intransigência do sindicato e do desrespeito à Constituição e ao bem público.

Não.

Eles morreram em consequência da ação inescrupulosa do poder público, que não soube, não sabia e não sabe lidar com movimentos sociais ou com populações insatisfeitas que em determinados momentos resolvem gritar, "chega, cansei, já deu".

Se o sindicato foi intransigente, se a greve de ocupação era ilegal, se o movimento se radicalizou, nada disso vem ao caso. Não passavam de cortinas de fumaça que sempre fizeram muito sucesso, e não só entre as vozes oficiais, os empresários e a grande imprensa. Ela ecoava muito bem em amplas parcelas do povo transformado em público que assistia pela televisão a um noticiário desproporcional, para dizer o mínimo:

> No Brasil, toda vez que uma greve de trabalhadores se anuncia, a grande mídia se adianta para falar dos prejuízos que a greve pode gerar. Realiza-se uma forte campanha para construir uma avaliação negativa do movimento e de seus líderes. A população é tomada como massa, ou seja, é deslocada de seu sentido de classe, e é utilizada para reproduzir o "sentimento" construído midiaticamente, de modo, inclusive, a se perder a noção de que a greve traduz um conflito entre trabalhadores e empregadores, os quais, portanto, têm também participação no fato da greve, sendo que, na maioria das vezes, são os maiores culpados pela sua ocorrência.[27]

Intermináveis minutos foram concedidos a homens do governo e diretores das empresas para que se apresentassem e explicassem por que os sindicalistas não passavam de um bando de oportunistas a explorar a boa-fé dos

---

27 SOUTO MAIOR, J. L. Greve. *LTr. Suplemento Trabalhista.*

operários ingênuos em proveito próprio e para desgosto geral da nação – e prejuízo das empresas.[28]

Mais uma vez a impunidade fez a festa e reforçou a sensação de que muito pouco havia mudado, com ou sem Constituição nova. Investigados em foro privilegiado, os envolvidos jamais enfrentaram acusação alguma, uma vez que o IPM não apontou culpados e a justiça militar não permitiu que os militares prestassem depoimento à justiça comum. As denúncias apresentadas pelo MP foram rejeitadas e toda a assassina operação foi descrita como um sucesso pelo general José Luiz Lopes da Silva, comandante da invasão, que, aliás, foi indicado para o Superior Tribunal Militar (STM) pelo então presidente Fernando Henrique Cardoso, em 1999. Presentão.

A greve continuou. Os operários, reunidos em assembleias sempre numerosas e com o apoio da cidade, resistiram até o dia 24 de novembro, por mais quinze dias, quando aceitaram os termos da empresa (que cedeu em quase todos os pontos) e voltaram ao trabalho – com a condição de que soldados, que não pertenciam às fábricas, se retirassem da UPV e voltassem para seus quartéis.

DIGNIDADE EM RUÍNAS

No Brasil, uma operação para desmantelar uma greve ilegal que termina com três mortos é considerada um sucesso. Normal; quem mandou aquele bando de desocupados vandalizar um bem público?

Não que os operários vandalizassem seu local de trabalho, pelo menos não até a chegada das tropas. Estas, sim, entraram atirando e perfurando as

---

[28] O debate acadêmico em torno da cobertura jornalística e midiática dos movimentos populares e, especificamente, sindicais é bastante prolífico. Alguns exemplos interessantes: SANTOS, M. S. G. *Grande mídia e a construção de uma legitimidade discursiva sobre a universidade brasileira durante a greve de 2015*; FILIPPI, Â.; SCHUSTER, P. R. *O discurso sobre as greves na imprensa regional*: vozes em disputa pelo poder da significação. Estudos em Comunicação; COSENZA, A. Representações da greve dos petroleiros de 1995 na imprensa: as referências ao período militar e à democracia no discurso jornalístico. *Projeto História: Revista do Programa de Estudos Pós-Graduados de História*; SILVA, A. R. M. da; VELOSO, A. M. C. da. *A cobertura da greve geral de 2017 pelo telejornal Repórter Brasil*; FIORILLO, M. P.; OLIVEIRA, A.; VITTI, I. O imaginário da exclusão: sobriedade, busca de isenção e deslizes em argumentos autoritários. *Revista Alterjor*; GADINI, S. *Coberturas jornalísticas (de) marcadas*: a greve dos professores na mídia paranaense em 2015.

chapas de aço na aciaria da UPV. Além de terem chegado disparando (em aço e carne), desmantelaram toda a operação de emergência implantada cuidadosamente pelos trabalhadores: a preparação para a greve incluía a manutenção e o funcionamento de equipamento que os operários sabiam muito bem ser essencial para a usina; o alto-forno, por exemplo, seria *abafado* (quando seu regenerador é aquecido e isolado com todas as válvulas fechadas, em momentos em que não está produzindo). Com a estupidez que somente a arrogância permite, a direção da CSN mandou religar o forno assim que os soldados entraram para prender, arrebentar e matar, na firme convicção de que aquele disparate de greve seria suspenso e tudo voltaria ao normal. Não voltou, soldado não sabe operar alto-forno e gestor de empresa pública também não; ficou patente que ninguém, além dos operários e suas famílias, se importava de fato com o patrimônio público: com a ameaça de danos irrecuperáveis à estrutura central da usina, os operários em greve montaram uma comissão para manter o forno funcionando e retornar o abafamento. A estrutura foi salva da irresponsabilidade alheia pelos vândalos em greve.[29]

À frente do sindicato e liderando a greve estava Juarez Antunes, deputado federal constituinte pelo Partido Democrático Trabalhista (PDT) e líder do sindicato. Candidato vitorioso à prefeitura de Volta Redonda nas eleições de novembro daquele mesmo ano, morreu em um acidente de carro no interior de Minas Gerais em fevereiro de 1989, com menos de dois meses no cargo, o que muitas pessoas consideraram bastante estranho. A antiga praça General Edmundo Macedo Soares, próximo da entrada da CSN, foi rebatizada de praça Prefeito Juarez Antunes. Certamente muitos, mas muitos mesmo, não gostaram nem um pouco; menos ainda do monumento que foi erguido ali.

No dia 1º de maio de 1989 (feriado do Dia do Trabalho) o Memorial 9 de Novembro, projetado pelo arquiteto pop Oscar Niemeyer, foi inaugurado em homenagem não apenas às três vítimas (Barroso, Walmir, William), mas também ao movimento operário na cidade. Uma placa, acrescentada a pedido do próprio Niemeyer dizia: "Um monumento àqueles que lutam pela Justiça e pela Igualdade".

Não ficou um dia de pé.

---

29   Essa história tem várias versões, e a apresentada aqui foi baseada em depoimentos de operários, disponíveis nos registros do ativista do Sindicato dos Metalúrgicos Ernesto Germano Parés, que se encontram no Arquivo Nacional.

O ódio, o ressentimento e a mesquinhez derrubaram o monumento à bomba. Não foi a única vez: o Monumento Eldorado Memória, no Pará, erguido em homenagem às vítimas do massacre de Eldorado de Carajás, em 1996, e também projetado por Niemeyer, foi igualmente alvo do ódio sem-noção daqueles que não dão nem os anéis.

Mas brasileiro não desiste nunca. No Pará, ergueram o Monumento das Castanheiras Mortas; em Volta Redonda, decidiu-se por manter o imponente monumento partido, o que resultou em uma obra estranha, incongruente e profundamente tocante, à qual foi acrescentada a frase: "Nada, nem a bomba que destruiu este monumento poderá deter os que lutam pela liberdade e justiça social".

A dignidade arruinada de criminosos que se acham a salvaguarda da moral nacional.

Durante muito tempo, o trabalhador, esse indivíduo que vende seu tempo e sua força em troca de salário que o sustente e a sua família, foi o esteio do discurso nacionalista e moralista, um dos pilares da dignidade nacional. Nunca foi um discurso muito sincero, mas atualmente alcança o apogeu do cinismo desvairado, e somos obrigados a ouvir em desgosto que seres humanos vivendo na linha entre a miséria absoluta e a pobreza são vagabundos porque recebem um Bolsa Família.

Durante muito tempo foi crucial lidar com esse trabalhador. Seduzi-lo. Amansá-lo. Convencê-lo de que havia um Brasil cuja felicidade e prosperidade dependiam do seu esforço, da sua complacência, da compreensão de que seu lugar não era em assembleias ou mesmo partidos políticos, mas apenas no seu posto de serviço, ou em casa cuidando da família, já que homens muito mais capazes do que ele se encarregavam da nobre função de gerir o Brasil da melhor forma para todos.

Não foi tão fácil esvaziar o movimento dos trabalhadores com a negação do seu conteúdo político ou da perversão daquele. Um discurso elaborado transformou as classes trabalhadoras organizadas ou em criminosos baderneiros ou em indivíduos incultos, incapazes de integrar o jogo democrático, a não ser como espectadores, no máximo, eleitores. E talvez aí encontremos uma das chaves para entender o limite da nossa democracia: a incapacidade de integrar na gestão do Estado uma parcela da sociedade fundamental, na prática e em toda e qualquer prosopopeia ufanista, para a prosperidade da pátria.

Busca-se culpabilizar a vítima imputando-lhe crimes comuns. O grevista (ou o sindicalista, ou qualquer trabalhador organizado em entidades autônomas) tem como mal de origem a necessária desordem que sua atuação acarreta. O trabalhador em movimento é intrinsecamente um erro, já que seu lugar é na fábrica, laborando e não se organizando e reivindicando melhores condições de trabalho fora da esfera da política representativa partidária. Aliás, ele não encontra lugar nem dentro dessa esfera; muito menos ser vitorioso nela.

Toda violência policial é política. A longa experiência brasileira de esvaziar o caráter político das práticas e discursos que questionam a estrutura social – e, nesse sentido, a atuação dos trabalhadores organizados sempre ocupou um lugar privilegiado – encontra seu paralelo no discurso que despolitiza a violência policial e a transforma em simples reação visceral a atos de criminosos comuns. A manchete "somente restava à polícia adotar uma medida enérgica"[30] (que vem se repetindo ao longo das nossas décadas republicanas) traduz essa insistência em fazer crer que as forças de segurança não têm outra alternativa a não ser responder com violência exacerbada às provocações, aos questionamentos, aos movimentos que saíram do rumo previsto.

Sempre há alternativas. Entrar em uma fábrica e matar pessoas não é a única, tampouco abrir fogo contra uma multidão de operários. São escolhas, e dizer que não há outro caminho, normalizar tal violência como reação legítima parece bastante com defender o marido agressor quando este diz: "Olha o que você me obrigou a fazer, você me provocou, eu tive que quebrar seus dentes". É a mesma lógica.

Violência não se doma. Em nenhum lugar do mundo. E aqui ela faz a festa, onde deveria simplesmente celebrar a frugalidade.

Vejam a seguir documentos citados neste capítulo.

---

30 Essa manchete é de 1949, de um jornal baiano, e a monografia que a adota como título apresenta um estudo de caso sobre a greve de trabalhadores de 1949, na Usina de São Carlos, localizada na cidade de Santo Amaro, Bahia. Mais uma greve em período democrático que resultou em mortos e feridos, mais um exemplo em que polícia, imprensa e poder público culpabilizam a vítima pelo seu destino. SANTOS, M. R. D. *Somente restava à polícia adotar uma medida enérgica*: a greve de operários da Usina São Carlos em S. Amaro, e a repressão policial na imprensa baiana, 1949. Uma pesquisa mais ampla encontra-se em SOUZA, E. A. O. Tensões nas usinas de açúcar do Recôncavo: A greve de 1946 e as disputas trabalhistas no "intervalo democrático" (1945-1964). *Artcultura*.

TÊRMO DE PERGUNTAS AO OFENDIDO

Aos oito (8) dias do mês de outubro do ano de mil novecentos e sessenta e treis, nesta cidade de Col. Fabriciano, distrito de Ipatinga / no Escritório Central da Usiminas, presente o Sr. Major Sílvio de Souza /. encarregado dêste I.P.M., comigo, Jésu Carmelita de Miranda Filho, 1º Ten. servindo de escrivão, compareceu Jesus BitencurtBraga a fim de ser ouvido sôbre o fato delituoso, que deu lugar ao presente inquérito. Em seguida, / passou aquela autoridade a interrogá-lo da maneira seguinte: Qual o seu no me, idade, filiação, estado civil, naturalidade, profissão e residência. / Respondeu chamar-se Jesus Bitencourt Braga, com vinte e um (21) anos de i- ade, filho de Waldemiro Tolêdo Bitencourt e de dona Alzira Matuzinho Bra gu, solteiro, natural de Durandé, Minas, com a profissão de operador da Usiminas, residente no alojamento da Chicago. Perguntado como se dera o / fato narrado na Portaria de fls.2, que lhe foi lida, respondeu: que no do mingo último, após ter concluído o seu horário de trabalho, se preparou às 2200 horas; que entrou na fila perto da garagem, para a saída; que os últi mos da fila empurravam os primeiros e por êste motivo os vigilantes presen tes (4 mais ou menos) pediram a ajuda de uma dupla montada, de policiais; que êstes policiais pareciam já estar ali de propósito, dada a solicitude; que imediatamente entraram em ação e foram distribuindo espadadas a torto e a direito; que dali o depoente conseguiu ir parar no alojamento da Chica go, onde pernoita; que ali ficaram na expectativa, pois tiveram conhecimen to de que os policiais tirian tentado luta contra os operários do alojamento vizinho, o da Santa Mônica; que no caso de Santa Mônica os soldados encon- traram resistencia, inclusive houve troca de tiros; que no interior do alo jamento da Chicago os soldados arrombavam a porta e, de arma em punho (metra metralhadora e revólver) obrigavam os operários a se retirarem do interior do mesmo, sob pela de serem assassinados; que eram colocados para fora do referido alojamento aos ponta-pés e cassetetadas; que depois de estarem lá fora, receberam ordem de colocar a mão na cabeça e de se deitarem; que de pois disso feito, não podiam nem sequer levantar a cabeça; que depois disso chegaram três caminhões da Usiminas e os prêsos receberam ordem de embar car; que neste momento os soldados se aproveitavam e jogavam, de qualquer jeito, os operários no interior dos veículos, ocasião em que o depoente foi lançado de cabeça no fundo da carroceria, sofrendo ferimentos nos lábios, no nariz e na testa; que depois de muito apanharem para êsse tal embarque, foram transportados para o Quartel; que ali tiveram de melhua, digo, de mer gulhar no chão, onde todos de machucavam; que a ordem era mergulhar e sair arrastejando; que depois chegou o sargento (cujo nome não sabe) e deu ordem ... que esta ordem era cumprida só enquanto o sgt.

Reprodução/Arquivo Nacional, Rio de Janeiro, RJ

Reprodução de páginas do Inquérito Policial Militar sobre o ocorrido na Usiminas em Ipatinga, em 1963. O material foi inserido no relatório da Comissão Nacional da Verdade.

fuzilados e jogados no rio; que depois de tôda essa celeuma, chegou naquele Quartel o Dr. Gil Guatimosin que pediu fossem os detentos colocados de pé, pois éra seu desejo conversar com os mesmos; que foi-lhe concedido o pedido, mas os soldados, a esta altura reduzidos a oito (8), permaneciam girando em tôrno dos detentos e sempre que um ia dizer qualquer coisa que comprometia os policiais, êstes berravam que era mentira e depois iriam acertar contas, não deixando as coisas chegarem a um têrmo; que depois disso, conseguiu o Dr. Gil, que os operários seriam postos em liberdade e retornados ao alojamento; que antes de irem para o alojamento, alguns passaram no ambulatório, onde oram medicados; que no dia seguinte os operários pediram a seus companheiros que se dirigissem para defronte ao almoxarifado a fim de solicitarem providências contra a polícia e a Vigilância e que os que não tivessem conhecimento do acontecido, o tivesse; que assim formou naquele local uma grande massa humana; que o depoente lá permaneceu alguns minutos e quando deixou o local tinha cêrca de umas duzentas (200) pessoas; que o depoente de lá se dirigiu para o ambulatório a fim de ser medicado; que de volta, ao se aproximar da garagem ouviu disparo de metralhadora; que logo a seguir vários disparos se efetuaram e o depoente viu uns seis civis cairem no alfalto; que este disparos foram dados por soldados, em terra; que não notou disparo por parte dos operários; que após a ambulância recolher os feridos, um caminhão cheio de soldados, secundado por um Jeep, com treis policiais, vinha o pessoal do caminhão atirando para os lados chegando até ferir alguns a matar outros; que diante desta situação o depoente entrou pelo mato, cortando caminho, indo sair no alfalto para poder pegar uma condução para Cel. Fabriciano, o que da fato aconteceu; que em Fabriciano ouviu dizer o Sr. Braga, que no entender do depoente e de grande número de trabalhadores é o principal responsável por todos êstes acontecimentos, lá se encontrava; que o sr. Braga estava no Quartel de Polícia de Fabriciano; que se ali se encontrava era porque pedira proteção; que nunca teve desentendimento anterior com a polícia, sendo esta a primeira vêz que fôra detido; que anteriormente soube que treis trabalhadores haviam sido presos e humilhados pela polícia; que chegou ao seu conhecimento que sete pessoas vieram a falecer em consequências dos acontecimentos e umas trinta feridas; que o depoente se considera uma pessoa ordeira; que está prestando estas declarações de livre e espontânea vontade o livre de qualquer coação por parte do encarregado dêste I.P.M. ou de quem quer que seja. E como nada mais disse nem lhe foi perguntado, deu o encarregado dêste inquérito por findas as presentes declarações, que depois de lidas e achadas conforme vão assinadas pelo encarregado, pelo depoente e por mim, Jesã Carmelita de Miranda Filho, 1º Ten. servindo de escrivão que a datilografei e assin.//

Reprodução/Arquivo Nacional, Rio de Janeiro, RJ

Reprodução de páginas do Inquérito Policial Militar sobre o ocorrido na Usiminas em Ipatinga, em 1963. O material foi inserido no relatório da Comissão Nacional da Verdade.

TÊRMO DE PERGUNTAS AO OFENDIDO

Aos oito (8) dias do mês de outubro do ano de mil novecentos e sessenta e trois, nesta cidade de Cel. Fabriciano, distrito de Ipatinga, no Escritório Central da Usiminas, presente o sr. Maior Sílvio de Souza, encarregado dêste I.P.M., comigo, Jésu Carmelita de Miranda Filho, 1º tenente servindo de escrivão, compareceu Erci Calvi, a fim de ser ouvido s sôbre o fato delituoso, que deu lugar ao presente inquérito. Em seguida, / passou aquela autoridade a interrogá-lo da seguinte maneira: Qual o seu nome, idade, filiação, estado civil, naturalidade, profissão e residência. / Respondeu Chamar-se Erci Calvi, com vinte nove (29) anos de idade, filho / Afonso Calvi e de dona Maria Padovam Calvi, solteiro, natural de Cachoeiro do Itapemirim, Espírito Santo, com aprofissão de Operador e residente em Santa mônica. Perguntado como se dera o fato narrado na Portaria de fls.2 que lhe foi lida, respondeu: que aproximadamente às 2400 horas de domingo último, dia seis (6) do corrente) o depoente teve a porte do quarto onze do alojamento da Chicago arrombado por soldados do destacamento local; / que estando o alojamento no escuro só ouviu uma voz dizer que era a polícia e que todos deveriam se levantar; que então pôde ver uma arma de fogo apontada para o interior do quarto; que diziam os policiais que aquêle que não atendêsse morreria; que o depoente se levantou, sendo logo agarrado por um dos soldados, pela camisa, e atirado longe; que o depoente se aproveitou desta situação e continuou correndo, motivo pelo qual não foi atingido por cassetetadas que zuniam por detrás de si; que estando fora do alojamento recebeu ordem para por as mãos sôbre a cabeça, e depois que foram retirados do interior do alojamento dezenas de seus colegas, receberam ordem de deitarem; que antes disso foram revistados; que depois de se submeterem a uma série e provações, foram trnasportados em caminhões para o // Quartel da Polícia' que ali, vários de seus colegas foram chicoteados pelos soldados e ao mesmo tempo que eram lançados da carroceria ao solo; que ali permaneceram deitados no chão, sempre sob a vigilância dos soldados, até que lá chegaram o Cap. Robson e o Dr. Gil, Diretor da Usiminas; que depois de conversarem, foram colocados em liberdade; que isto já era 0400 - horas da madrugada; que de lá foi para o alojamento; que pela manhã se dirigiu para defrente ao almoxerifado; pois osubera uqe havia lá policiais; que ali permaneceu até o momento em que os encarregados do policiamento - desferiram treis (3) rajadas de metralhadora; que desconhece o motivo da iniciativa; que os soldados eram em numero de seis (6), aproximadamente;

Reprodução/Arquivo Nacional, Rio de Janeiro, RJ

deitar no solo, se defendendo; que na hora o depoente viu dois mortos instantaneamente e vários feridos; que ouviu dizer que entre os policiais tinha um de nome Zé Maria ; que não sabe dizer ou apontar qualquer militar como responsável direto pelos tiros; que não houve tiros por parte da multidão; que julga tenha sido um tal de Braga o responsável pela origem dos desentendimentos entre operários e policiais; que não sabe o número de mortos em consequência do incidente, também não o sabendo com referência aos feridos; que está na Usiminas há sete (7) meses e nunca foi preso em época alguma; que não tem queixa alguma q fazer contra apolícia por fatos proventura verificados antes desse; que o depoente se julga uma pessoa ordeira; que o depoente não tem conhecimento de violência praticada pela polícia contra qualquer operário aqui em Usiminas; que está prestando estas declarações de livre e espontânea vontade, não tendo sofrido a mínima coação por parte do encarregado deste I.P.M., ou por qualquer outra pessoa. E como nada mais disse nem lhe foi perguntado, mandou o encarregado deste I.P.M. encerrar êste têrmo que, depois de lido e achado conforme vai assinado pelo mesmo encarregado, pelo depoente e por mim Jésu Carmelita de Miranda Filho 1º Ten. servindo de escrivão que o dactilografei e assino.////////////////

ENCARREGADO _____
OFENDIDO _____
ESCRIVÃO _____

Reprodução/Arquivo Nacional, Rio de Janeiro, RJ

Reprodução de páginas do Inquérito Policial Militar sobre o ocorrido na Usiminas em Ipatinga, em 1963. O material foi inserido no relatório da Comissão Nacional da Verdade.

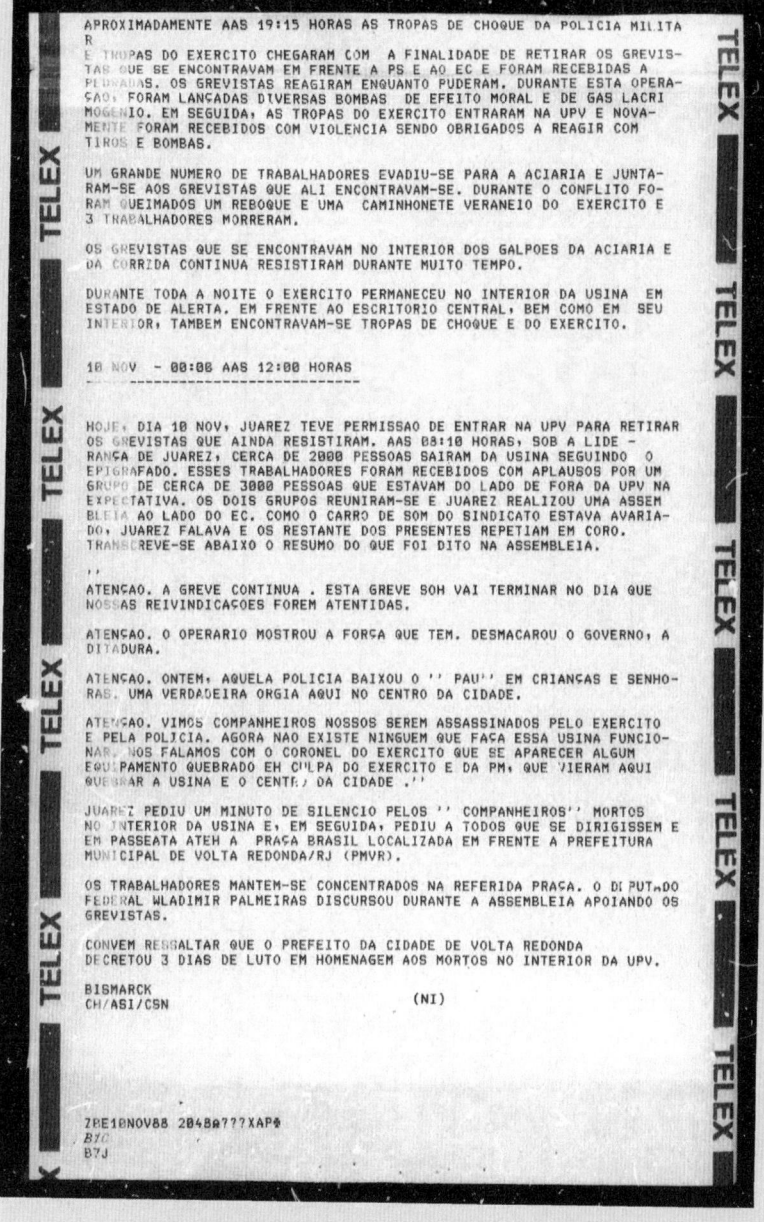

APROXIMADAMENTE AAS 19:15 HORAS AS TROPAS DE CHOQUE DA POLICIA MILITAR
E TROPAS DO EXERCITO CHEGARAM COM A FINALIDADE DE RETIRAR OS GREVISTAS QUE SE ENCONTRAVAM EM FRENTE A PS E AO EC E FORAM RECEBIDAS A PEDRADAS. OS GREVISTAS REAGIRAM ENQUANTO PUDERAM. DURANTE ESTA OPERACAO, FORAM LANCADAS DIVERSAS BOMBAS DE EFEITO MORAL E DE GAS LACRIMOGENIO. EM SEGUIDA, AS TROPAS DO EXERCITO ENTRARAM NA UPV E NOVAMENTE FORAM RECEBIDOS COM VIOLENCIA SENDO OBRIGADOS A REAGIR COM TIROS E BOMBAS.

UM GRANDE NUMERO DE TRABALHADORES EVADIU-SE PARA A ACIARIA E JUNTARAM-SE AOS GREVISTAS QUE ALI ENCONTRAVAM-SE. DURANTE O CONFLITO FORAM QUEIMADOS UM REBOQUE E UMA CAMINHONETE VERANEIO DO EXERCITO E 3 TRABALHADORES MORRERAM.

OS GREVISTAS QUE SE ENCONTRAVAM NO INTERIOR DOS GALPOES DA ACIARIA E DA CORRIDA CONTINUA RESISTIRAM DURANTE MUITO TEMPO.

DURANTE TODA A NOITE O EXERCITO PERMANECEU NO INTERIOR DA USINA EM ESTADO DE ALERTA, EM FRENTE AO ESCRITORIO CENTRAL, BEM COMO EM SEU INTERIOR, TAMBEM ENCONTRAVAM-SE TROPAS DE CHOQUE E DO EXERCITO.

10 NOV - 00:00 AAS 12:00 HORAS

HOJE, DIA 10 NOV, JUAREZ TEVE PERMISSAO DE ENTRAR NA UPV PARA RETIRAR OS GREVISTAS QUE AINDA RESISTIRAM. AAS 08:10 HORAS, SOB A LIDE-RANCA DE JUAREZ, CERCA DE 2000 PESSOAS SAIRAM DA USINA SEGUINDO O EPIGRAFADO. ESSES TRABALHADORES FORAM RECEBIDOS COM APLAUSOS POR UM GRUPO DE CERCA DE 3000 PESSOAS QUE ESTAVAM DO LADO DE FORA DA UPV NA EXPECTATIVA. OS DOIS GRUPOS REUNIRAM-SE E JUAREZ REALIZOU UMA ASSEMBLEIA AO LADO DO EC. COMO O CARRO DE SOM DO SINDICATO ESTAVA AVARIADO, JUAREZ FALAVA E OS RESTANTE DOS PRESENTES REPETIAM EM CORO. TRANSCREVE-SE ABAIXO O RESUMO DO QUE FOI DITO NA ASSEMBLEIA.

''
ATENCAO. A GREVE CONTINUA . ESTA GREVE SOH VAI TERMINAR NO DIA QUE NOSSAS REIVINDICACOES FOREM ATENTIDAS.

ATENCAO. O OPERARIO MOSTROU A FORCA QUE TEM. DESMACAROU O GOVERNO, A DITADURA.

ATENCAO. ONTEM, AQUELA POLICIA BAIXOU O '' PAU'' EM CRIANCAS E SENHORAS. UMA VERDADEIRA ORGIA AQUI NO CENTRO DA CIDADE.

ATENCAO. VIMOS COMPANHEIROS NOSSOS SEREM ASSASSINADOS PELO EXERCITO E PELA POLICIA. AGORA NAO EXISTE NINGUEM QUE FACA ESSA USINA FUNCIONAR. NOS FALAMOS COM O CORONEL DO EXERCITO QUE SE APARECER ALGUM EQUIPAMENTO QUEBRADO EH CULPA DO EXERCITO E DA PM, QUE VIERAM AQUI QUEBRAR A USINA E O CENTRO DA CIDADE .''

JUAREZ PEDIU UM MINUTO DE SILENCIO PELOS '' COMPANHEIROS'' MORTOS NO INTERIOR DA USINA E, EM SEGUIDA, PEDIU A TODOS QUE SE DIRIGISSEM E EM PASSEATA ATEH A PRACA BRASIL LOCALIZADA EM FRENTE A PREFEITURA MUNICIPAL DE VOLTA REDONDA/RJ (PMVR).

OS TRABALHADORES MANTEM-SE CONCENTRADOS NA REFERIDA PRACA. O DEPUTADO FEDERAL WLADIMIR PALMEIRAS DISCURSOU DURANTE A ASSEMBLEIA APOIANDO OS GREVISTAS.

CONVEM RESSALTAR QUE O PREFEITO DA CIDADE DE VOLTA REDONDA DECRETOU 3 DIAS DE LUTO EM HOMENAGEM AOS MORTOS NO INTERIOR DA UPV.

BISMARCK
CH/ASI/CSN   (NI)

ZPE10NOV88 2048Q???XAP$
BIC
B7J

Reprodução/Arquivo Nacional, Rio de Janeiro, RJ

Dossiê com informes do Serviço Nacional de Informações a respeito da greve na CSN em Volta Redonda. Novembro de 1988.

13.0.TPS8/118

PLANO ALFA
DIÁRIO DE OPERAÇÕES (FL. 36)

DATA: 09/11/88
UNIDADE: GVU

HORA	EVENTO	FONTE	ATIVIDADE	OBS.
20h00'	Grevistas abriram a linha de vapor que abastece a metalúrgica e o pessoal do Exército recuou.	GVU/I		
20h20'	Exército jogando bombas de gás lacrimogênio na Aciaria LD.	GVU/I		
21h30'	Grevistas quebrando refeitório na Rua 02.	GVU/I		
21h30'	Grevistas incendiaram uma viatura na rampa de entrada da Passagem Superior, do Exército.	GVU/I		
21h30'	Pessoal quebrando edifício da CBS.	GVU/I		
21h40'	Pessoal dirigindo-se para o centro telefônico na Rua 4. (conforto).	GVU/I		
21h50'	Grevistas fizera barricada perto do SAF III.	GVU/I		
22h36'	Polícia da PM. reprimindo pessoal em frente à Passagem Superior, lado externo.	GVU/I		
23h00'	Muitos feridos pela repressão da PM, e Exército, segundo informações da GVU/I, (03) três mortos, e um muito ferido.			

Reprodução/Arquivo Nacional, Rio de Janeiro, RJ

Cobertura da greve ocorrida na Companhia Siderúrgica Nacional em novembro de 1988.

07 NO SILÊNCIO DO CAMPO: ONDE A MORTE FAZ A CURVA

"Os compêndios de medicina legal nos dizem que, quando a vítima apresenta ferimentos nos braços e antebraços, isso significa tentativa de se proteger (lesões de defesa). Foram encontrados vários cadáveres com esse tipo de lesão. Muitos dos integrantes do MST foram baleados nas costas e na parte de trás das pernas e dos braços.
O que comprova que foram atingidos quando não poderiam impor qualquer resistência ou estavam tentando fugir da violenta ação policial militar imposta pelos denunciados. A existência de vários ferimentos nas cabeças dos cadáveres feitos de cima para baixo autoriza a conclusão de que as vítimas estavam sentadas, deitadas ou de cócoras. Dezessete tiros foram deflagrados na região da cabeça, nuca. fronte e pescoço das vítimas. Três tiros foram dados à 'queima-roupa', sendo dois nas costas e um no olho das vítimas."[1]

---

1 Trecho da denúncia oferecida pelo Ministério Público do Pará contra integrantes da PM do Estado no caso do assassinato de dezenove integrantes do Movimento dos Trabalhadores Rurais Sem-Terra (MST), em 1996. Alguns trechos encontram-se nas páginas 193 a 202.

Em 1862, um ato do governo garantiu o direito à propriedade agrária a qualquer cidadão (inclusive ex-escravizado), maior de 21 anos, que entrasse com solicitação formal de posse de terras públicas, contanto que o solicitante garantisse que a terra (cujos limites de tamanho seriam estabelecidos em lei) serviria para cultivo e moradia dele próprio. Dessa forma, garantiu-se a ocupação de amplas faixas de terras por pequenos e médios proprietários; colonos que se apropriaram de terras de indígenas (destruindo milhões deles no processo) cada vez mais distantes do poder central, e que eram comprometidos com a produção agrária e o projeto político nacional. Assim, a ideia de que o país é o solo de uma nação (uma relação mediada pelo Estado, claro) se enraizou profundamente na história daquele povo.

Isso foi nos Estados Unidos. Nas terras dos Orleans e Bragança, o imperador assinou um papel estabelecendo uma tal Lei de Terras (a Lei nº 601, de 1850), que basicamente criou, em uma canetada, um imenso mercado de propriedades rurais, que abarca os sei lá quantos milhões de hectares de terras de ninguém (públicas, devolutas, solo dessa mãe gentil, pátria amada, Brasil). Dizia o primeiro artigo da lei: "Ficam prohibidas as acquisições de terras devolutas por outro título que não seja o de compra". Não, o solo dessa pátria-mãe gentil não pertence aos brasileiros, mas, sim, ao governo, que o precifica e o vende para os já proprietários (a norma previa prioridade para aqueles que tinham propriedades no processo de negociação de terras contíguas). E estes, alegremente, aumentam a extensão das suas já grandiosas posses.

A Lei de Terras previa a legitimação da posse de áreas ocupadas por quem as cultivava e estabelecia benfeitorias, mas o tempo provou o óbvio: fazendeiros ricos e politicamente articulados passaram à prática de expulsar (e matar) famílias inteiras que ocupavam terras e as cultivavam havia gerações, forjando documentação de posse, compra ou ocupação. O nome disso é grilagem, e essa brincadeira se tornou comum nesse país enorme e cheio de terra para dar e, principalmente, vender. Originou-se, assim, um elevado número de mortos e de despossuídos no campo que, sem alternativa, formaram um contingente de sem-terra obrigados a trabalhar em condições precárias (muitas vezes análogas à escravidão)[2] para os mesmos grandes fazendeiros que os expulsaram das suas terras e/ou mataram parte das suas famílias.

A desigualdade fundiária no Brasil não se refere apenas à distribuição de terras, mas ao acesso a elas – e esse é um mal de origem.[3]

No Brasil, a velha oligarquia obteve imenso sucesso legitimando suas infames práticas de apropriação indébita de terras que pertencem ao Brasil, aos brasileiros: é impressionante como as pessoas acham que falar em uso social da terra é coisa de comunista. Se aprendessem o que foi o *Homestead Act* (o do primeiro parágrafo), que permitiu ao país menos comunista do mundo ampliar suas fronteiras, sua produção agrícola e a adesão ao projeto nacional por meio da distribuição de terras entre cidadãos (que as roubaram dos indígenas – um horror, mas essa é outra história), talvez mudassem de ideia.

DESIGUALDADE: VOCÊ VÊ POR AQUI

Não existe nada que justifique a infame estrutura fundiária neste país. Ela acompanha a igualmente infame distribuição de renda, e já se tornou lugar-comum dizer que o Brasil é um dos países mais desiguais do planeta. De acordo com o Banco Mundial, em 2020 o Brasil figurava como o 9º país mais desigual entre os 164 países selecionados, atrás apenas de Moçambique, Suazilândia, República Centro-Africana, São Tomé e Príncipe, Zâmbia, Suriname, Namíbia e África do Sul.[4] Timaço. A desgraça só vem piorando

---

[2] A Emenda Constitucional do Trabalho Escravo foi promulgada em 2014 (!), mas até o presente momento não foi regulamentada, inviabilizando sua aplicação prática. Ao longo das últimas décadas, alguns estados instalaram CPIs no âmbito das suas câmaras legislativas. A ONU pressiona o Brasil há décadas em consequência da inoperância do Estado diante da prática de trabalho escravo por parte de grandes empresas (do agronegócio e outras). Portanto, não faltam indícios da gravidade do problema do trabalho escravo neste país, tanto na propriedade rural quanto em fábricas e outras instalações de produção manufatureira.

[3] A constituição da desigualdade no campo foi um processo bem documentado. MOLINA, M. C.; SOUSA JÚNIOR, J. G. de; TOURINHO NETO, F. da C. (org.). *Introdução crítica ao direito agrário*. LINHARES, M. Y.; SILVA, F. C. T. da *Terra prometida*: uma história da questão agrária no Brasil. FERNANDES, B. M. *Questão agrária, pesquisa e MST*.

[4] Distribution of income or consumption. *World Bank. World development indicators*. Disponível em: http://wdi.worldbank.org/table. Acesso em: 27 maio 2022.

desde 2015, após uma breve década de ligeira melhora nos índices de desigualdade social.

Quando analisamos a posse de terras, a nossa concentração é ainda mais estarrecedora: apenas 2,3% das terras privadas configuram pequenas propriedades; 45% da área rural representa 1% de propriedades. Um. Um por cento. Eles são donos de quase metade do país. Os pesquisadores da Oxfam (organização não governamental humanitária) desenvolvem estudos e relatórios interessantes nessa área, e em 2019, com base em dados do próprio Instituto Nacional de Colonização e Reforma Agrária (Incra), afirmaram:

> Existem 729 pessoas físicas e jurídicas no Brasil que se declaram proprietárias de imóveis rurais com dívidas acima de R$ 50 milhões à União cada. No total, esse grupo deve aproximadamente R$ 200 bilhões, com propriedades de área suficiente para assentar 214.827 famílias – quase duas vezes o número de famílias que estão acampadas hoje no Brasil esperando por reforma agrária.[5]

Para logo em seguida recomendar: "Reforma urgente pelo acesso à terra" (entre várias outras coisas). Um punhado de gente muitíssimo rica (729 pessoas, não dá nem uma rave) deve fortunas ao Estado, e possui terras para assentar com folga *todos* aqueles que estão como pedintes na fila da reforma agrária.

Mas no Brasil o acesso à terra é só para ricos; um direito adquirido e defendido com unhas e dentes por uma classe média tacanha que mal consegue financiar um apartamento, mas que acha que reforma agrária é coisa de bandido e que os grandes latifundiários representam o sal da terra.

Essa miséria tem caráter didático, e a alta concentração de terras é uma questão de princípio, e não de racionalidade econômica – ou, pelo menos, não só.

Infelizmente a Constituição promulgada em 1988 não conseguiu alterar a mentalidade parca da nossa amada gente. Embora garanta o direito à terra e defina a função social da propriedade,[6] estabeleça normas para redistribuição de terras que não cumpram essa função e assegure a propriedade para

---

5   Disponível em: https://www.oxfam.org.br/publicacao/menos-de-1-das-propriedades-agricolas-e-dona-de-quase-metade-da-area-rural-brasileira/. Acesso em: 27 maio 2022.

6   Ver artigo 5º, incisos 22 e 23, e todo o Capítulo III, que trata da política agrícola e fundiária da nossa Constituição.

quem nela trabalha (nas formas da lei), nossa Carta Maior, como em tantos outros aspectos, escreveu rebuscado e deixou enormes buracos de ambiguidade a serem equacionados pela legislação ordinária. Não foram.

Nas últimas décadas, o grande latifúndio dos velhos fazendeiros e coronéis comprou roupas novas e ganhou a cara do agronegócio, ainda mais devastador para a população indígena, para a pequena propriedade que abastece o mercado interno de feijão-arroz-couve-laranja e para qualquer ecossistema existente. De uma forma ou de outra, representa uma forma letal de ocupação e exploração de terras nossas que as pessoas em geral passaram a crer que é a única. A colossal concentração agrária, herdada da estrutura colonial e perpetuada com a estatização e ulterior privatização das terras públicas em 1850, não sofreu nenhuma alteração nas últimas décadas, a crer nos últimos censos agropecuários realizados pelo Instituto Brasileiro de Geografia e Estatística (IBGE).[7]

Os altos níveis de violência no campo em nosso país só surpreendem aqueles que acreditam na bondade e passividade inatas do ser humano – ou no conto do povo cordial (leia-se: submisso). Em nossa dura realidade, as famílias que vivem do seu trabalho na terra e têm pouco a perder além da própria vida não se conformam com a usurpação de um direito que percebem como seu, natural e inalienável – o de viver na e da terra em que trabalham, especialmente se o *dono* da terra não a utiliza ou a utiliza de forma ilegal.

O Pará (o bom e velho Grão-Pará da Cabanagem) apresenta os maiores índices de violência no campo (assassinatos, grilagem, pistolagem, espancamentos e similares). Segundo a Comissão Pastoral da Terra,[8] 320 trabalhadores e lideranças foram assassinados de 1996 a 2019. No mesmo período, 1.213 receberam ameaças de morte, 1.101 foram presos e 30.937 foram vítimas de trabalho escravo. Raríssimos crimes foram a julgamento ou tiveram inquéritos concluídos. O desmonte e a desmoralização de órgãos como Incra, Instituto Chico Mendes de Conservação da Biodiversidade (ICMBio) e Instituto Brasileiro do Meio Ambiente e dos Recursos Naturais Renováveis

---

7   Os dados relativos à concentração fundiária foram obtidos no IBGE. *Atlas do espaço rural brasileiro*. Disponível em: https://www.ibge.gov.br/apps/atlasrural/#/home. Acesso em: 27 maio 2022.

8   A Comissão Pastoral da Terra disponibiliza relatórios e publicações acerca de violência no campo, trabalho escravo, exploração infantil, direitos humanos e agrários, entre muitos outros assuntos. Há um mapa dos assassinatos e massacres no campo em: https://www.cptnacional.org.br/mnc/index.php. Acesso em: 27 maio 2022.

(Ibama), perpetrados pelo governo[9] que ocupou o poder federal em janeiro de 2019, pioram uma situação que já era crítica.

DE NOVO, O PARÁ

Um cenário dramático não se constrói de um dia para o outro. Depois de seis capítulos e duzentos anos de histórias oficiais macabras e acintosas ilegalidades burocráticas, já deveria estar claro que, sim, o hábito faz o monge e também o policial assassino, o juiz corrupto, o presidente genocida. Não nos acostumamos com a impunidade, o ódio, a desigualdade e a injustiça em apenas um único dia e uma única noite malfadados.

A espoliação das terras brasileiras, que no papel se instalou em 1850, configurou-se aos poucos, dadas a imensidão do território e as limitações técnicas e materiais da sua exploração. Em 1950, as garras do latifúndio (o agronegócio de antigamente) ainda não haviam alcançado vastas regiões amazônicas, nem do cerrado. Na região ao longo de vários grandes rios brasileiros, de norte a sul, apenas povos indígenas viviam na e da terra. E na região da tríplice fronteira entre Maranhão, Pará e Goiás (atualmente Tocantins) uma leva de migrantes despossuídos começou a se instalar às margens do Araguaia. Famílias que haviam perdido seu trabalho ou suas terras no Nordeste, no Centro-Sul ou em outros cantos da região amazônica, e passaram a viver da agricultura de subsistência e do extrativismo de babaçu e castanha, principalmente. Único produto comercializável, a castanha era colhida em florestas públicas exploradas com a permissão do governo, conseguida por alguns fazendeiros ou, em alguns casos, em florestas privadas em que os migrantes se empregavam sazonalmente.[10]

---

9 Da Associação Nacional dos Servidores de Meio Ambiente. Disponível em: http://www.ascemanacional.org.br/wp-content/uploads/2020/09/Dossie_Meio-Ambiente_Governo-Bolsonaro_revisado_02-set-2020-1.pdf. Acesso em: 27 maio 2022.

10 Diz Mechi: "Viviam em casas de barro, madeira ou adobe, cobertas com palha de babaçu, fabricadas por eles próprios. Dormiam em redes ou em pequenos tapetes, hábitos ainda conservados na região. Conheciam as propriedades medicinais das plantas da região e as utilizavam para tratar uma série de enfermidades. Outras doenças eram endêmicas e não havia postos de saúde ou hospitais próximos onde pudessem receber tratamento. Também os partos eram feitos pelas próprias moradoras". MECHI, P. S. Camponeses do Araguaia: da guerrilha contra a ditadura civil-militar à luta contemporânea pela terra. *Projeto História: Revista do Programa de Estudos Pós-Graduados de História.*

A construção da estrada Belém-Brasília em 1960 acentuou a ida de espoliados de outras regiões, mas também começou a atrair a cobiça de grandes fazendeiros, pois abriu caminho para a exploração da madeira e a expansão da agropecuária, atividades que entraram em rota de colisão com a forma de vida predominante na região, tanto dos indígenas quanto dos colonos que viviam da pequena produção e de atividades extrativistas autônomas.

A situação passou por mudanças aceleradas após o golpe de 1964, e em especial em 1970,[11] quando, por razões estratégicas e econômicas, o governo federal começou a incentivar a ocupação dessa e de outras regiões remotas, fronteiriças.[12] Claro está, uma ocupação bastante controlada, em que o governo decidia quais terras bastavam para as famílias de colonos atraídas pela propaganda (enganosa) e quais delas cabiam aos grandes empreendedores, que passariam a explorar madeira, minerais, pecuária, soja, o que fosse possível, em grandes extensões de terra que seguiam o bom e velho modelo de produção em larga escala para o mercado externo.[13]

---

11 A Secretaria de Assuntos Estratégicos da Presidência da República produzia e recebia relatórios de agências do governo contendo preciosas análises acerca de, bem, quase tudo. O documento BR.DFANBSB.H4.MIC.GNC.KKK.910008128 encontra-se digitalizado na base de dados do Arquivo Nacional e explicita todo o processo de ocupação de terras no Pará. O relatório "Situação fundiária das regiões sul-sudeste do Pará" data de 1991 e inclui dados e denúncias realizadas por entidades independentes, como a já citada Comissão Pastoral da Terra, que elenca casos de lavradores assassinados, pistoleiros e mandantes. Suas quase 200 páginas traçam um histórico dos abusos da usurpação de terras no Estado e da concentração fundiária.

12 Não são poucos os pesquisadores que tratam desse processo: PEREIRA, A. D. R. *A luta pela terra no sul e sudeste do Pará*: migrações, conflitos e violência no campo. NETO, V. J.; NETO, R. B. G. Amazônia: Políticas governamentais, práticas de "colonização" e controle do território na ditadura militar (1964-85). *Anuário IEHS*. CONGILIO, C. R.; IKEDA, J. C. O. A ditadura militar, expansão do capital e as lutas sociais no sudeste paraense. *Lutas sociais*. Além dos trabalhos da já citada Patrícia Mechi.

13 Mesmo no setor de exploração da castanha a situação mudou naquela década. Segundo Batista Gonçalves Afonso, "As famílias mais ricas, que controlavam as atividades comerciais e mantinham relações políticas com as autoridades do governo do Pará, aos poucos foram adquirindo o controle das terras onde predominavam os castanhais. Esse controle começou com o processo de arrendamento de castanhais pelo período da safra da castanha, mas, aos poucos, o Estado passou a expedir títulos de aforamento em favor dessas famílias, obedecendo a interesses políticos. Esse processo deu origem à chamada 'oligarquia dos castanhais' ou seja, um pequeno grupo de famílias mais ricas passou a controlar as terras e as riquezas oriundas da comercialização da castanha. Essa oligarquia, aos poucos, passou a exercer o controle econômico e político de Marabá e região onde predominavam os castanhais. Essa ofensiva das oligarquias locais pelo controle das terras

O grande capital não se fez de rogado e passou a desalojar os antigos moradores. E nesse momento percebemos como a lógica insana e cruel da privatização de um território nacional se entranhou na cabeça das pessoas, pois, para a maioria delas (hoje), parece muito natural que, se uma empresa ou fazendeiro pagou por uma gleba ao governo, é dela/dele o direito de expulsar as pessoas que ali sobreviviam havia tempos. Como se nosso solo fosse, naturalmente, uma mercadoria do governo, que dela pudesse dispor – e não nossa terra, para que as pessoas tirem dela seu sustento (primordialmente). Nada contra empreendimentos de agronegócio (na verdade, pessoalmente, tudo contra), mas a aceitação disseminada da lógica torta da privatização do Brasil é de *cair o c* da bunda*.

Não é difícil entender como essa dinâmica se tornou tão explosiva. Agentes do Estado e de grandes latifundiários expulsaram camponeses que ocupavam terras e nelas produziam. Ignorando a Constituição e falseando testemunhos e documentação, os latifundiários apropriavam-se ilegalmente dessas terras: a boa e velha grilagem. O assassinato igualmente sistemático de camponeses que se recusavam a deixar suas terras para trabalhar de forma precária ocorreu com o apoio ativo ou passivo das forças policiais locais e do sistema judiciário regional, resultando em um esquema de pistolagem e impunidade que se enraizou e deu folha, frutos e flores, e que até hoje viceja.

ESQUENTANDO O CALDEIRÃO

Na região sul do Pará, a promiscuidade entre forças de repressão e segurança privada acentuou-se com a presença ostensiva e disseminada do Exército na década de 1970 em toda a região às margens do rio Araguaia, em especial na tal tríplice fronteira entre Pará, Maranhão e Goiás (atual Tocantins), conhecida por Bico do Papagaio. Foi lá que o PCB teve a brilhante ideia de instalar uma base de treinamento e operações revolucionárias (estes, sim, comunistas de verdade, pode xingar sem medo) para enfrentar a ditadura dos generais.

---

dos castanhais, aos poucos, foi atingindo as áreas das serventias públicas (castanhais do povo) de exploração livre da castanha. As famílias de castanheiros pobres que sobreviviam dessa atividade nessas serventias foram sendo expulsas através de ações violentas de pistoleiros a mando das famílias ricas de Marabá" (AFONSO, 2016).

Do fim da década de 1960 a meados da década seguinte, indivíduos completamente distintos dos moradores locais acorreram a região. Sem entrar em mais detalhes da guerrilha em si e do massacre promovido pelas forças armadas para exterminá-la,[14] basta dizer que as proporções da repressão foram tais que traumatizaram a população campesina e indígena da região, que viu os seus serem torturados de formas as mais horrendas, presos e mortos por soldados que tinham ordens explícitas e o desejo sórdido de não deixar nenhum guerrilheiro vivo e nenhum camponês ou índio em paz.

Os guerrilheiros embrenhados na floresta foram capturados, torturados e mortos. Seus corpos foram vilipendiados, mutilados e exibidos para a população local, em um macabro e didático teatro do horror.

O Exército não fez isso à toa. A crueldade é a outra face do medo, e ambos constituem um perigoso e poderoso dispositivo de poder. O PCB também não pousou no Bico do Papagaio por capricho. O caldeirão de conflitos entre grileiros e pequenos agricultores já estava em gestação nos anos 1960, e os guerrilheiros sabiam que encontrariam uma população simples e desorganizada, apegada a seu modo de vida tranquilo, mas disposta a defender aquilo que acreditavam ser seu direito legítimo. O que as forças de repressão fizeram contra os camponeses da região representou uma tentativa de sufocar, por meio do puro terror, qualquer embrião de revolta e organização que pudesse ameaçar os planos do governo (e do grande capital) para aquela região.

Essa parte não deu muito certo. Morreram todos (ou quase todos) os guerrilheiros, mas o caldeirão dos infernos ainda nem havia esquentado.

Paulo Fonteles, ex-militante da Ação Popular, tornou-se advogado dos pequenos agricultores do sul do Pará no fim dos anos 1970, e foi por meio dele que muitas informações sobre a Guerrilha do Araguaia foram divulgadas. Fonteles tornou-se uma figura em quem os camponeses confiavam e para quem contavam suas histórias, seus medos e suas esperanças. Ele se elegeu deputado, colheu depoimentos que trouxeram à luz as desgraças impostas pelos soldados, antagonizou com os grandes latifundiários da região, esteve na Assembleia Nacional Constituinte eleita em 1986 para redigir a atual

---

14 SOUZA, R. D. A. *A materialidade da repressão à guerrilha do Araguaia e do terrorismo de Estado no Bico do Papagaio, TO/PA*: noite e nevoeiro na Amazônia. PEIXOTO, R. Índios e camponeses: antes, durante e depois da Guerrilha do Araguaia. *Revista Territórios e Fronteiras*, MECHI, P., *op. cit.*

Constituição e foi assassinado em 1987. Nessa época, a reforma agrária era discutida e combatida pela União Democrática Ruralista (UDR), composta por aqueles fazendeiros meigos, que propunham a militarização dos grandes proprietários, a criminalização e o ataque direto aos camponeses sem-terra que ficavam enchendo o saco feito mosca.[15]

A violência no campo, fruto da disputa e roubo de terras, continuou a correr solta nas décadas de 1980, 1990 e, aliás, até hoje. Uma verdadeira festa da uva para pistoleiros a soldo dos donos do capital. Raramente alguém é preso na região por matar camponeses, mas estes eram (são) assassinados, surrados e presos quase todos os dias. Muitas vezes, até mesmo seus nomes caem no esquecimento, pois a impunidade não apenas garante a continuidade desse Velho Oeste sem lei, como também reforça a invisibilidade de todas as vítimas. Com exceção de alguns casos notórios, os corpos somem na mata ou nos cemitérios pobres do interior. Mais um bando de fantasmas.

Entretanto, quanto mais pressionados, mais os camponeses reagem e não se deixam intimidar. Patrícia Mechi relata:

> Ao final da ditadura civil-militar, a certeza da impunidade era tanta na região sul do Pará que no município de Rio Maria circulou uma lista com 14 nomes de pessoas marcadas para morrer. Nesse caso, a publicidade feita pelos fazendeiros respaldava-se no poder que tinham adquirido com as políticas governamentais de fortalecimento do latifúndio na região promovida a partir dos anos setenta, com a atuação de órgãos como o Instituto Nacional de Colonização e Reforma Agrária (INCRA) e o Grupo Executivo de Terras Araguaia-Tocantins (GETAT).[16]

---

15 A história de Paulo Fonteles e de outros assassinados em função do seu ativismo entre camponeses pode ser conhecida em alguns trabalhos: ALVES, L. N. B. Assassinatos por conflitos fundiários no estado do Pará (1964-1988): resgate histórico e análise jurídica. *Cadernos de Agroecologia*; BARATA, R. *Inventário da violência*: crime e impunidade no campo paraense (1980-1989); PEIXOTO, R. C. Memória, verdade e justiça: reconhecendo abusos do passado e do presente no Bico do Papagaio. *Novos Cadernos NAEA*; CARVALHO, L. M. *Contido a bala*: a vida e a morte de Paulo Fonteles, advogado de posseiros no Sul no Pará; SACRAMENTO, E. D. *É muito triste não conhecer o pai*: a herança da violência e os familiares de Gringo, Benezinho e Paulo Fonteles. Seu assassinato motivou a Assembleia Legislativa do estado do Pará a nomear em sua homenagem a sala destinada aos trabalhos da Comissão Permanente de Direitos Humanos. Disponível em: https://downloads.alpara.com.br/Projeto/7074.PDF. Acesso em: 27 maio 2022.

16 MECHI, P. S., *op. cit.*

Para ira dos grandes poderosos, os camponeses (também chamados posseiros) não só se recusaram a se deixar intimidar como passaram a publicizar amplamente sua mobilização, organização, luta e, em especial, as ameaças e atentados que sofriam em resultado. Os trabalhadores divulgaram massivamente, no Brasil e no exterior (onde causa muito mais impacto, aliás), a lista com as pessoas marcadas para morrer na região de Rio Maria, o que resultou na organização do "Dia Contra a Violência e a Impunidade" em 13 de março de 1991. Além de ativistas (sindicalistas, religiosos engajados, políticos), vários globais deram as caras (ou apoio midiático), assim como personalidades de projeção nacional, voltando os holofotes para a persistência do problema da violência e sua irmã gêmea, a impunidade, no campo. A iniciativa incluía a exposição dos nomes daqueles que queriam mais derramamento de sangue camponês, dos casos de roças queimadas, expulsões, surras e assassinatos. Na mesma área em que a guerrilha se instalara e fora exterminada, o MST transformava a violência sofrida em arma midiática e caminho para uma reação que era exatamente o oposto do que os grandes latifundiários desejavam: a desmobilização, a desmoralização.

Como os grandes proprietários não tinham absolutamente nenhuma razão para temer uma exposição midiática nem o castigo por seus crimes, a sequência de ameaças e assassinatos continuou. E, não à toa, o sudoeste do Pará permanece no topo da lista de regiões em que a violência no campo corre solta, lépida e fagueira.

Vale lembrar que naquela região específica, quando das ações de repressão à guerrilha do Araguaia, os moradores encontravam-se lá havia menos de duas décadas, durante as quais trabalharam e se sustentaram do trabalho na terra. A chegada do grande capital, ancorado na atuação do Estado (ambos esbaldando-se em violência e impunidade), transformou o camponês em um pária, sem casa e sem-terra, obrigado a condições de trabalho desumanas nas terras mesmas que lhes haviam sido roubadas. Pior: na visão dos valorosos soldados (e policiais) da pátria, de boa parte dos meios de comunicação e da classe média que se informa, por meio destes, em um bando de vagabundos e bandidos. Só no Brasil quem quer trabalhar é chamado de vagabundo.

Quando falamos em latifundiários, a imagem que pode surgir é a de um fazendeiro meio coronel, de charuto e barriga, revólver no coldre. Não necessariamente. São grandes empresas sem rosto ou homens de negócio, grandes fazendeiros que vivem em São Paulo ou Curitiba, mandam os filhos para os Estados Unidos fazer intercâmbio e frequentam bons restaurantes. Talvez você já tenha conversado com um deles em uma degustação de vinho. E, na década de 1970, boa parte dos nossos imensos latifúndios já pertencia a grandes empresas.[17]

De certa forma, a democracia formal reinstaurada em 1985 elevou os conflitos no campo a outro patamar, possivelmente mais letal. Durante muito tempo, as maiores vítimas da pistolagem eram colonos que se recusavam a deixar suas terras e lideranças ocasionais. Durante a década de 1980, o principal alvo foram os sindicalistas e ativistas (inclusive ambientais), havendo aumento do número de assassinatos desses indivíduos, no mesmo período, aliás, em que surgiu a UDR.[18] Essa abordagem centrada nas lideranças não foi consequência apenas do surgimento de entidades que representavam o grande latifúndio, mas também do fortalecimento de sindicatos e organizações que lutavam pelos direitos do homem no campo, movimentos sufocados durante os anos de ditadura que viram um intenso crescimento com a redemocratização. Mas, a partir da virada da década de 1980 para 1990, os grandes donos do Brasil passaram a achar que assassinato de lideranças rurais não mais bastava.

---

17 Mechi continua: "A repressão à guerrilha estendeu-se à repressão do camponês e, como vimos, tal repressão era necessária para o estabelecimento de condições favoráveis à entrada do grande capital nos projetos de desenvolvimento capitalista para a região. Quem se beneficiava com a destruição da base social camponesa no Araguaia, com a expropriação de suas posses e com o impedimento da realização das atividades extrativas tradicionais? As grandes fazendas que se instalaram na região, de propriedade de empresas como a Supergasbrás, Volkswagen, Bradesco, Manah etc., como denunciava Paulo Fonteles [o que foi assassinado alguns parágrafos atrás] nos anos 80" (*Ibidem*). Outros estudos relacionam a violência no campo ao grande capital: ESTERCI, N. *Conflito no Araguaia*: peões e posseiros contra a grande empresa; VAZ, V. *Latifúndio na Amazônia*: origens e consequências na região sul do estado do Pará; PEREIRA, A. dos R. *A luta pela terra no sul e sudeste do Pará*: migrações, conflitos e violência no campo.

18 União Democrática Ruralista, criada em maio de 1985 para agregar latifundiários e defender os interesses da grande propriedade rural, a manutenção da estrutura fundiária como estava (está) e para combater toda e qualquer tentativa de reforma agrária.

ASSASSINATO NO ATACADO E NO VAREJO

A partir do momento em que os sindicatos rurais e, principalmente, o MST[19] começaram a organizar maciçamente os trabalhadores e os espoliados no início dos anos 1990, o serviço pontual prestado pelos pistoleiros não deu mais conta de resolver a contento do grande capital as situações conflituosas. O aparato policial começou a ser utilizado com frequência em ações de despejo cada vez mais violentas, corroboradas por um Poder Judiciário que tudo fazia para se esquivar de impor a ordem e a justiça.

Como vivemos desde sempre em um país de vários pesos e várias medidas, as listas de pessoas com a cabeça a prêmio correm soltas pelas cidades, e todos sabem onde buscar a recompensa – até hoje. A Agência Brasileira de Inteligência (Abin), órgão civil com a função de realizar investigações relativas à segurança do Estado e da sociedade brasileiros, nem sempre se interessa em investigar, a polícia federal tampouco, e, de vez em quando, uma investigação formal no Congresso pode ou não resultar em uma CPI,[20] que vai apresentar números estarrecedores, mas, ao longo dos anos, entre altos e baixos, avanços e recuos, a violência no campo não parece dar trégua. Em contrapartida, qualquer manifestação de trabalhadores rurais é vista como desordem pública e famílias inteiras são enxovalhadas. Invasão de terras improdutivas de fazendeiros que colocam a cabeça alheia a prêmio são vistas como crimes passíveis da pena de morte (o que, aliás, muitas vezes acontece, ao arrepio do nosso ordenamento jurídico). Desde Canudos.

Desde cedo o colono entendeu que os grandes latifundiários chegavam para roubar sua terra por meio de assassinatos ou grilagem, e que os agentes do Estado não estavam ali para defendê-lo, mas para apoiar aqueles que

---

19 Em janeiro de 1984, o 1º Encontro Nacional dos Trabalhadores Rurais Sem-Terra realizado no Paraná resulta na fundação do MST, que tem características diversas dos tradicionais sindicatos rurais e em consequência, maior mobilidade e liberdade de ação.

20 Em março de 1991, a Assembleia Legislativa do estado do Pará instaurou uma Comissão Parlamentar de Inquérito com a finalidade de "apurar as causas da violência no campo paraense". O relatório da CPI, concluído em agosto, expõe a problemática (para dizer o mínimo) lógica de ocupação das terras no Pará e faz algumas recomendações, que podem ser conferidas no acervo digitalizado do Arquivo Nacional, sob a notação BR.DFANBSB.H4.MIC.GNC.KKK.910008172.d0001de0001.

vinham para se apropriar das suas terras.[21] E desde cedo responderam como podiam: a bala, pedradas ou pauladas; uma defesa impossível daquilo que consideravam seu por direito. Os pequenos agricultores, os *posseiros*, jamais tiveram chance alguma.

Os assassinatos, a grilagem, a expulsão sistemática de camponeses de suas terras e a escravidão vêm sendo denunciados pela Igreja Católica por meio das Pastorais da Terra (que os direitistas odeiam e chamam coisa de comunista; nem Jesus na causa com essa gente), por alguns órgãos de imprensa, por diversos organismos internacionais independentes ou multilaterais (inclusive a Organização de Estados Americanos [OEA] e a ONU).[22] Muitos ativistas foram assassinados no processo, até porque esse povo não tem medo do inferno e nem padre eles perdoam.[23] E volta e meia algum grande espetáculo vai parar

---

21 Batista Gonçalves Afonso se refere à região do Bico do Papagaio: "Vendo suas posses serem invadidas por grileiros ou pela expedição de títulos de propriedade pelo Estado do Pará e pelo Governo Federal em favor de grupos econômicos que se deslocavam para a região motivados pela política dos incentivos fiscais, os posseiros reagiam à bala na defesa de suas posses frente à ação violenta de pistoleiros e policiais a serviço desses novos latifundiários. Por outro lado, num movimento inverso, os milhares de camponeses sem-terra que migravam para o sul e sudeste do Pará, motivados pela propaganda do governo, não encontravam aqui a tão sonhada reforma agrária. Sem a terra prometida, os trabalhadores migrantes, por iniciativa própria, deram início a um dos maiores movimentos de ocupação de terras do Brasil. Dezenas de latifúndios, formados a partir de titulações expedidas pelos Governos Federal e Estadual ou a partir de ocupação ilegal de terras públicas, passaram a ser ocupados por esses grupos de famílias sem-terra".

22 Discurso do alto-comissário da ONU para Direitos Humanos, Zeid Ra'ad Al Hussein, em Genebra, em 2017. Disponível em: https://www.cptnacional.org.br/publicacoes/noticias/geral/3751-onu-cobra-do-brasil-mortes-no-campo-e-de-defensores-de-direitos-humanos. Acesso em: 27 maio 2022. Relatórios da OEA e da ONU sobre os direitos humanos no Brasil expressam preocupação com a violência rural, contra a mulher, o negro, o índio... Disponível em: https://www.oas.org/es/cidh/prensa/comunicados/2018/238openg.pdf (em 2018); http://www.oas.org/en/iachr/reports/pdfs/Brasil2021-en.pdf (em 2021); https://digitallibrary.un.org/record/862304 (em 2017). Acesso em: 27 maio 2022.

23 Em 1976, em consequência do chamado Caso de Perdidos, no Pará, o padre Florencio Mabone e o seminarista Hilário Costa foram presos e torturados, assim como vários camponeses. A Irmã Dorothy Stang (uma idosa de 73 anos) foi assassinada com seis tiros à queima-roupa em 2005 (ontem mesmo); ela liderava projetos de desenvolvimento sustentável na região de Anapu, lutava pela regularização da terra para famílias de trabalhadores rurais e denunciava a ação violenta de fazendeiros. O bispo de São Félix do Araguaia, Pedro Casaldáliga, nos anos 1970, apanhou de um soldado e recebeu inúmeras ameaças de morte; seu amigo padre, João Bosco Penido, não teve a mesma sorte e foi assassinado com um tiro pelas costas. Em 1986, o padre Josimo Moraes Tavares foi assassinado na região do Bico do Papagaio, assim como Irmã Dorothy, a mando de fazendei-

na mídia, causando escândalo e consternação passageiros. Se, por um lado, tais espetáculos de morte e violência atraem uma atenção indesejada para a situação vergonhosa que envolve a inaudita concentração de terras neste país, deixando a nu toda a repulsiva coordenação entre o público e o privado quando se trata de reprimir demandas de grupos sociais específicos, por outro, tais eventos assumem um caráter didático ao deixar claro o que acontece com quem se atreve a questionar a parte que lhe cabe em cada latifúndio.[24]

O massacre em Eldorado (eu digo, não é possível que determinadas coisas sejam por acaso) de Carajás é emblemático, em todos os sentidos: da associação perversa entre polícia e pistolagem, atuação de órgãos públicos que favorecem sistematicamente os grandes proprietários, incompetência/má vontade/corrupção de um sistema judiciário que se recusa a pôr ordem na casa.

Finalmente: qual foi a história de Eldorado dos Carajás?

Enunciado: em 17 de abril de 1996 (governo do presidente Fernando Henrique Cardoso, vulgo FHC) cerca de 3 a 4 mil sem-terra estavam em marcha organizada pelo MST no município de Eldorado de Carajás, mais precisamente na chamada curva do S da BR-155 (ou PA-150). Dirigiam-se a Marabá (parte de uma marcha mais longa até Belém) para protestar e apresentar suas reivindicações (desapropriação da fazenda Macaxeira, de propriedade de Plínio Pinheiro), que o governo estadual não se dava ao trabalho de responder havia meses. Acampavam e fechavam a rodovia de forma intermitente a caminho do seu destino final. Depois de passarem por Curionópolis, os sem-terra foram cercados por tropas da polícia vindas de duas direções (as tropas

---

ros locais. Para conhecer melhor o assunto: FIGUEIRA, R. R. *A justiça do lobo:* posseiros e padres do Araguaia. Petrópolis: Vozes, 1986.

24 É muito fácil encontrar dados e pesquisas sérias acerca da impunidade dos criminosos no campo (não só no campo, aliás). A Comissão Pastoral da Terra, em 2017, contabilizava desde 1985: "1.387 assassinatos no campo. Desses, apenas 112 casos foram julgados, com 31 mandantes condenados e 14 absolvidos. Dos executores, 92 foram condenados". Disponível em: https://blogs.canalrural.com.br/ultimasdebrasilia/2017/06/28/impunidade-e-causa-da-violencia-no-campo-diz-cpt/. Acesso em: 27 maio 2022. O projeto Cova Medida (Disponível em: https://reporterbrasil.org.br/covamedida/. Acesso em: 27 maio 2022.) oferece um retrato dessa violência e impunidade no campo. Na época em que a Comissão de Direitos Humanos e Legislação Participativa (CDH) era uma coisa relativamente séria (antes que pastores radicais e amigos de milicianos a tomassem de assalto), discutia-se abertamente a questão da impunidade. Disponível em: https://www12.senado.leg.br/noticias/materias/2011/06/22/grilagem-e-impunidade-apontados-como-causas-da-violencia-no-campo. Acesso em: 27 maio 2022.

de Marabá e Parauapebas), dificultando a fuga, e sofreram o ataque brutal com armas da corporação. Dezenove pessoas morrem. A ação foi filmada por câmeras da emissora local TV Liberal, e as imagens correram o mundo. Esse é o básico, mas os detalhes do ataque selvagem são muito, muito escabrosos. E o que se seguiu depois, o arremedo de justiça, é de sentar no meio-fio da estrada e chorar sem lenço.

O ELDORADO

Desde o ano anterior, centenas de famílias lutavam pela expropriação de uma propriedade (ou parte dela) no sul do Estado, a fazenda Macaxeira. Acampados no Centro de Orientação e Formação Agropastoril de Curionópolis (Cofapac), negociavam com o governo do Estado e o Incra. O primeiro esnobou-os; conseguir um pedaço de pão do governo de Almir Gabriel (tucano como o presidente) era um processo custoso e kafkiano. O então chefe da Unidade Avançada de Marabá do Incra, José Líbio de Moraes Matos, não queria de jeito nenhum vistoriar o complexo Macaxeira, seja por medo dos donos da propriedade, seja pela amizade com estes. Depois de meses de pressão do MST, cedeu e realizou a dita-cuja, apenas para concluir que ela era *produtiva* (o que pela nossa ditosa lei impede a desapropriação para fins de reforma agrária), decidindo então que as famílias remanescentes da antiga ocupação na fazenda Santa Lúcia e as demais acampadas no Cofapac não seriam assentadas no Complexo Macaxeira. Seu destino deveria ser o município de Novo Repartimento, no Projeto de Assentamento Tuerê, cerca de quatrocentos quilômetros de Eldorado de Carajás e uma biboca sem infraestrutura para receber as famílias acampadas. Entre outras coisas.

Depois da desgraceira na curva do S, uma nova vistoria foi feita. Dessa vez, com técnicos de fora da Estado e – surpresaaaa! – a Macaxeira foi considerada improdutiva. Spoiler: a propriedade, posteriormente, foi transformada no assentamento 17 de Abril, onde vivem centenas de famílias ex-sem-terra.

Na verdade, a tal fazenda era um aglomerado de terras que pertenciam ao estado do Pará. Mas este havia concedido títulos de aforamento delas para terceiros, com a condição expressa de dedicação exclusiva à coleta de castanha-do-pará. Conforme noticiavam os jornais na época, há muito tempo, os foreiros destas áreas dedicavam-se somente a atividades pecuárias, tendo derrubado maior parte dos castanhais existentes nessas áreas.[25]

Precisa desenhar para explicar que os *fazendeiros* que defenderam a Macaxeira a bala de *invasores* não eram exatamente seus donos legítimos? Não parece piada de mau gosto?

Depois da infame decisão do Incra-Marabá, o MST resolveu continuar a pressão, por perceber completamente inadequada a contraproposta e também por questionar o laudo que estabelecia a Macaxeira como terra produtiva. Foram meses de negociações com o governo do Estado, iniciadas ainda no final de 1995. As famílias permaneceram em compasso de espera, sem poder plantar, sem poder trabalhar, sem poder aprender (para quem não sabe, sem-terra também é gente e possui prole que vai à escola). Finalmente, em abril de 1996, depois que o governador interrompera as negociações e passara a ignorar solenemente os sem-terra, o MST decidiu levantar acampamento e partir em marcha.

Na verdade, fazendeiros da região de Marabá haviam se reunido no final de março de 1996 com o governador do Pará para exigir que os trabalhadores sem-terra e toda e qualquer movimentação do MST fosse reprimida a qualquer custo. Entregaram uma lista de dezenove pessoas que deveriam desaparecer para *voltar a paz* na região. Nela estavam todos os coordenadores do MST no estado do Pará. Ameaçaram pegar em armas (como se já não o fizessem) e pedir a intervenção federal. O corte nas negociações e a disposição de lidar com os trabalhadores em marcha como se fossem nada mais do que a quadrilha de El Chapo ou o Exército invasor da Venezuela deram-se em resultado dessas conversas com os compadres latifundiários.[26]

---

25 AFONSO, J. B. G. *O Massacre de Eldorado dos Carajás e a Luta do Movimento Camponês Pela Terra no Sul e Sudeste do Pará*.

26 Uma fita de vídeo registrou parte desse encontro. A desfaçatez é tanta que o presidente da Federação da Agricultura do Pará, Carlos Xavier, diz em alto e bom som para Sette Câmara (secretário de segurança): "Tem um pessoal que anda excitando. Se tirassem essas pessoas, com certeza iria melhorar". Disponível em: https://www1.folha.uol.com.br/fsp/1996/5/06/brasil/13.html e https://www1.folha.uol.com.br/fsp/1996/5/08/brasil/29.html. Acesso em: 27 maio 2022. O caso é relatado também, entre outros estudos e notícias, em NEPOMUCENO, E. *O massacre*: Eldorado do Carajás – uma história de impunidade.

Piora. Toda a operação foi premeditada, inclusive em sua atrocidade. Não foi um enfrentamento da polícia com militantes e trabalhadores que saiu do controle. Em depoimento, o fazendeiro Ricardo Marcondes de Oliveira acusou o dono-mor da Macaxeira de ter pagado propina para que a PM matasse os líderes dos sem-terra.[27] Ele mesmo teria sido procurado para contribuir na coleta. O dinheiro seria entregue ao coronel Mário Pantoja, comandante da PM de Marabá, que esteve à frente da operação que resultou no massacre. Outras testemunhas viram, dias antes, PMs visitando a fazenda. Outro indício? Eles, durante a missão de extermínio, não estavam usando as tags identificadoras no uniforme, como é obrigatório. A saída das armas utilizadas no massacre tampouco foi registrada no quartel, dificultando sua identificação posterior. Tudo isso está no inquérito e/ou na denúncia, e tudo isso foi planejado para dificultar as investigações (ou um arremedo de investigações) que necessariamente se seguiriam ao assassinato em massa.

A atuação letal do Estado é o centro da nossa atenção, assim como a ilegalidade deliberada das suas ações. Não estamos lidando com brigas de gangues de adolescentes: "Eu usei um tijolo pra me defender de um tapa, mas ele bateu primeiro". Quando as imagens da TV Liberal foram divulgadas, pasmem: algumas pessoas diziam: "Olha lá os sem terra agredindo os policiais primeiro, bem feito que levaram bala nas costas". No início das filmagens, os policiais partiam para cima de um rapaz de nome Amâncio, que era surdo e não percebeu de imediato o que estava se passando. Seus colegas foram tentar salvá--lo dos selvagens que o agrediam, mas nem isso conseguiram. O jovem foi o primeiro a morrer.

Esses e outros indícios mostram que a ação, além de premeditada em toda a sua violência bestial, tinha objetivos bastante claros e foi levada a cabo por agentes públicos em defesa de interesses privados amparados pela tradicional impunidade que impera na região – no Brasil –, à qual já nos referimos, cujos números alarmantes colocam o país no topo de qualquer lista sobre crime e descastigo, elaborada por agências internacionais, multilaterais ou não.

---

27 Segundo Preussler, o depoimento de Marconde está na folha 11 dos autos do processo, volume 1. Ver também PREUSSLER, G. D. S. *Criminalização secundária e justiça penal hegemônica*: aspectos criminológicos no caso do Massacre de Eldorado de Carajás; NEPOMUCENO, E., *op. cit.*

As imagens do massacre filmado varreram o mundo. O mesmo discurso vazio do Executivo municipal, estadual, federal, prometendo prender e arrebentar quem tinha perpetrado aquela barbaridade (autorizada com todas as letras pelo governador do Pará por meio do seu secretário de segurança, Paulo Sette Câmara, que autorizara "usar a força necessária, inclusive atirar" – palavras do próprio). Algumas cabeças rolaram: o presidente nacional do Incra exonerou o então executor da Unidade de Marabá, Líbio Matos, o presidente FHC demitiu o ministro da Agricultura Andrade Vieira; coisas assim. Talvez os mandantes e executores do crime tenham levado um sustinho com as proporções que o caso acabou ganhando. Mas não estavam tão errados em sua aposta alta, já que apenas dois (DOIS!!!) oficiais foram condenados pelo massacre e acabaram presos dezesseis (DEZESSEIS!!!!) anos depois. Os condenados foram Mário Pantoja e José Maria de Oliveira, comandantes da operação, que contaram com a solidariedade explícita de um monte de gente – inclusive do presidente da República enquanto escrevo. Nenhum dos outros 153 policiais foi condenado. Nem um fazendeiro ou empresário, nenhum ocupante do Executivo local e estadual foi sequer indiciado, embora o coronel Pantoja tenha declarado cumprir ordens dadas pelo comandante da PM (Fabiano Lopes), pelo secretário de Segurança Pública (Paulo Sette Câmara) e pelo governador do Estado (Almir Gabriel). Os condenados ficaram em liberdade, usufruindo das suas vidas de classe média provinciana, durante todo o tempo que transcorreu do evento até sua condenação.

NEM LEI, NEM ORDEM

Por que o julgamento demorou tanto tempo?

Nós só sabemos de parte do que aconteceu naquela estrada por pressão e insistência da sociedade civil (aquele povo chato dos direitos humanos, civis etc., que tanto perturba nossa estrada para a ordem e o progresso, a segurança e o desenvolvimento). Por exemplo, foi em consequência de investigações independentes que sabemos que oito corpos foram deixados para trás na estrada; os outros onze foram caçados nas matas e mortos a sangue-frio (outros dois morreram em consequência dos ferimentos, em hospitais da região). O exemplo mais contundente dessa caça foi Oziel Alves Pereira, que conseguiu se refugiar em uma casa, mas foi encontrado e baleado, algemado e arrastado pelos cabelos até o ônibus da PM, e seu corpo apareceu depois no Instituto Médico-Legal (IML). Seu nome, aliás, estava na tal lista de lideranças que os latifundiários diziam que deveriam sumir para que a paz voltasse à região, juntamente ao de Graciano Olímpio, também morto no entrevero de abril.[28]

Toda a farsa que se seguiu ganhou notoriedade e suscitou indignação. De organizações em defesa dos direitos humanos ao próprio MST, passando pela grande, média e pequena imprensa e mídia em geral, os descalabros de um processo investigativo e de julgamentos para os quais o adjetivo *espúrio* é um elogio ganharam manchetes, arquivos e são facilmente encontráveis em pesquisas superficiais sobre o assunto em qualquer mecanismo de busca.

Para começar, o debate (estéril) sobre de onde tinha partido o primeiro tiro – porque, lógico, se os sem-terra disparam um tiro de revólver, justifica-se todo o uso de armamento pesado que ceifou a vida de dezenove pessoas. Posteriormente, necrópsias realizadas e constatados os ferimentos impingidos por instrumentos cortantes (facas, facões), houve quem afirmasse que eles haviam sido cometidos pelos próprios sem-terra. Faz muito sentido esse bando de subversivos sair em marcha pelo deus me livre só para, no fim das contas, agredir e matar o coleguinha a golpe de enxada, esse bando de gente doida.

Tais debates constituem a habitual cortina de fumaça para escamotear a discussão em torno do que de fato importa.

É normal a polícia matar dezenove pessoas em uma operação para desobstruir uma estrada? Matar três operários para encerrar uma greve de ocupação? Os sem-terra tinham, no máximo, enxadas, facões e dois ou três revólveres. Só a tropa de Parauapebas veio montada com duas metralhadoras Taurus 9 mm, 38 fuzis Rossi calibre 7.62 e vários revólveres. As informações constam da denúncia do MP do estado do Pará de 12 de junho de 1996, subscrita pelos promotores de Justiça Samir Tadeu Dahas Jorge e Sávio Rui Brabo de Araújo.

É legítima defesa quando uma tropa bem treinada e armada de fuzis e metralhadoras reage a provocações, pedradas e, até mesmo, tiros de revólver de seis balas com rajadas capazes de derrubar alvos a um quilômetro de distância?

Também está na denúncia:

---

28   *Ibidem*.

> As mortes dos integrantes do MST não resultaram de confronto. Constatou-se execução sumária revelada por tiros de precisão, inclusive à queima-roupa, por corpos retalhados por golpes de instrumentos cortantes, com esmagamento de crânio e outras mutilações, que evidencial o *animus necandi* dos executores da ação criminosa; [...] infere-se da análise da prova pericial e testemunhal que os denunciados tiveram intenção deliberada de matar e ferir os integrantes do MST.

Foram 155 denunciados, com todo o movimento das tropas, as armas usadas, tudinho, inclusive a premeditação de deixar as tags identificadoras em casa.

Nos anos seguintes, vários juízes recusaram a tarefa de presidir o julgamento. O primeiro deles teve lugar em agosto de 1999. Mas tantos foram os despautérios que ele terminou sendo anulado no ano seguinte. Em 2002, um novo julgamento absolveu 142 dos 144 acusados, condenando somente os oficiais diretamente responsáveis pela operação, Coronel Pantoja (Marabá) e Major Oliveira (Parauapebas). Apenas dez anos de recursos depois é que eles foram presos. Prazos de prescrição, infames brechas na legislação e afrontosas práticas processuais facilitam a impunidade de criminosos com dinheiro para pagar bons advogados e apoio político para driblar as pressões externas.

A Comissão Interamericana de Direitos Humanos admitiu a denúncia sobre o massacre de Eldorado dos Carajás em 2003, quando os recursos legais locais para evitar a impunidade do caso haviam se esgotado.[29]

NOSSA DESMODERNIDADE

A permanência do conflito armado no campo, a promiscuidade entre as forças policiais, o sistema de justiça e os grandes proprietários em pleno século XXI no Brasil desafiam e desmontam a nossa percepção de viver em um país moderno – como se mais uma vez vivêssemos no início da República, quando um Estado que se queria moderno e progressista agia com a velha bestiali-

---

29 Disponível em: https://cidh.oas.org/annualrep/2003port/Brasil.11820.htm. Acesso em: 28 maio 2022.

dade medieval. O caminho da obliteração do inimigo, em franca oposição ao ordenamento jurídico vigente e contrariando todos os tratados internacionais assinados pelo Brasil, é seguido com muita frequência pelo grande capital no campo, pois é, desde sempre, um caminho rápido, fácil e garantido. Se *antigamente* essa situação de escárnio da ordem legal poderia ser imputada à fragilidade do poder judicial, a instabilidade das instituições políticas e a incapacidade de o Estado fazer valer sua autoridade de forma consistente em todo o território nacional, a partir da virada para o século XX tais aspectos se alteraram paulatinamente, tornando esses argumentos anacrônicos. A permanência de jagunços, pistoleiros, juízes que tomam café da manhã com grandes latifundiários e policiais que fazem hora extra na fazenda

> não é resultado somente de um Estado "impotente", mas parece ser, sobretudo, a afirmação de um poder paralelo que faz coexistir modernidade e arcaísmo, civilização e barbárie. Este poder se reproduz no interior de espaços institucionalizados ou não, com a presença ou não de órgãos de segurança.[30]

Infelizmente, as grandes corporações midiáticas, as associações do grande empresariado, o Mercado, a Bolsa e outras entidades mais ou menos materiais parecem se importar com o poder paralelo apenas quando este emerge em comunidades pobres, exercido por sociopatas despossuídos que tocam o terror nas ruas das grandes cidades.[31]

No fundo, a nossa democracia formal consegue se manter apenas na medida em que consegue criar eficientes (e ilegais) dispositivos que mantêm à margem do sistema político-jurídico uma horda de despossuídos; um Estado criminoso sustentando uma democracia de fachada.

---

30 BARREIRA, C. Massacres: monopólios difusos da violência. *Revista Crítica de Ciências Sociais*.

31 Barreira continua: "A vulgarização ou a naturalização das ações que envolvem jagunços e pistoleiros vem cada vez mais ocupando espaço no meio rural, acobertadas sob uma auréola de legalidade. Tais ações são classificadas como de defesa da propriedade privada, de despejo de ocupantes ou de 'limpeza da área' de pessoas 'indesejadas' Essas ações passam a ser um marco na escalada da violência no campo. Se, no início deste século [no caso, século XX], esses personagens foram constantemente acionados para reforçar o poder econômico e político das oligarquias tradicionais, hoje, nas portas de um novo milênio, são sistematicamente utilizados no reforço de grupos econômicos modernos".

Nada disso é exclusividade do Pará. De norte a sul, de leste a oeste, no campo e na cidade, ainda vivemos nesse limbo de semilegalidade.

Se no campo o Pará sobe ao pódio, na cidade a medalha vai para o Rio de Janeiro.

Vejam a seguir documentos citados neste capítulo.

ESTADO DO PARÁ
MINISTÉRIO PÚBLICO

Exmo. Sr. Dr. Juiz-Auditor Titular da Justiça Militar do Estado do Pará.

O Ministério Público do Estado do Pará, através dos Promotores de Justiça subscritos, no uso de suas atribuições legais, com fulcro nos arts. 29, 30 e 77 do Código de Processo Penal Militar combinado com o art. 129, inciso I, da Constituição Federal, vêm, mui respeitosamente, perante Vossa Excelência, com base nos inclusos autos de Inquérito Policial Militar, tombado sob o n° 083/96, oferecer *D E N Ú N C I A* pelas práticas delituosas a seguir narradas, contra:

I- DOS DENUNCIADOS:

1) MÁRIO COLARES PANTOJA, CEL PM RG 4833, à época Comandante do 4° BPM; 2) MANOEL MENDES DE MELO, TEN CEL PM RG 6424 do 4° BPM; 3) JOSÉ MARIA PEREIRA DE OLIVEIRA, MAJ PM RG 7790, Comandante da 10ª CIPM/1ª CIPOMA; 4) RAIMUNDO JOSÉ ALMENDRA LAMEIRA, CAP PM RG 12376, do 4° BPM; 5) RAIMUNDO DE SOUZA OLIVEIRA, 1° TEN PM RG 9354; do 4° BPM; 6) JORGE NAZARÉ ARAÚJO DOS SANTOS, 1°TEN PM RG 12675, da 10ª CIPM/1ª CIPOMA; 7) NATANAEL GUERREIRO RODRIGUES, 1° TEN PM RG 16798, da 10ª CIPM/1ª CIPOMA; 8) MAURO SÉRGIO MARQUES SILVA, 2° TEN PM RG 18752, da 10ª CIPM/1ª CIPOMA; 9) ADEMAR GONÇALVES PINHEIRO, 1° SGT PM RG 6314 do 4° BPM; 10) JANUÁRIO DE JESUS SOUZA TRINDADE, 1° SGT PM RG 9934,do 4° BPM; 11) JOÃO CARIVALDO DE SOUZA, 2° SGT PM RG 5187, do 4° BPM; 12) RAIMUNDO NONATO LIMA DA ROCHA, 2° SGT PM RG 7262, do 4° BPM; 13)GETÚLIO MARQUES, 2° SGT PM RG 9401, do 4° BPM; 14) ROBERTO NAZARENO MORAES DE MORAES, 2° SGT 7769, da 10ª CIPM/1ª CIPOMA; 15)EVERALDO LINS GONDIN, 3° SGT PM RG 7262;

Reprodução/Arquivo Nacional, Rio de Janeiro, RJ

Cópia da denúncia oferecida pelo Ministério Público do Pará contra integrantes da PM do Estado no caso do assassinato de dezenove integrantes do MST em 1996.

Julho de 1997, fundo Secretaria de Assuntos Estratégicos da Presidência da República. Arquivo Nacional.

ESTADO DO PARÁ
MINISTÉRIO PÚBLICO

encontravam-se de prontidão para levar a cabo a missão de desobstrução da PA-150, conforme se verifica pelos depoimentos de fls. 187/195 e 737/747.

No dia seguinte, 17.04.96, por volta das 11:40 horas, por determinação do MAJ. OLIVEIRA, o 1º TEN PM JORGE, da 10ª CIPM/CIPOMA, dirigiu-se ao acampamento do MST montado na "curva do S", transmitindo a um dos líderes dos "sem-terra", conhecido por FERRAZ, a impossibilidade de serem atendidas as reivindicações do Movimento feitas no dia anterior negociadas com o Comandante da 10ª CIPM/CIPOMA.

Após a saída do TEN JORGE do acampamento, os "sem-terra", deliberando entre si, voltaram a interditar a rodovia PA-150 ocupando-a e bloqueando-a em duas extremidades. Pelo lado de Marabá, utilizaram um caminhão boiadeiro, dirigido por Mancel Lima de Souza (fls. 364), que foi atravessado na pista. Pelo costado de Eldorado dos Carajás, os integrantes do MST, inicialmente, obstaculizaram a rodovia com um outro caminhão, posteriormente retirado, para bloqueá-la somente com paus e pedras.

A tropa de Parauapebas, com sessenta e nove (69) homens, comandada pelo MAJ PM OLIVEIRA, armados com duas (02) metralhadoras, marca "Taurus", calibre 9 mm, um (01) revólver, marca "Taurus", calibre 38, dez (10) revólveres, marca "Rossi", calibre 32, trinta e oito (38) fuzis, tipo "mosquefal", marca "Rossi", calibre 7,62, conforme consta no documento de fls. 135/137, por volta das 15:30 chegou ao local interditado posicionando-se a aproximadamente oitocentos (800) m dos "sem-terra", aguardando a chegada da tropa proveniente de Marabá para a qual serviria de apoio.

A tropa da 10ª CIPM-CIPOMA foi transportada do quartel localizado no município de Parauapebas em quatro viaturas, quais sejam; um veículo tipo "Gol", cor azul, cedido pela Prefeitura de Parauapebas que conduzia o referido Major, o SGT PM J. Oliveira, o CB PM Jailton e o SD PM Alan Jones; uma camioneta tipo "D-20", na cor vinho, com o logotipo da Polícia Militar, dirigida pelo SD PM Edson que conduzia o TEN PM Jorge e, na carroceria, alguns policiais militares; dois ônibus fretados da empresa "Transbrasiliana" (fls. 458) que conduziam o restante da tropa dirigidos pelos motoristas civis José Bartolomeu de Souza (qualif. às fls. 398 e 486) e Francisco Sezário Neris (qualif. às fls. 393 e 490).

Aproximadamente às 16:30 horas, oriunda de Marabá, aportou no local bloqueado pelos manifestantes do MST, a tropa do 4º BPM, comandada pelo

Reprodução/Arquivo Nacional, Rio de Janeiro, RJ

Cópia da denúncia oferecida pelo Ministério Público do Pará contra integrantes da PM do Estado no caso do assassinato de dezenove integrantes do MST em 1996.

Julho de 1997, fundo Secretaria de Assuntos Estratégicos da Presidência da República. Arquivo Nacional.

ESTADO DO PARÁ
MINISTÉRIO PÚBLICO

CEL PM PANTOJA, com oitenta e cinco (85) homens entre oficiais, graduados e praças, armados com oito(08) sub metralhadoras, marca "Taurus", calibre 9 mm; seis (06) revólveres, marca "Taurus", calibre 38; um (01) revólver, marca "Taurus", calibre 32; vinte e oito (28) fuzis tipos "mosquefal", calibres 7,62; vinte e nove (29) bastões e quatorze(14) escudos, conforme docs. de fls. 37, 38, 54 e 55, além de bombas de efeito moral.

A tropa do 4º BPM foi transportada de Marabá até o local obstruído em três viaturas sendo um veículo tipo A-20, pertencente à Polícia Militar, dirigida pelo CB PM LUZ que conduzia o CEL PM PANTOJA, o TEN CEL PM MELO e o SD PM WLADIMIR e dois ônibus fretados da empresa "Transbrasiliana", dirigidos pelos motoristas civis Pedro Alípio Silva (qualificado às fls. 482) e Osmar Benedito de Souza (qualificado às fls. 548).

O efetivo do 4º BPM, ao desembarcar, iniciou a operação de desobstrução da rodovia, com aproximadamente quinze homens munidos de bastões, escudos, metralhadoras, revolveres, e fuzis, ultrapassando o caminhão gaiola que encontrava-se atravessado no meio da pista, passando a atirar para o alto, ao mesmo tempo em que avançavam em direção aos "sem-terra", lançando contra estes algumas bombas de efeito moral. Neste momento, ao ouvir os tiros, a tropa da 10ª CIPM/CIPOMA inicia sua progressão em direção aos "sem terra" pela margem direita da rodovia PA-150, no sentido Eldorado Marabá, arrastando-se pelo mato buscando a proteção natural de um barranco ali existente.

Em razão da investida dos Policiais Militares do 4º BPM, alguns integrantes dos "sem-terra", munidos de pedras, paus, foices, terçados, alguns revólveres e coquetéis "molotov", investiram contra os milicianos, arremessando-lhes os referidos objetos e fazendo disparos de armas de fogo em direção aos Pms, que passaram a recuar até ficarem acuados entre os "sem- terra" e o caminhão gaiola, quando então passaram a disparar suas armas na direção dos manifestantes, fato presenciado e filmado por uma equipe da Tv Liberal, imagens estas veiculadas em rede nacional e internacional de notícias. Tal confronto redundou em várias vítimas de lesões corporais por parte dos "sem-terra", bem como, causou ferimentos em onze policiais militares. Em seguida, os "sem-terra" recuaram, socorrendo suas vítimas, ficando os Pms do 4º BPM observando-os protegidos pelo caminhão gaiola.

Passado alguns instantes, os Policiais Militares da 10º CIPM/CIPOMA, progredindo pelas matas que margeiam o lado direito da rodovia, no sentido Eldorado/Marabá, direcionaram e deflagraram suas armas contra os "sem-

ESTADO DO PARÁ
MINISTÉRIO PÚBLICO

terra" que faziam uma barreira humana na extremidade de Eldorado de Carajás, atingindo vários deles, os quais passaram a se dispersar, desencadeando um verdadeiro tumulto e desespero entre os integrantes do MST e a equipe de reportagem acima citada. Simultaneamente, a tropa do 4º BPM, igualmente, avançou e disparou suas armas contra os "sem-terra", que cercados pela frente e por trás, passaram a se abrigar em alguns casebres às margens da rodovia e a correr para as matas, tentando escapar dos tiros disparados pelos milicianos, transformando o que de início foi um confronto para uma exacerbação da ação policial militar.

No momento do encontro das duas tropas, alguns policiais militares ameaçaram tocar fogo nas casas às margens a rodovia, que serviam de refúgio do tiroteio para os "sem-terra", bem como disparavam suas armas contra as mesmas, colocando em pânico as pessoas que nelas se encontravam, muitas das quais já se encontravam lesionadas.

Em uma dessas casas, refugiou-se a repórter MARISA ROMÃO(TV Liberal) e o cinegrafista OSVALDO ARAÚJO(do SBT), juntamente com vários integrantes do MST, tendo os policiais militares continuado o tiroteio contra a residência, até a interferência da repórter que gritava desesperadamente para que parassem de atirar, pois na casa havia apenas mulheres e crianças, fato constante da fita cassete juntada aos autos e testemunhado por várias pessoas que se abrigaram no mesmo barraco.

Ao saírem do barraco, MARISA ROMÃO E OSVALDO ARAÚJO foram detidos e colocados em um dos ônibus que transportaram a tropa do 4º BPM, quando tiveram apreendida a fita cassete que registrou os acontecimentos. MARISA E OSVALDO presenciaram que os policiais militares estavam sem a devida identificação nos uniformes. A propósito, observa-se na fita de vídeo citada que, no momento da saída da repórter e do cinegrafista do barraco, a imagem tornou-se imperfeita, visualizando-se apenas vultos. Porém, o som permaneceu inalterado, escutando-se, esparsadamente, vários disparos de armas de fogo.

Após a saída da repórter e do cinegrafista do barraco, os policiais militares, com armas em punho, ordenaram aos "sem-terra" que de lá se retirassem e deitassem no chão com as mãos na cabeça. Consta dos autos, que no interior do barraco, os policiais militares identificados como PARGAS, PINHO E VANDERLAN prenderam o indivíduo OZIEL ALVES PEREIRA, algemando-o e arrastando-o pelos

Reprodução/Arquivo Nacional, Rio de Janeiro, RJ

Cópia da denúncia oferecida pelo Ministério Público do Pará contra integrantes da PM do Estado no caso do assassinato de dezenove integrantes do MST em 1996.

Julho de 1997, fundo Secretaria de Assuntos Estratégicos da Presidência da República. Arquivo Nacional.

ESTADO DO PARÁ
MINISTÉRIO PÚBLICO

cabelos para ser mais tarde, conforme depoimento de fls. 405, executado com diversos tiros na cabeça consoante se vislumbra do laudo de fls.803/806.

Após a prisão de OZIEL, os policiais militares, ameaçando as pessoas que se encontravam deitadas no chão com as mãos na cabeça, ordenaram que não olhassem para eles impossibilitando, destarte, qualquer identificação futura. Posteriormente, mandaram que os "sem-terra" levantassem, dando-lhes três minutos para que desaparecessem em direção do mato senão lhes matariam, provocando nova e desesperada correria por parte dos "sem-terra" que, amedrontados, embrenharam-se no mato.

Obtendo o total controle da área interditada, os policiais militares passaram a saquear o acampamento dos "sem-terra", destruindo vários objetos e documentos pertencentes aos integrantes do MST. Em seguida, sob as ordens do Cel. PANTOJA, removeram os corpos das vítimas fatais, arrastando-os para às margens da rodovia, desobstruindo-a para os veículos. Os corpos, posteriormente, foram colocados em uma camioneta D-20, cor vinho, pertencente a 10ª CIPM, tendo nesse momento um policial militar, ao perceber que um dos corpos apresentava sinais de vida, disparado vários tiros contra o mesmo, conforme se depreende dos depoimentos de fls. 385 e 405.

A remoção dos cadáveres, determinada pelo CEL. PANTOJA, foi realizada de forma irregular, posto que, como autoridade militar estadual superior na região, deveria providenciar para que não fosse alterado o estado e a situação das coisas até a chegada dos peritos criminais.

Aliás, consta nos autos que o MAJOR OLIVEIRA dirigiu-se a Curionópolis, por ordem do CEL PANTOJA, com o fito de localizar o Delegado de Polícia para que esta autoridade providenciasse a remoção dos corpos. Entretanto, essa remoção ocorreu antes mesmo da chegada do Delegado e sem a presença de quaisquer peritos criminais o que, indubitavelmente, dificultou a colheita de melhores provas ou indícios úteis à elucidação dos fatos. Nos termos legais, a preservação do local do crime, deve ser mantida até a chegada dos peritos criminais, o que, no caso, não foi feita, ante a proposital alteração do estado e conservação das coisas.

O conflito ocorrido em Eldorado do Carajás teve um saldo negativo de dezenove (19) pessoas mortas e setenta e oito (78) feridos, sendo sessenta e seis (66) civis e doze (12) policiais militares.

Reprodução/Arquivo Nacional, Rio de Janeiro, RJ

ESTADO DO PARÁ
MINISTÉRIO PÚBLICO

III - DAS VÍTIMAS FATAIS:

As mortes dos integrantes do MST não resultaram de confronto. A perícia técnica, robustecida pela prova testemunhal, autoriza a constatação de uma desmedida e injustificável execução sumária revelada por tiros de precisão, inclusive, à queima-roupa, por corpos retalhados à golpes de instrumentos cortantes inclusive com esmagamentos de crânios e mutilações que evidenciam o "animus necandi" dos executores da ação criminosa, senão vejamos:

Relacionar

01) JOSÉ DE RIBAMAR ALVES DE SOUZA, conforme o laudo cadavérico, fls.800/802, foi morto com dois projéteis de arma de fogo, um dos quais, caracterizado como à "queima-roupa", posto que apresentou *zona de tatuagem, de esfumaçamento e de chamuscamento*, e o atingiu na região orbitária esquerda transfixando-a, fazendo uma trajetória de cima para baixo. O outro, na região lateral direita do abdômen.

Além dessas, atesta o referido laudo lesões nas regiões auricular posterior e mastóidea do lado esquerdo e mesogástrica, próximo ao flanco direito, caracterizando saídas de projéteis de arma de fogo.

Como causa da morte, é atestado hemorragia externa devido a perfuração da carótida externa esquerda por projétil de arma de fogo.

Relacionar

02) ROBSON VITOR SOBRINHO, consoante o laudo cadavérico fls. 833/836, foi assassinado com quatro (04) projéteis de arma de fogo, dois dos quais disparados à "queima-roupa" nas regiões escapular e infra-escapular direita. As *zonas de tatuagem* encontradas nos orifícios de entrada dos projéteis que atingiram as costas do vitimado, confirmam a assertiva de que os tiros foram disparados a curta distância, ou seja, à queima roupa, cuja a trajetória foi de trás para diante e da direita para esquerda. Os demais, atingiram as regiões deltóidea a direita, transfixando o braço direito de diante para trás, e zigomática direita, que transfixou o crânio de baixo para cima, de diante para trás, da direita para a esquerda. Apresentava ainda, duas feridas de bordos irregulares de grandes dimensões com exposição da musculatura nas regiões cubital posterior direita e femural posterior direita.

Reprodução/Arquivo Nacional, Rio de Janeiro, RJ

Cópia da denúncia oferecida pelo Ministério Público do Pará contra integrantes da PM do Estado no caso do assassinato de dezenove integrantes do MST em 1996.

Julho de 1997, fundo Secretaria de Assuntos Estratégicos da Presidência da República. Arquivo Nacional.

ESTADO DO PARÁ
MINISTÉRIO PÚBLICO

III - DAS VÍTIMAS FATAIS:

As mortes dos integrantes do MST não resultaram de confronto. A perícia técnica, robustecida pela prova testemunhal, autoriza a constatação de uma desmedida e injustificável execução sumária revelada por tiros de precisão, inclusive, à queima-roupa, por corpos retalhados à golpes de instrumentos cortantes inclusive com esmagamentos de crânios e mutilações que evidenciam o "animus necandi" dos executores da ação criminosa, senão vejamos:

01) JOSÉ DE RIBAMAR ALVES DE SOUZA, conforme o laudo cadavérico, fls. 800/802, foi morto com dois projéteis de arma de fogo, um dos quais, caracterizado como à "queima-roupa", posto que apresentou *zona de tatuagem, de esfumaçamento e de chamuscamento*, e o atingiu na região orbitária esquerda transfixando-a, fazendo uma trajetória de cima para baixo. O outro, na região lateral direita do abdômen.

Além dessas, atesta o referido laudo lesões nas regiões auricular posterior e mastóidea do lado esquerdo e mesogástrica, próximo ao flanco direito, caracterizando saídas de projéteis de arma de fogo.

Como causa da morte, é atestado hemorragia externa devido a perfuração da carótida externa esquerda por projétil de arma de fogo.

02) ROBSON VITOR SOBRINHO, consoante o laudo cadavérico fls. 833/836, foi assassinado com quatro (04) projéteis de arma de fogo, dois dos quais disparados à "queima-roupa" nas regiões escapular e infra-escapular direita. As *zonas de tatuagem* encontradas nos orifícios de entrada dos projéteis que atingiram as costas do vitimado, confirmam a assertiva de que os tiros foram disparados a curta distância, ou seja, à queima roupa, cuja a trajetória foi de trás para diante e da direita para esquerda. Os demais, atingiram as regiões deltóidea a direita, transfixando o braço direito de diante para trás, e zigomática direita, que transfixou o crânio de baixo para cima, de diante para trás, da direita para a esquerda. Apresentava ainda, duas feridas de bordos irregulares de grandes dimensões com exposição da musculatura nas regiões cubital posterior direita e femural posterior direita.

Reprodução/Arquivo Nacional, Rio de Janeiro, RJ

ESTADO DO PARÁ
MINISTÉRIO PÚBLICO

fls.015); RAIMUNDO ROSALINO LEITÃO (laudo IML Lv. 829, fls.021); TANIA MARIA DA SILVA LIMA, qualificado às fls.553(laudo IML Lv. 829, fls.034);MARISVALDO FIGUEIREDO PEREIRA (laudo IML Lv. 829, fls.011); ANTONIO MANOEL DA COSTA (laudo IML Lv.830, fls.006);- MANOEL DE JESUS GONÇALVES, qualificado às fls.558 (laudo IML Lv. 829, fls.012); LUIS PEREIRA DA CRUZ (laudo IML Lv.830, fls.008); GABRIEL FAGUNDES MORENO, qualificado às fls.560 (laudo IML Lv.830, fls.021); JOÃO BARBOSA FAGUNDES (laudo IML Lv.830, fls.020); LUIZ GONZAGA ROCHA DE SOUZA (laudo IML Lv.830, fls.013); MOACIR ALVES DA SILVA (laudo IML Lv.830, fls.015); DALGISA DIAS DE SOUZA (laudo IML Lv.830, fls.019), sofreram diversas lesões traumáticas de natureza leves, conforme evidenciam os laudos de exame de corpo de delito.

E) Entre os Policiais militares sairam lesionados conforme descrição dos laudos de exame de corpo de delito, JACSON FELIX DE SOUZA(laudo IML Lv.830, fls.031); RAIMUNDO HONORATO SOUZA DE SIQUEIRA(laudo IML Lv.830, fls.032); ORLANDO PEREIRA DOS SANTOS(laudo IML Lv.830, fls.033); DARY LOPES JANCEM(laudo IML Lv.830, fls.035); FRANCISCO ALVES DE SOUZA(laudo IML Lv.830, fls.038); GETÚLIO MARQUES(laudo IML Lv.830, fls.039); CARLOS NOLETO DE ARAÚJO(laudo IML Lv.830, fls.037); EDSON ALVES DOS SANTOS(laudo IML Lv.830, fls.029); EDUARDO CARLOS RIBEIRO DE JESUS(laudo IML Lv.830, fls.030); MAURO CESAR DA COSTA DIAS(laudo IML Lv.830, fls.036); e RUI RODRIGUES DOS SANTOS(laudo IML Lv.830, fls.034).

V- DAS PROVAS:

Infere-se da análise da prova pericial e testemunhal que os denunciados, inequivocamente, tiveram a intenção deliberada de matar e de ferir os integrantes do MST.

Inicialmente, faz-se mister ressaltar que a falta de um planejamento tático da ação policial; a destruição ou a não confecção de cautelas de armamento pela tropa de Parauapebas; a falta de identificação nas fardas de alguns policiais militares; a detenção da equipe de reportagem da TV Liberal bem como a apreensão da fita de vídeo cassete com cenas dos fatos, pelos milicianos, e, a conduta do Cel. PM. PANTOJA, após a ação militar, revela-nos a existência de indícios

Reprodução/Arquivo Nacional, Rio de Janeiro, RJ

Cópia da denúncia oferecida pelo Ministério Público do Pará contra integrantes da PM do Estado no caso do assassinato de dezenove integrantes do MST em 1996.

Julho de 1997, fundo Secretaria de Assuntos Estratégicos da Presidência da República. Arquivo Nacional.

ESTADO DO PARÁ
MINISTÉRIO PÚBLICO

suficientes para a confirmação de uma ação criminosa realizada pelos denunciados, que esperaram o momento certo para utilizar, como álibi, a ordem legal de desobstrução da rodovia para justificar os assassinatos. Evidentemente, que a ordem foi no sentido de desobstruir a pista, não de matar, com requintes de barbárie, e lesionar os integrantes do MST.

A falta de uma estratégia para a ação policial militar e a inexistência de cautelas de armamento pela tropa de Parauapebas, não podem encontrar sustentáculo numa pseudo "situação emergencial", máxime quando a mesma, pelas provas dos autos, jamais existiu, pois a marcha dos integrantes do MST era do conhecimento da polícia militar, haja vista que, no dia anterior ao conflito, o MAJ PM OLIVEIRA teria tido ordem para ficar de prontidão para a desobstrução da rodovia inclusive, esse oficial, conseguiu, temporariamente, em negociação, que os "sem-terra" desobstruíssem a rodovia.

Logo, os denunciados tiveram tempo mais do que suficiente para se preparar e enfrentar a situação grave que se anunciava, realizando os procedimentos militares de rotina para este tipo de operação. Mas, ao contrário, nenhum planejamento tático foi feito e ,estranha e injustificadamente, inexistem cautelas de armamentos da tropa de Parauapebas, algo que a razão e a lógica das normas de Caserna, fundamentadas na hierarquia e disciplina, não conseguem explicar.

Os depoimento de várias testemunhas, entre os quais destaca-se o prestado pelo cinegrafista RAIMUNDO OSVALDO DOS ANJOS ARAÚJO, às fls. 367/368, e a repórter MARISA ROMÃO, às fls. , testifica a assertiva de que pelo menos alguns dos denunciados não usavam identificação militar. O que propiciou esta circunstância? Qual o motivo que levou os denunciados a omitirem suas identificações? A resposta circunscreve-se a uma só : temor de futuros reconhecimentos em virtude de um resultado desastroso que já era esperado pelos denunciados.

A prova testemunhal, igualmente revela o envolvimento dos civis conhecidos por JAMAICA E CARIOCA que, teriam participado da ação usando fardamentos da polícia militar.

Outro fato que robustece a tese de que a ação policial foi criminosa e arbitrária reflete-se na detenção da equipe da TV Liberal e na apreensão, pelos policiais militares, da fita de vídeo com cenas do conflito gravadas. Se a ação

ESTADO DO PARÁ
MINISTÉRIO PÚBLICO

policial tivesse respaldo na Lei, esta providência seria desnecessária, posto que não deveriam obstruir o trabalho da imprensa detendo e ameaçando a repórter e os cinegrafistas.

A conduta do CEL PM PANTOJA antes, durante e ao término da ação policial, é comprometedora. Segundo o depoimento do MAJ OLIVEIRA, às fls. , o CEL PANTOJA teria lhe dito que a tropa de Parauapebas deveria progredir ou avançar contra os "sem-terra" quando ouvisse os tiros disparados pela tropa de Marabá. Assim, com esta declaração, o CEL PANTOJA exteriorizava o seu estado de espírito que o movia no dia do conflito. Aliás, o CEL PANTOJA, além de violar o local do crime com a remoção dos cadáveres, ao descer do ônibus dentro do quartel do 4° BPM, após a desobstrução da rodovia, dirigiu-se à tropa e falou: "MISSÃO CUMPRIDA, NINGUÉM VIU NADA", conforme consta do depoimento da testemunha PEDRO ALÍPIO DA SILVA, às fls.432/435.

As lesões causadoras das mortes dos integrantes do MST constituem-se na prova cabal que os policiais militares tiveram a intenção de matar. A pluralidade de golpes e tiros que atingiram as vítimas em regiões mortais por si só mostra-nos a intenção homicida da operação policial.

Os compêndios de medicina legal nos dizem que quando a vítima apresenta ferimentos nos braços e antebraços, isso significa tentativa de se proteger(lesões de defesa). Foram encontrados vários cadáveres com esse tipo de lesão. Muitos dos integrantes do MST foram baleados nas costas e na parte de trás das pernas e dos braços. O que comprova que foram atingidos quando não poderiam impor qualquer resistência ou estavam tentando fugir da violenta ação policial militar imposta pelos denunciados. A existência de vários ferimentos nas cabeças dos cadáveres feitos de cima para baixo autoriza a conclusão de que as vítimas estavam sentadas, deitadas ou de cócoras. Dezessete tiros foram deflagrados na região da cabeça, nuca, fronte e pescoço das vítimas. Três tiros foram dados à "queima-roupa" sendo dois nas costas e um no olho das vítimas.

Essas constatações, advindas dos laudos necroscópicos realizados nas vítimas, não deixam dúvidas quanto a existência de mortes por execução sumária onde os integrantes do MST foram mortos como se fuzilados tivessem sido.

Os atos delituosos dos denunciados não se exauriram só em bárbaros homicídios, mas expandiram-se também em lesões corporais de natureza

Reprodução/Arquivo Nacional, Rio de Janeiro, RJ

Cópia da denúncia oferecida pelo Ministério Público do Pará contra integrantes da PM do Estado no caso do assassinato de dezenove integrantes do MST em 1996.

Julho de 1997, fundo Secretaria de Assuntos Estratégicos da Presidência da República. Arquivo Nacional.

08 NO BARULHO DA CIDADE: QUANDO A MORTE SOBE O MORRO

"O que se vê no Brasil foge completamente inclusive das regras que se aplicariam a uma guerra, se ela existisse. Não há que se falar em guerra às drogas, o que existe é política de extermínio. Uma política que elimina pessoas com a justificativa de levar segurança."

Alexandra Montgomery[1]

---

1 Declaração da diretora de Programas da Anistia Internacional Brasil quando da chacina em Jacarezinho, Rio de Janeiro, em maio de 2021.

Domingo, dia de missa, de culto, de se arrumar para ir à igreja, de hóstia, de pagar o dízimo. Ou de futebol, de vestir as chuteiras ou a camiseta do time do coração, quem sabe bater uma bola com os amigos ou assistir a um jogo do Brasil. De comer frango de padaria ou pão com mortadela e Coca-Cola. Pra quem pode, dia de churrasco e cerveja. Ou, até mesmo, de tudo isso junto.

O dia 29 de agosto de 1993 teve tudo isso, mas teve mais. Teve polícia invadindo favela e deixando um rastro de 21 mortos. Pessoas que estavam em botecos simples tomando a última cerveja do fim de semana, voltando do trabalho, despedindo-se dos colegas de pelada, ou simplesmente descansando na sala de casa depois de voltar da igreja.

Nenhuma dessas 21 pessoas se dedicava, no momento da execução, a nenhuma atividade ilegal. Não havia mandado de prisão em aberto para nenhuma delas. Ninguém estava sendo investigado. Teve gente assassinada enquanto mostrava carteira de trabalho (pra quem não sabe, esse documento, em princípio, mostra que o sujeito não é *vagabundo*), de joelhos, implorando por sua vida. Uma família inteira de evangélicos foi dizimada em casa, enquanto comentava o culto do dia e a vitória do Brasil nas eliminatórias para a Copa do Mundo de 1994. Eram oito pessoas: pai, mãe, cinco dos seus filhos e uma nora. A mãe morreu com a Bíblia na mão e alguns dedos quebrados, tentando se defender dos assassinos.[2]

Parece demasiadamente dramático, mas a vida é assim mesmo: como já foi dito, as palavras sempre levam de sete a um para a realidade das coisas em qualquer jogo de futebol.

A chacina de Vigário Geral não foi uma anomalia, desgraça inaudita a macular um histórico decente das nossas forças de Segurança Pública. Mesmo nos limitando a uma região metropolitana (a capital fluminense) e a um único século (o XXI), outros exemplos macabros deitam por terra a noção de que as 21 pessoas mortas na noite de 29 de agosto de 1993 representam vítimas de uma ação excepcional. Em 31 de março de 2005, quatro PMs saíram de um bar (sim, de um bar) com a missão [*sic*] de matar o maior número possível de pessoas aleatórias na região de Nova Iguaçu, Grande Rio. Conseguiram atingir

---

2 Disponível em: https://noticias.uol.com.br/cotidiano/ultimas-noticias/2013/08/29/eu-perdoo-os-pms-diz-parente-de-8-mortos-na-chacina-de-vigario-geral-rj.htm. Acesso em: 27 maio 2022.

o número 29, entre adolescentes e homens que voltavam do trabalho.[3] Em 27 de junho de 2007, um *pool* de Forças de Segurança Pública e Forças Armadas realizou uma operação conjunta no Complexo do Alemão, já ocupado pela polícia desde o mês anterior. Dezenove pessoas foram mortas, oito delas sem antecedentes criminais. Em 6 de maio de 2021, em plena pandemia, a Polícia Civil matou 28 pessoas na favela do Jacarezinho. Em legítima defesa, alega a instituição. É uma mentira deslavada diante das necrópsias de boa parte dos executados, que apresentavam rostos dilacerados, tiros nas costas e abdomens rompidos – lesões típicas de pessoas agredidas e assassinadas sem chance de defesa.

Uma inexorável sensação de déjà-vu surge a essa altura, depois de páginas e páginas de histórias em que agentes do Estado brasileiro executaram a sangue-frio cidadãos desarmados, sem culpa formada, sem nem mesmo um inquérito aberto. Não se pode dizer sequer que cometeram o singelo erro de estar no lugar errado, na hora errada, pois os perfis dos executados exibem uma semelhança insistente. O erro deles foi, pura e simplesmente, terem nascido – ainda por cima pobres – e, muitas vezes, pretos.

Existem alguns lugares-comuns que não perdem sua verdade por excesso de repetição. Por exemplo, dizer que na favela a polícia chega atirando, mas nas coberturas da cidade pede licença e permissão para entrar – se é que entra.

Há pessoas (muitas, aliás) que dirão: *mas na favela a bandidagem está armada até os dentes, os criminosos do colarinho branco não cometem crimes violentos, não representam ameaça física imediata para ninguém, nem para os policiais.*

Esse argumento, cuidadosa construção de quem nunca precisou conviver com invasões corriqueiras da polícia em busca de quadrilhas onipresentes, não resiste à pergunta: as recorrentes execuções nas favelas, seja de traficantes procurados, seja de cidadãos sem ficha nem inquérito, consegui-

---

[3] Entre idas e vindas jurídicas e processuais, o Ministério Público denunciou onze policiais pela chacina, dos quais seis foram a júri popular. O estado do Rio de Janeiro admitiu o envolvimento dos seus agentes no evento e concedeu pensão aos familiares das vítimas. Cinco PMs foram condenados entre 2006 e 2010 a penas entre 480 e 559 anos de prisão. O documentário *Nossos mortos têm voz*, da Quiprocó Filmes, traz a realidade da violência na Baixada Fluminense por meio do depoimento de quem ficou pra trás, em uma região (treze municípios) que contabiliza 965 homicídios em 2020. Dados do Instituto de Segurança Pública estão disponíveis em: http://www.ispdados.rj.gov.br/Arquivos/Series HistoricasLetalidadeViolenta.pdf. Acesso em: 28 maio 2022.

ram impedir o aumento da criminalidade violenta nas grandes cidades brasileiras? Ou, aliás, em qualquer lugar do mundo?

BANGUE-BANGUE NACIONAL

A violência nas comunidades assoladas pela injustiça do tráfico e da desigualdade social apresenta várias faces, e, se a ação violenta da polícia não se encontra em sua origem, tampouco ocorre de fato exclusivamente por causa dela. As forças de Segurança Pública pouco fazem para defender as maiores vítimas dos criminosos que a polícia alega combater – os pobres à margem dos recursos políticos e econômicos capazes de defendê-los da sanha de uma estrutura social sórdida e dos ataques daqueles que enriquecem à custa da dor alheia. Não só pouco faz, mas muitas vezes contribui para piorar uma situação já desesperadora.

Dizer que tais casualidades ocorrem em meio a uma guerra deveria despertar raiva e indignação nas pessoas, pois não estamos em guerra contra ninguém e não deveríamos pensar que, para prender meia dúzia de traficantes (o que em nada vai diminuir os escusos negócios em torno do comércio ilegal de drogas), tudo bem mandar pro saco uma dúzia de gente comum que nada tem a ver com o pato.

Mas muitas pessoas que se consideram muito bem informadas não só não se indignam como também acham que sim, é assim mesmo, é um preço justo a se pagar na *guerra contra as drogas*. E, aparentemente, essas pessoas acreditam de fato que tais aterradoras intervenções das forças de Segurança Pública contribuem para controlar índices de criminalidade violenta nas grandes cidades e para diminuir o tráfico de drogas.

Falar em uso de força desmedida por parte dos agentes do Estado, no caso brasileiro, não passa de eufemismo afetuoso. Comparar alguns dados pode contribuir para uma perspectiva renovada, embora exista quem pense que nossos bandidos são piores e por isso merecem mais bala.

No Estados Unidos, 1.093 civis morreram em consequência de ações da polícia em 2019, mesmo ano em que 59 policiais morreram em ação. No Brasil, em 2013, foram 2.212, quase o dobro; um número muito elevado, mas nada comparado aos 6.500 ocorridos em 2020, em plena crise sanitária e política no Brasil.[4] Segundo pesquisas realizadas nos departamentos de polícia dos Estados Unidos, a probabilidade de um homem negro ser atingido pela polícia em comparação a um homem branco é de mais de duas vezes.[5]

De acordo com o Fórum Brasileiro de Segurança Pública (FBSP), para cada 100 homicídios cometidos por não policiais, 7,8 (reclamem com os estatísticos) pessoas morriam nas mãos da polícia; nos Estados Unidos, cuja polícia é notoriamente violenta, esse número é 2,9; o Brasil ganha até da África do Sul, herdeira do apartheid, com índice de 3,7.

Outro dado bastante emblemático acerca do quanto a violência policial tem ido muito, mas muito, além do uso legítimo da força por parte do aparato estatal (pra quem acredita em Weber)[6] é a relação entre o total de mortos em intervenções policiais e o total de policiais assassinados. Segundo relatório do FBSP,

> se os agentes da lei devem atuar de acordo com os princípios da moderação e da legalidade, fazendo uso da força letal apenas em situação de risco iminente para si ou para terceiros, a proporção de vítimas entre cada um destes indicadores tem que ser próxima. No entanto, quando a polícia produz um número muito elevado de mortes e policiais não são vitimizados é difícil crer que todas as ações estão focadas exclusivamente na defesa da vida dos policiais. Apesar da dificuldade de estabelecer o grau aceitável de uso da força letal pela polícia, Loche (2010) afirma que o Federal Bureau of Investigation (FBI) trabalha com a proporção de 12 civis mortos para cada policial morto. Chevigny (1991) sugere que quando essa proporção é maior do que 15, então, a polícia está abusando do uso da força letal.[7]

---

4 Dados sobre violência policial estão disponíveis em: https://forumseguranca.org.br/wp-content/uploads/2021/07/4-as-mortes-decorrentes-de-intervencao-policial-no-brasil-em-2020.pdf. Acesso em: 28 maio 2022.

5 Vários dados sobre violência policial nos Estados Unidos estão disponíveis em: https://www.nature.com/articles/d41586-019-02601-9 e https://www.vice.com/en/article/a3jjpa/nonfatal-police-shootings-data. Acesso em: 28 maio 2022.

6 RONDON FILHO, E. B.; FREIRE, F. X. Monopólio legítimo da força como processo civilizador: Weber e Elias em perspectiva.

7 Disponível em: https://forumseguranca.org.br/wp-content/uploads/2021/07/4-as-mortes-decorrentes-de-intervencao-policial-no-brasil-em-2020.pdf. Acesso em: 28 maio 2022.

No Brasil, esse índice alcançou a marca de 33 em 2020. Repetindo: 33. Trinta e três, sendo quinze já considerado um abuso. Os índices mais altos pertencem a Goiás e Paraná. De acordo com esse mesmo estudo do FBSP, quase 80% das vítimas das ações policiais eram negras.[8]

Outro país que anda tão ruim quanto o Brasil pós-2018 é a Venezuela, em que a polícia comete um terço dos assassinatos registrados.

Um número muito grande de pessoas morre no Brasil nas mãos de agentes de Segurança Pública. Boa parte delas sem culpa formada, sem inquérito, ou seja, são *baixas civis* – um termo usado no contexto de zonas de guerra real para definir indivíduos mortos em meio ao fogo cruzado entre soldados.

Muitos dos excludentes de ilicitude são forjados, o que eleva o número de pessoas sem relação alguma com o crime que acabam mortas nas mãos da polícia, submetidas ainda ao humilhante teatro das famosas cenas montadas, em que armas frias vão parar na mão dos cadáveres e corpos são movidos de posição e lugar para que o método de execução não dê muito na vista.

Para a polícia e boa parte das mídias e da população, as vítimas nas favelas carregam uma culpa presumida. A metáfora da guerra contínua contra o crime funciona tão bem que as baixas civis só chocam (até certo ponto) quando ocorre um ato exagerado, ou quando as vítimas carregam a força da inocência infantil: um menino empinando pipa no telhado ou um homem negro e sua família tendo o carro metralhado por dezenas de tiros do Exército ou da polícia.

Nenhum ser humano em sã consciência e em poder das suas faculdades mentais atira oitenta vezes contra um carro porque está tentando prender um traficante, ou porque está com medo do que possa vir daquele carro. Ninguém atira em crianças e adolescentes brincando ou voltando uniformizados da escola porque acha que está em risco extremo. Há algo muito errado com as nossas instituições de Segurança Pública quando seus agentes acham normal se reunirem em bares para planejar uma ação policial; ou mesmo conosco, se aceitarmos toda essa situação como um meio absurdo tolerável.

Existe um contingente de pessoas que simplesmente não importam; que são dispensáveis e, por vezes, indesejáveis. Aqui, e em qualquer parte

---

8 Disponível em: https://forumseguranca.org.br/wp-content/uploads/2021/07/4-as-mortes--decorrentes-de-intervencao-policial-no-brasil-em-2020.pdf. Acesso em: 28 maio 2022.

do mundo, e se esse lugar-comum parece verdade, nem por isso deveríamos aceitá-lo tão mansamente.

Dizer que as polícias se tornaram uma máquina de moer gente preta e pobre também já se tornou um lugar-comum, que é corroborado por todos os dados e estatísticas aos quais temos acesso. Não apenas as forças de segurança agem nas comunidades pobres de forma muito diferente daquela operada em bairros residenciais, como também a abordagem a cidadãos negros é notoriamente agressiva. A esse aspecto, que temos em comum com os Estados Unidos, foi dado o nome de *racial profiling*. Em bom português: perfilamento racial.[9]

MEIO ABSURDO TOLERÁVEL

Bandido bom é bandido morto. Tá com pena, leva para casa. Essas frases comuns partem de pressupostos tão equivocados que o contra-argumento se torna inócuo. Um deles diz respeito à definição de bandido, e se todos eles de fato só são bons mortos. Homem que mata a mulher, estupra a vizinha e frequenta a casa do pastor, esse não, esse *tem que ver pra depois julgar*. Tem que ver não sei o quê. Políticos que roubam dinheiro destinado ao tratamento de doenças graves, de vacina contra a covid-19, de obras de saneamento em bairros pobres, esses a gente tem que considerar, afinal há muita difamação nesse meio político. Mas o preto favelado cujo único crime foi bater papo com um vapor barato, ah, não, esse é bandido, só é bom morto.

Outro pressuposto profundamente equivocado por trás dessas afirmações atrozes que buscam legitimar as ações ilegais da polícia é que a caridade e o bom-mocismo têm algum papel a desempenhar no combate à criminalidade urbana violenta. E, quando se trata especificamente dessa discussão, a porca torce vários rabos e as máscaras caem como se fosse Quarta-Feira de Cinzas.

Combater quadrilhas de bandidos com justiça, isonomia e dentro da lei não é uma questão de caridade, um atributo cristão que visa conquistar

---

[9] Alguns debates sobre perfilamento racial estão disponíveis em: https://www.youtube.com/watch?v=qxL47-_M2SY; https://brasil.un.org/pt-br/105298-perfilamento-racial--debates-realizados-pela-onu-discutem-recorrencia-de-casos-e-desafios; https://acnudh.org/load/2020/12/1821669-S-DPI-RacialProfiling_PT.pdf; https://noticias.uol.com.br/cotidiano/ultimas-noticias/2021/06/20/perfilamento-racial-por-que-homens--negros-em-veiculos-sao-alvo-de-suspeita.htm. Acesso em: 28 maio 2022.

passe livre para o céu; o combate à criminalidade relaciona-se com a paz e a segurança, que são motivações primárias para a formação da comunidade política. Não existe uma relação objetiva entre lutar contra o assassinato e a tortura realizada por agentes do Estado e a bondade, a generosidade e o bom-mocismo de cada um.

Ter pena (ou não) de bandido é uma questão de foro pessoal. Querer ver a justiça ser aplicada isonomicamente é uma questão política. Existem leis para serem cumpridas. Por todos. Não estamos discutindo mortes em conflitos reais, ou raros equívocos que podem ocorrer durante o trabalho policial. Estamos discutindo o extermínio sistemático de parcelas bem específicas da população, por parte de agentes do Estado que descumprem a lei deliberadamente, agem como força de repressão e instância de julgamento (o que não são) e aplicam sentenças inexistentes no Brasil – a pena de morte e a tortura.

Certamente, não é só uma questão política, mas também de princípio: desumanizar o outro nos desumaniza, e quem não percebeu isso até hoje, por favor, aperte o botão e desça do ônibus. Muito facilmente nós nos tornaríamos uma nação desumana, à força de agir desumanamente com aqueles que consideramos culpados. Mais facilmente nos tornaríamos uma nação sem destino, descrente de qualquer possibilidade de resolução de conflitos pela via não violenta.

A legitimação do extermínio perpetrado pela polícia por vezes ecoa mesmo nas comunidades que são suas maiores vítimas. Nelas, quando todos sabem que o indivíduo assassinado de fato integrava alguma quadrilha ou trabalhava para o movimento, a aceitação da sua morte (mesmo em casos de execução sumária) pode acabar se justificando por fazer parte das regras desse jogo tácito e letal.

BANGUE-BANGUE LOCAL

A violência no campo disseminou-se por todo o país ao longo de séculos de espoliação e impunidade, mas a área mais explosiva do país é a região sudeste do Pará. Da mesma forma, a violência policial (que atinge atualmente seu auge sob a forma de milícias organizadas que ocupam vários espaços nas instituições políticas) nas cidades brasileiras é ancestral, viceja de forma generalizada em nossas grandes cidades, mas é no Rio de Janeiro (cidade e estado) que seu solo é mais fértil.

O Rio não é a cidade mais violenta do Brasil. Nunca foi. Não é sequer a capital mais violenta, levando-se em conta índices de latrocínio, sequestro, assalto à mão armada, assassinatos, enfim, toda aquela extensa lista de crimes tipicamente urbanos que todos conhecemos. Na verdade, ela se encontra na lista das dez capitais mais seguras do Brasil.[10] Essa afirmação, contudo, escamoteia a nossa dura realidade, pois dizer que o Rio de Janeiro não apresenta os índices de criminalidade violenta mais altos do Brasil não significa muita coisa se pensarmos que o Brasil é o país que mais mata pessoas com armas de fogo no mundo inteiro. Além de um dos países mais desiguais, somos (surpresa!) um dos mais violentos. Toda a discussão acerca de qual capital é a mais violenta perde completamente o sentido diante dos dados assustadores que emergem de qualquer pesquisa séria a esse respeito realizada em qualquer urbe brasileira.

Há, no entanto, um diferencial crucial no perfil da violência urbana fluminense. É onde a polícia mais mata gente, em números absolutos.[11] E não, não é porque *tem muito bandido* ou porque *a violência é maior* (de acordo com os dados citados, o Rio não é das capitais mais violentas). E nem é porque *o crime organizado é mais forte* (o nível de organização do Primeiro Comando da Capital [PCC] paulista só se compara ao das máfias internacionais e, no entanto, São Paulo é a capital mais segura do país, embora as suas forças policiais também sejam letais).

O Rio de Janeiro também é onde a polícia mais morre; faz sentido.[12] Para aqueles que acreditam que só com violência se consegue enfrentar os criminosos armados (e que depois de algum tempo de bangue-bangue a situação fica sob controle por um período, até que o desequilíbrio novamente se instaure

---

10 Disponível em: https://www.ipea.gov.br/portal/images/stories/PDFs/relatorio_institu cional/190802_atlas_da_violencia_2019_municipios.pdf. Acesso em: 28 maio 2022.

11 Foram 827 mortos pela polícia no Estado, segundo pesquisa realizada entre meados de 2019 a meados de 2021. Disponível em: http://observatorioseguranca.com.br/wordpress/wp-content/uploads/2021/07/REDE-DE-OBS_2_A-VIDA-RESISTE-_ALEM-DOS-DADOS--DA-VIOLENCIA.pdf. Acesso em: 28 maio 2022.

12 Disponível em: http://dapp.fgv.br/analise-aponta-relacao-entre-numeros-de-letalidade-e-de-vitimizacao-policial-no-pais/. Acesso em: 28 maio 2022.

e o ciclo de horrores recomece), taí o prato quente da vingança, esfriando há décadas nos telhados das favelas da cidade.

Pior: os policiais não apenas morrem em operações policiais ou ataques de criminosos; eles também se matam constantemente, sendo uma das categorias profissionais mais abatidas pelo suicídio e também pela depressão.[13]

Não, não está bom para ninguém.

No desditoso ano de 2019, operações da PM realizadas nas favelas da região central da cidade (especificamente, em fevereiro, nas comunidades Fallet e Fogueteiro) deixaram quinze mortos. Três meses depois, na região da Maré, a Polícia Civil deixou um rastro de oito mortos. Em ambos os casos (e em muitos outros), denúncias de execução sumária de indivíduos já rendidos abundam na Defensoria Pública da União e do Estado, assim como no MP do Rio, e, se vocês acham que isso é intriga de esquerdopata, saibam que a perícia da própria Polícia Civil confirmou essa prática. Também é de conhecimento público e notório a ocorrência de furtos, invasões de domicílio sem mandato ou causa imediata, abusos em geral (inclusive sexuais) durante essas operações policiais.

Existem particularidades relacionadas à atuação e ao julgamento das polícias no estado do Rio de Janeiro, como a infeliz, inacreditável e infame Súmula nº 70 (por que não é inconstitucional, eu me pergunto) do Tribunal de Justiça do Rio, que dá peso de prova ao depoimento do policial. Mas a violência policial é servida a quilo em todo o país, onde os autos de resistência (igualmente infelizes, inacreditáveis e infames) promovem um carnaval de cínicas encenações em que execuções a sangue-frio se transformam em excludentes de ilicitude.[14] Tais encenações fazem parte do cotidiano, e uma análise dos corpos de

---

13 Disponível em: https://ippesbrasil.com.br/wp-content/uploads/2020/09/Boletim-IPPES-2020-Notifica%C3%A7%C3%A3o-de-Mortes-Violentas-Intencionais-entre-Profissionais--de-Seguran%C3%A7a-P%C3%BAblica-no-Brasil-ERRATA.pdf. Acesso em: 28 maio 2022.

14 Assista ao documentário *Autos de resistência*, de Natasha Neri. Outro documentário que vale a pena assistir: *As histórias por trás de recorde de mortes pela polícia em plena pandemia*, de Ligia Guimarães para a BBC. E, se alguma coisa ainda consegue chocar ou surpreender, é saber que até uma criança de 2 anos foi assassinada pela polícia em um auto de resistência, um crime que foi parar na Comissão Interamericana de Direitos Humanos. Aqui no Brasil o crime já prescreveu e ninguém foi sequer levado à justiça. Disponível em: https://g1.globo.com/rj/rio-de-janeiro/noticia/2019/04/15/ha-23-anos-pai-luta-para-punir-pms-por-morte-de-maicon-de-2-anos-caso-foi-registrado-como-auto-de-resistencia.ghtml. Acesso em: 28 maio 2022.

delito indica um elevado número de pessoas que morrem com tiros à queima-roupa, pelas costas – e isso, para quem não assistia à série *C.S.I.: Investigação Criminal*, indica execução sumária.

Compreende-se por que o Ministro do Superior Tribunal Federal Edson Fachin proibiu operações policiais em favelas do Rio de Janeiro, exceto em casos de "hipóteses absolutamente excepcionais", sendo necessário o envio de justificativa por escrito ao MP. Isso foi em junho de 2020, no contexto de uma pandemia fora de controle e do inexplicável aumento de violência policial em várias partes do país. O Ministro declarou: "Nada justifica que uma criança de 14 anos de idade seja alvejada mais de 70 vezes. O fato é indicativo, por si só, que, mantido o atual quadro normativo, nada será feito para diminuir a letalidade policial, um estado de coisas que em nada respeita a Constituição".

IMPUNIDADE A QUILO

A impunidade vem funcionando como um dos maiores combustíveis a alimentar a ilegalidade e a violência do Estado brasileiro ao longo desses dois séculos de existência. Ela não existe por acaso, emergindo sob formas específicas e com objetivos bastante coerentes.

No caso da chacina em Vigário Geral, dos 33 indiciados no processo, 21 foram absolvidos e reintegrados à força policial. Mas o sujeito que rouba um quilo de carne vai preso sem dó. Passa anos na cadeia, se não der a sorte de um bom advogado da defensoria pública se interessar pelo seu caso. O perfil de encarcerados no Brasil demonstra com bastante clareza que só pobre vai pro xilindró. Raramente enviamos para nossas prisões pessoas com alto poder aquisitivo ou capital político.[15]

A impunidade se tornou um dispositivo eficiente que mantém abertas as possibilidades de escolha de um Estado muito pouco preocupado com o

---

15 Há um grande número de presos sem condenação e também de pessoas condenadas por crimes leves e de baixo potencial ofensivo que ficam presas anos além da conta porque o sistema judiciário no Brasil é assim mesmo, lento, triste e só funciona na base da pressão, que os pobres obviamente não têm como imprimir. Disponível em: https://www2.camara.leg.br/atividade-legislativa/comissoes/comissoes-permanentes/cdhm/noticias/sistema-carcerario-brasileiro-negros-e-pobres-na-prisao; https://www.scielo.br/j/civitas/a/wjmWpRx3yMLqSJ6fQJ9JkNG/?lang=; https://www.justica.gov.br/news/ha-726-712-pessoas-presas-no-brasil. Acesso em: 28 maio 2022.

bem-estar dos cidadãos comuns. Não é à toa que no Brasil, ao contrário de outros países que passaram por ditaduras, especialmente as ditaduras militares da América Latina das décadas de 1960 e 1970, a anistia que foi concedida àqueles que a combateram de armas na mão teve que ser aplicada também aos agentes do Estado que cometeram crimes contra a humanidade, como torturas e execuções sumárias, práticas proscritas, inclusive, por tratados internacionais dos quais o Brasil é signatário.[16]

Quando o Estado não pune um dos seus agentes por práticas ilegais, e, nesse caso, que violam direitos humanos, a mensagem é clara: não tem problema arrancar unha de detento ou esfregar a cara do pivete no asfalto a uma temperatura de 55 °C. Faz parte do jogo e nossas leis não precisam ser aplicadas para todo mundo.

Um sem-número de cidadãos do bem partilha dessa visão de mundo, e essa mensagem recebe apoio incondicional daqueles que se acham a salvo. Mas a verdade é que, se os agentes do Estado agem contra a ordem estabelecida pelo próprio, sem medo de represálias, torna-se difícil controlar o grau de violência utilizado, e mesmo seus alvos. Apesar de a violência policial ter alvo certo (a população preta e pobre), o descalabro da nossa impunidade atualmente permite que fiscais do Ministério do Trabalho que denunciam trabalho escravo, juízas e vereadoras que investigam milícias, jornalistas estrangeiros e servidores públicos que denunciam desmandos e assassinatos na floresta sejam assassinados por pessoas direta ou indiretamente ligadas às forças de segurança (públicas ou privadas), e a serviço de sabe-se-lá-o-quê. Tais *soldados* algumas vezes pagam a conta dos seus mandantes, demasiado no topo da hierarquia para sofrerem sequer arranhões. Mas o estrago já está feito.

Não dá para abrir as portas do inferno e escolher quais demônios vão sair pra passear.

---

16 Convenção Contra a Tortura e Outros Tratamentos ou Penas Cruéis, Desumanos ou Degradantes, adotada pela ONU em 1984 e ratificada pelo Brasil em 1991, que dispõe de uma legislação própria para lidar atualmente contra a prática. Disponível em: https://www.cnj.jus.br/wp-content/uploads/2019/09/c9175bd2c46c4de6b67468beed359d4c.pdf. Acesso em: 28 maio 2022.

ESSE PESSOAL DO DIREITOS HUMANOS

No primeiro pico da desesperadora pandemia de covid-19, em 2020, as UTIs lotadas e os celulares mais ainda de *fake news* sórdidas disseminadas por gente doente e/ou de extrema direita (frequentemente as duas coisas vêm junto), minha mente exausta alimentava pensamentos muito cruéis de que as pessoas que não usavam máscara e depois caíam doentes tinham que ser entubadas em um contexto de escassez de material e recursos humanos. Minha raiva era tamanha que eu considerava: quem não quer usar máscara não deveria ter acesso ao atendimento de rede pública caso contraíssem a doença. Sabe-se que epidemias virais são cruéis e vitimam muitas pessoas, mas muitas delas poderiam ter evitado a morte se tivessem se cuidado. Pior: pessoas que não se cuidam são diretamente responsáveis pela morte de outras, já que disseminam o vírus e sobrecarregam o sistema de saúde com os frutos da sua irresponsabilidade.

O fato é que esse não atendimento vai contra os direitos humanos estabelecidos paulatinamente ao longo, principalmente, do século XX. Deixar morrer, afinal de contas, é uma forma de assassinato; não se pode deixar um ser humano morrer sem atendimento só por ser um babaca. E, se cada um tem o direito de ser babaca ou de desejar a morte dos babacas, o comportamento dos agentes públicos não pode se guiar por nossas macabras paixões, e as leis estabelecidas (algumas delas, em função dos direitos humanos) para limitar nossas sandices devem ser obedecidas.

Direitos humanos servem pra isso. Não é para defender bandido, mas estabelecer um patamar mínimo de existência que deve ser igual para todos.

Gente que obedece às leis e come linguiça jamais deveria ver como ambas são feitas, eu sei. Há leis injustas e ilegítimas, e devemos lutar contra quaisquer dispositivos que nos condenem ao silêncio, à submissão, à eterna desigualdade, à pobreza e à injustiça. Mas a defesa das leis aqui realizada ocorre em um contexto que sequer conseguimos fazer com que o Estado as aplique de forma isonômica. A essa altura, obrigar agentes públicos e privados a cumprir a lei e aplicá-la de tal forma já seria um enorme lucro.

Lá vem o direitos humanos [sic]... *Esse pessoal dos direitos humanos só defende bandido. Essa gente do direitos humanos só atrapalha, não deixa o policial trabalhar.*

Há pessoas que repetem tais frases e nem sabem do que estão falando. Querem apenas saciar sua sede de sangue (inocente ou culpado, não vem ao caso) e atacam quem se põe no caminho delas. Enredam-se em campanhas insidiosas articuladas pelos piores bandidos, que utilizam meias-verdades sórdidas para desmoralizar uma das iniciativas mais nobres da contemporaneidade: a ideia de que um ser humano, seja lá o que tenha feito, não pode e não deve ser submetido a tratamento atroz, e o princípio de que todos nós, independentemente de gênero, credo, tamanho, idade, cor, nacionalidade, conta bancária sujeitamo-nos a esse princípio exatamente da mesma forma, e temos todos, genericamente, os mesmos direitos básicos.

A pena de reclusão (cadeia) não viola os direitos humanos; tortura, sim. Trocando em miúdos, para quem quer entender: o princípio dos chamados direitos humanos estabelece que, sim, somos todos iguais; e, não, ninguém merece ser tratado de forma cruel, dolorosa, intolerável e destruidora dos aspectos mesmos que nos tornam humanos.

Para o Estado brasileiro – para as elites brasileiras e quem com ela se identifica –, não somos todos iguais; alguns são menos cidadãos – menos gente – que outros, aliás: comunistas, macumbeiros, sindicalistas, maconheiros, cabanos, favelados, traficantes merecem, sim, qualquer padecimento possível.

As forças de repressão (ao crime, aos movimentos sociais, à desordem urbana, aos opositores políticos) tendem a se opor, em maior ou menor grau, ao discurso e às práticas relacionadas aos direitos humanos, e isso não é exclusividade nossa. Em alguns países, essa resistência é implícita e em geral tem consequências práticas pontuais. No Brasil, ela é dita em alto e bom som, recebe apoio do presidente e de vários setores da sociedade e permeia a prática das nossas forças de Segurança Pública a ponto de termos índices de violência policial inadmissíveis em democracias.

Ao longo da nossa história, tais forças agiram ao largo de uma ordem legal que consideravam um empecilho ao seu trabalho de investigar, prender, julgar e executar o vilão da vez. Muitas vezes constituíram grupos paramilitares a serviço do Estado. Atualmente, esses grupos trabalham em benefício próprio.

As milícias, de infame notoriedade, já se articulavam nos anos 1990 em vários estados do Brasil. Formadas por elementos das forças de segurança, ativos ou não, organizam-se para cometer crimes, muitas vezes sob o manto da profissão, e aterrorizar comunidades inteiras, exatamente como fazem os traficantes de drogas. O sucesso que obtiveram no Rio de Janeiro se deve também às particularidades processuais, legais e estruturais da polícia que permitiram o elevado grau de arbitrariedade e impunidade que caracterizam o Estado (embora não somente ele).[17] Como já foi dito, apesar das iniciativas quase aleatórias, decididas em mesas de bar, a crueldade de tais ações de extermínio tem uma mensagem didática bastante clara. Ela intimida, silencia, esvazia a vida em comunidade, semeia descrença em instituições públicas e nas possíveis soluções construídas em sociedade.

Em um exercício talvez inútil de futurologia, acredito que nossas elites ainda pagarão muito caro por terem aberto as portas do inferno. Buscando apenas facilitar uma limpeza social e mesmo étnica, e ensinar que a democracia não é para todos, cada vez mais as elites se veem obrigadas a dividir o espaço com verdadeiros parasitas do crime, tradicionalmente à margem do sistema produtivo, financeiro e político.

DE VIGÁRIO AO JACAREZINHO

Setecentas e sessenta e seis pessoas morreram pelas mãos da polícia em favelas do estado do Rio de Janeiro entre junho de 2020 e outubro de 2021. Esse número representa uma queda significativa (!!!!) de cerca de 35% em relação ao período anterior, em resultado da Arguição de Descumprimento de Preceito Fundamental (ADPF)[18] instituída pelo ministro do STF, Edson Fachin, em junho de 2020, que em seu despacho determinou: "Sob pena de responsabilização civil e criminal, não serão realizadas operações policiais durante a epidemia de covid-19, salvo em hipóteses absolutamente excepcionais".

No entanto, essa redução se deu em um contexto de elevação de mortes, um crescimento ininterrupto desde 2015. Para piorar: ignorando solenemente a determinação da Corte Maior deste país, há indícios de que as polícias fluminenses deixaram de comunicar parte das operações realizadas, o

---

17 A inoperância do sistema jurídico faz parte da história: um levantamento da organização Human Rights Watch mostra que o MP-RJ apresentou denúncia em apenas 0,1% dos 3.441 casos de homicídios cometidos pela polícia de 2010 a 2015. Zero virgula um por cento. Disponível em: https://www.hrw.org/pt/report/2016/07/07/291419. Acesso em: 28 maio 2022.

18 A Arguição de Descumprimento de Preceito Fundamental (ADPF) é uma ação de controle de constitucionalidade prevista na Constituição Federal de 1988, que tem como finalidade combater o desrespeito aos preceitos fundamentais da Constituição, podendo ser acionada para combater, reaver ou evitar as ofensas ao conteúdo da Carta Maior. Tem gente que acha que o voto da maioria dos eleitores concede imediatamente ao presidente eleito a possibilidade de fazer qualquer coisa. Não é bem assim.

que começou a ocorrer cada vez mais desde outubro de 2020. Há controvérsias, e o governo do Estado nega esse dado.[19]

Em plena vigência da ADPF, uma operação da Polícia Civil em maio de 2021 deixa 29 mortos em uma comunidade da zona norte do Rio de Janeiro, um forte indicador de que as instituições estaduais já não levavam muito a sério a decisão do STF. A chacina do Jacarezinho, operação policial mais letal jamais ocorrida no Estado, colocou em funcionamento aquela velha máquina conhecida dos brasileiros, a da produção-do-horror-passageiro: ganha enormes manchetes nos jornais impressos, televisivos e virtuais, cai na boca do povo e gera um monte de hashtags, milhões de curtidas e compartilhadas, choque internacional, declarações da ONU e outros organismos estrangeiros...

Dessa vez não foi uma operação de retaliação contra possíveis criminosos que atacaram algum policial ou viatura, que em geral adquire feições quase amadoras, com baixo nível de organização e transparência. Não, ela foi muito bem planejada pela Polícia Civil, e seu objetivo, cumprir mandados de prisão, era mais do que legítimo. O fato de ter descambado para um verdadeiro ataque em que muitos mortos foram simplesmente executados nos deixa perplexos, a despeito do histórico (ruim) da atuação das nossas polícias. Até a Wikipédia sabe que o estado do Rio de Janeiro "possui um histórico com uma série de chacinas similares, com execuções realizadas em operações policiais apresentando uma tendência de uso desproporcional da força em favelas".

---

19 O relatório pelo Grupo de Estudos dos Novos Ilegalismos da Universidade Federal Fluminense (GENI-UFF) apresenta uma pesquisa realizada entre junho de 2020 e fevereiro de 2021 segundo a qual quase metade das operações policiais não foi informada. Em suas conclusões finais, o relatório afirma: "a medida cautelar concedida pelo STF na ADPF 635 foi a medida de preservação da vida contra a violência letal mais importante dos últimos 14 anos no estado do Rio de Janeiro, mas esta corre sério risco de ser completamente esvaziada pela opção deliberada das autoridades políticas e policiais do estado do Rio de Janeiro por não cumprir a decisão liminar do STF. Por um lado, para o conjunto das instituições do Estado de Direito, o descumprimento de uma decisão da mais alta corte do país é crime passível de responsabilização, por outro, seus impactos serão a volta de uma política baseada em operações policiais, que já se demonstrou historicamente letal para a população negra, pobre e residente em favelas, além de ineficaz para o controle do crime". É difícil deixar de acreditar que esse é o país do *bundalelê*, como se dizia antigamente, se o Executivo tende a mandar o Judiciário pastar e fica tudo por isso mesmo. Disponível em: http://geni.uff.br/wp-content/uploads/sites/357/2021/04/Relatorio-audiencia_balanco_final_22_03_2021-1.pdf. Acesso em: 28 maio 2022.

A *Operação Exceptis*, concebida pela Polícia Civil para investigar o aliciamento de crianças para ações criminosas (motivação mais do que louvável; não esqueçamos que as maiores vítimas das infames quadrilhas que se instalam em comunidades pobres são os moradores, especialmente as crianças), adentrou a comunidade do Jacarezinho, que ostenta um dos Índices de Desenvolvimento Humano (IDHs)[20] mais baixos da cidade e deixou um rastro de 28 mortos e dezenas de feridos, até mesmo dentro do metrô, e um policial foi executado com um tiro na cabeça por um criminoso da região.

As operações da polícia parecem não levar em conta as pessoas ao redor. Eu não consigo acreditar que as *baixas civis* são inevitáveis, e que o rastro destrutivo que deixa nas comunidades faz parte do jogo e vale a pena para pegar meia dúzia de bandidos, os quais, aliás, muitas vezes são simplesmente executados, em vez de presos e julgados como deveriam ser.

O cotidiano de terror das pessoas que vivem nas regiões que são os alvos constantes das operações policiais é muitas vezes minimizado por aqueles que não sabem o que é o assédio de indivíduos armados que se consideram acima da lei, nem os confrontos periódicos entre quadrilhas rivais ou forças de Segurança Pública e quadrilhas, helicópteros voando baixo, rajadas de metralhadoras que não poupam crianças soltando pipa, mulheres pintando o cabelo, idosos em cadeiras de roda.

As mesmas manchetes de sempre pipocaram nos meios de informação, à medida que detalhes da operação e da investigação subsequente vinham à tona: "ONU pede investigação imparcial sobre operação no Jacarezinho", "Justiça do Rio libera presos na operação no Jacarezinho", "9 horas de terror no Jacarezinho: operação policial mais letal da história do RJ causa 28 mortes", "Os erros da Polícia Civil na chacina de Jacarezinho", "'Não vai embora, vão me matar!': a radiografia da operação que terminou em chacina no Jacarezinho", "RJ tem 7 entre as 10 maiores cidades com as mais altas taxas de letalidade policial do país", "Chacina do Jacarezinho faz 2 meses sob temor de impunidade", "Chacina do Jacarezinho: 'Brasil foge de regras que se aplicam a uma guerra e faz extermínio'", "MP-RJ denuncia 2 policiais civis por morte durante

---

20   O Índice de Desenvolvimento Humano foi desenvolvido em 1990 e, desde então, é utilizado pelo Programa das Nações Unidas para o Desenvolvimento. Embora, como parâmetro global, seja ineficiente por não ser capaz de medir desigualdade, se usado como medidor restrito pode ser útil, já que leva em conta índices como educação, renda, longevidade.

operação no Jacarezinho", "35 mil crianças e adolescentes foram assassinados em 5 anos no Brasil", "Número de mortos até 4 anos cresceu 27% em 2020, diz estudo", "ONU pede investigação de operação policial em favela no Rio de Janeiro, que matou pelo menos 25", "Jacarezinho: perícia aponta vítimas baleadas pelas costas, mortes sem confronto e cenas modificadas".

A mesma história de sempre, contada por testemunhas e pela própria perícia: muitas vítimas mortas com tiros nas costas e/ou à queima-roupa, cenas modificadas, vítimas sem culpa formada (pelo menos duas).[21] E, novamente, a ONU e outras instituições internacionais saem em grita geral, denunciando o Brasil por sistematicamente eliminar amplas parcelas de população pobre e afrodescendente, e mostrar-se incapaz de investigar tais eliminações.[22]

No campo, na favela, no sul, no norte, somos mesmo o país do extermínio. As agências internacionais sabem disso muito mais do que nós mesmos.

A operação que deixou 29 mortos (contando com o policial) foi defendida com unhas e dentes pelo delegado e subsecretário operacional da Polícia Civil do Rio de Janeiro, Rodrigo Oliveira, quando as acusações de extermínio deliberado inundaram os meios de comunicação impressos, eletrônicos e digitais. Como de praxe, a polícia insistiu na criminalização indiscriminada de todas as vítimas: *foi no churrasco de aniversário do dono da favela? Bandido, tem que morrer; vendia papelote de cinco na boca de fumo? Bandido tem que morrer; corta o cabelo igual ao do vizinho traficante? Bandido, tem que morrer; foi preso por furto em 2009? Bandido, tem que morrer.* Para o delegado, a grita contra essa operação de extermínio tinha origem naquele *ativismo judicial* que não deixa o pobre policial trabalhar em paz porque fica exigindo que a lei seja cumprida, coisa mais ultrapassada. Disse ele que a operação foi legal e seguiu as determinações do STF. E, também, que ela se desenrolou nos conformes; no que foi desautorizado por uma enchente de juristas, que consideraram a forma

---

21 Só pra lembrar: pessoas são executadas no Brasil inteiro, de norte a sul, no campo e nas cidades; como já dito, nossos índices de letalidade policial não são condizentes com a democracia. Em outubro de 2021, na zona rural de Varginha, em Minas Gerais, a polícia deixou um rastro de 26 mortos, durante uma operação para *prender* quadrilhas de assaltantes. Em Osasco e Barueri (SP), dezoito pessoas foram executadas na noite de 13 de agosto de 2015, crime pelo qual foram indiciados quatro policiais.

22 Disponível em: https://news.un.org/en/story/2021/05/1091482; sobre o assassinato seletivo da população negra: https://news.un.org/en/story/2020/11/1078432. Acesso em: 28 maio 2022.

com que a operação se realizou um acinte.[23] Apenas pra começar, as escolas e os serviços públicos não foram fechados antes da realização da operação, o que deveria ser de praxe e bom senso.

A polícia insiste na legitimidade e eficiência da operação. Como de costume, moradores acusam a polícia de executar quem estava se rendendo; e, em contrapartida, como de praxe, a polícia acusa de *ativismo judicial* aqueles que exigem as respostas para as perguntas de sempre, que nunca são respondidas. Inquéritos parados, falta de provas, testemunhas que somem no vento resultam na impunidade de sempre. Só piora, pois, por exemplo, em 2021 o Grupo de Atuação Especializada em Segurança Pública (Gaesp), responsável por investigar abusos cometidos pela polícia do MP do Rio de Janeiro, chegou a ser extinto. Esse tipo de coisa só atrapalha o trabalho da polícia, como afirmou com todas as letras um policial em entrevista coletiva logo depois da chacina, referindo-se ao *ativismo judicial*: "Seria leviano da nossa parte nomear a, b ou c. Mas são diversas organizações que querem impedir o trabalho da polícia. Temos um objetivo, e eles outro. São grupos ideológicos".[24]

Não matar à toa pessoas (independentemente do que tenham feito) sem chance de defesa agora virou ideologia de esquerdopata. Defender a lei, *idem*. Respeitar a lei não passa de questão de ideologia para essa parcela perversa da direita brasileira.

Eles desprezam o ativismo judicial, uma atuação legítima de agentes do Poder Judiciário, juristas e advogados no sentido de vigiar o próprio Estado para que ele cumpra suas leis e proteja o povo, porque no fundo desprezam as leis. *Rewind* para o Capítulo 1, em que Soares d'Andrea dizia o mesmo ao combater os cabanos.

---

23 A polícia tentou ampliar a afronta ao determinar o sigilo sobre a operação por cinco anos, o que o ministro Fachin derrubou poucos meses depois. A Defensoria Pública do Rio de Janeiro desde o início questionou a conformidade da operação em relação à decisão do STF. Segundo a defensora Maria Júlia Miranda, "Como a polícia considera exitosa uma operação que deixa um saldo de 25 mortos? [a contagem de corpos final demorou alguns dias para ser concluída]. Isso contradiz tudo que já estudamos sobre segurança pública. Não podemos continuar com um estado em que cerca de 30% das mortes violentas decorrem de intervenção policial". Disponível em: https://agenciabrasil.ebc.com.br/geral/noticia/2021-05/defensoria-publica-questiona-operacao-no-jacarezinho-e-vai-ao-stf. Acesso em: 28 maio 2022.

24 Disponível em: https://brasil.elpais.com/brasil/2021-05-06/chacina-do-jacarezinho-desafia-decisao-do-stf-e-deixa-perguntas-conhecidas.html. Acesso em: 28 maio 2022.

Outro *rewind*:

No final de julho de 1993, quatro policiais foram assassinados por criminosos da favela de Vigário Geral. *Em represália*, cerca de cinquenta PMs entraram na favela em 29 de agosto e promoveram o banho de sangue descrito no início do capítulo.

Essa história não faz sentido algum. Nenhum criminoso ou traficante que porventura pudesse ter assassinado os policiais foi sequer alvejado. Vingança estranha essa, que deixa os algozes livres, leves, soltos. Anos depois, o chefe do tráfico da favela na época disse que não foi nada disso, que os tais PMs tinham matado seus quatro colegas, porque estes não haviam dividido uma comissão paga após a chegada de um carregamento de cocaína. Vai saber.

O imbróglio judicial que se seguiu ao caso lembra o doloroso processo do massacre de Carajás. O processo conhecido por Vigário Geral 1 partiu da denúncia de Ivan Custódio, informante da PM. Seis pessoas foram condenadas; nove, inocentadas; e três não enfrentaram julgamento por falta de provas. No calor dos acontecimentos, dezenas de PMs foram parar atrás das grades, e, por meio de escutas usadas por alguns deles, dez envolvidos foram inocentados e outros dezenove, denunciados. Três dos rapazes que usaram a escuta foram executados nas esquinas da vida.

Daí a abertura do processo conhecido por Vigário Geral 2. Dos dezenove acusados, oito tiveram de ser liberados por falta de provas e um cumpriu pena porque uma das armas do crime foi encontrada em seu poder. Outros nove foram liberados num julgamento em que a fita gravada não foi considerada prova legítima. E o último ganhou um recurso e não será julgado.

O imbróglio continuou décadas afora:

> Vinte anos depois, dos 52 acusados pelo crime, sete foram condenados e, desse grupo, três foram absolvidos posteriormente, em outro julgamento. Um quarto PM foi morto em 2007, quando estava foragido da Justiça. Sobraram três, mas um teve a pena extinta em 2012, outro está em regime condicional e o único preso, Sirlei Alves Teixeira, permanece atrás das grades por causa de outros crimes.[25]

---

25 Disponível em: http://olerj.camara.leg.br/retratos-da-intervencao/chacina-de-vigario-geral. Acesso em: 28 maio 2022.

Jacarezinho e Vigário Geral não passam de pontas de icebergs. Depois de certa altura, perde o sentido citar os números da nossa assustadora desgraça: entre a impunidade policial e a aceitação tácita de amplas parcelas da população diante do que preferem acreditar ser a eliminação sumária de criminosos,[26] perdemos milhares de pessoas todos os anos; pessoas de todas as idades, gêneros e credos que os brasileiros acharam por bem considerar dispensáveis.

Esse interminável círculo vicioso e violento altera nossa percepção do mundo, do outro, da vida pública, do destino que temos em comum.

APAGANDO A LUZ

Não é à toa que um dos batalhões mais violentos da PM no Brasil, Rondas Ostensivas Tobias de Aguiar (ROTA), nasceu em 1970 para combater opositores do regime militar, em especial militantes da luta armada. A tropa acostumou-se a ter licença para matar, mesmo quando poderia facilmente prender, mesmo quando seus alvos se rendiam, desarmados. Finda a ditadura, passaram a se dedicar com louvor a perseguir pretos e pobres na capital paulista. Não surpreende nem um pouco saber que em 2019 a ROTA matou quase 100% a mais do que no ano anterior: foram 101 civis.[27]

Nada disso é segredo para ninguém; tampouco é novidade. O pesquisador do Grupo de Estudos sobre Violência e Administração de Conflitos (Gevac) da Universidade Federal de São Carlos (UFSCar), Henrique Macedo, esclarece:

> Os policiais consolidam na unidade uma ideia de história, que vem desde o Batalhão de Caçadores (tropa criada em 1823, quando Dom Pedro I proclamou a independência do Brasil e escolheu militares para defender o novo governo) da época do Império. Até hoje têm a ideia de "boa caça" quando saem do batalhão.[28]

---

26 Criminosos com um perfil bastante específico; não esquecer.

27 BARCELLOS, C. *Rota 66: a história da polícia que mata*. O livro conta a história da agremiação policial e fornece uma série de dados que deveriam nos deixar preocupados. Por exemplo, como 65% das vítimas da ROTA eram inocentes.

28 Entrevista dada pelo pesquisador ao site *Outras palavras*. Disponível em: https://outraspalavras.net/outrasmidias/rota-50-anos-de-matanca/ Acesso em: 28 maio 2022. Ele é o

O discurso oficial sustenta que, salvo raras exceções, os mortos pela ROTA entraram em conflito com esta. No entanto, seu *modus operandi* (assim como de muitas outras tropas Brasil afora) indica execução sumária. E nunca é demais lembrar: bandido tem que ser preso pela polícia e julgado por um tribunal. No Brasil não há pena de morte e, de todo modo, quem prende não pode julgar.

Em outubro de 2021, o MP do Rio de Janeiro ofereceu denúncia contra dois agentes que participaram da *Operação Exceptis*, por homicídio doloso e fraude processual. Foi a primeira denúncia relacionada ao caso: o da morte de um rapaz encurralado em um quarto de criança, que, mesmo rendido e machucado com um tiro no pé, teve seu corpo removido na tentativa de impedirem a perícia, além de registrarem no boletim de ocorrência que haviam recolhido uma pistola e um carregador (objetos plantados). É só o começo?

No momento em que escrevo, sabe-se que a força-tarefa formada pelo MP-RJ para investigar a operação, formada poucos dias depois da chacina e prorrogada por quatro meses em setembro de 2021, resultou nos doze inquéritos abertos. Quatro foram arquivados em resultado do trabalho da perícia e os outros oito seguem, sendo um deles o que apura a morte do policial em ação (sim, a força-tarefa também vai investigar os bandidos que mataram o policial, como deve ser).[29]

Que as investigações sobre a operação em Jacarezinho sigam rumo diferente daquele tomado pelo massacre de Carajás e de Vigário Geral. A condenação a décadas de prisão de oito dos doze militares envolvidos na morte do músico (negro) Evaldo Rosa, metralhado por mais de duzentos tiros em um carro, enquanto passeava com a família, e de Luciano Macedo, que tentou ajudá-lo e foi alvejado, em uma operação do Exército em 2019, certamente pode trazer algum alento e esperança de que os horrores sejam investigados e seus perpetradores, punidos. Ou talvez, não, já que a defesa recorreu e eles aguardarão o desfecho do caso em liberdade.

---

responsável pela pesquisa: *A doutrina da ROTA*: o ethos do "Policial de ROTA". Disponível em: https://doi.org/10.46269/8119.339. Acesso em: 28 maio 2022.

29 O trabalho da perícia contou com a ajuda, inclusive, de técnicos da polícia de outro estado (SP), já que a perícia fluminense ainda é vinculada à Polícia Civil — a mesma instituição que deveria investigar. O Rio de Janeiro é um dos oito estados em que isso ainda acontece, e com a agravante de que o perito está diretamente subordinado ao delegado. Pode isso: investigar a si mesmo? No Rio de Janeiro (e no Ceará) pode.

O que está em jogo aqui é o tipo de justiça e de democracia que temos e queremos. Se vivemos em um país em que é aceitável que a polícia mate horrores nas comunidades pobres, pessoas que sequer foram formalmente acusadas ou investigadas, sob a aceitação quase geral, o que impede que, em um futuro nada distante, ela execute as pessoas porque estão protestando nas ruas por melhores salários ou pela realização de eleições livres? Ou por não terem emprego ou moradia fixa?

Ou, simplesmente, por tédio?

Vejam a seguir documento citados neste capítulo.

PROCURADORIA-GERAL DE JUSTIÇA
Rio, outubro de 1993, Ano III, nº 24

Chacina de Vigário Geral dá pistas do crime organizado no Estado do Rio de Janeiro

O Ministério Público ofereceu denúncia no dia 22 de setembro contra 33 envolvidos na chacina da Favela de Vigário Geral, ocorrida na madrugada de 30 de agosto, quando foram mortas 21 pessoas. O MP requereu também a prisão preventiva dos acusados, decretada pela Juíza Elisabeth Gregory, do IV Tribunal do Júri.

De acordo com a denúncia, os crimes impossibilitaram qualquer tipo de defesa por parte das vítimas e foram cometidos em represália às mortes de quatro policiais militares, ocorridas dois dias antes, no mesmo local. O documento foi assinado pelos Promotores de Justiça Mendelssohn Pereira, Marcos Ramayana, Vicente Arruda Filho, Walberto Fernandes de Lima, Antonio José Campos Moreira e Luiz Otávio de Freitas, que pediram o enquadramento dos denunciados por tentativa de homicídio e homicídio duplamente qualificado.

Os 33 acusados de participar do massacre - dentre eles 28 PMs, três policiais militares e dois informantes - já foram interrogados pela Juíza Maria Lúcia Capiberibe, do II Tribunal do Júri, para onde foi distribuído o processo. Ao que tudo indica, os responsáveis pela chacina voltarão a ocupar em breve o banco dos réus, pelo fato de existir um inquérito para apuração de formação de quadrilha e bando armado, aberto pela Delegacia de Defesa da Vida (DDV), há cerca de um mês. O MP apura o envolvimento neste inquérito de deputados estaduais, podendo resultar em denúncia, caso haja provas suficientes.

Como num jogo de quebra-cabeças, as peças vão se encaixando aos poucos. O depoimento da testemunha-chave de Vigário Geral, ex-PM e alcagüete da polícia, foi considerado revelador. Suas informações irão possibilitar a abertura de novos inquéritos criminais, fora o esclarecimento dos já em andamento, como o que incrimina por enriquecimento ilícito cinco delegados, cinco policiais e um fiscal do Estado.

Além das apurações de denúncias por enriquecimento ilícito, o MP também está acompanhando um inquérito que averigua o envolvimento de policiais com a passagem do traficante colombiano Paulo Escobar pelo Rio de Janeiro, em 92. Os Promotores de Justiça Luís Otávio de Freitas e Guilherme Eugênio de Vasconcelos foram designados especialmente para cuidar do inquérito, instaurado no início de outubro pela Corregedoria de Polícia.

Prerrogativa Constitucional garante ao MP instaurar Inquérito Civil Público

O Estado do Rio de Janeiro impetrou Mandado de Segurança junto ao 3º Grupo de Câmaras Cíveis do Tribunal de Justiça, com pedido de liminar, contra ato do Procurador-Geral de Justiça que instaurou, a 16 de junho deste ano, Inquérito Civil Público para apurar fatos e responsabilidades sobre a situação da área de saúde, no Estado e Município, inclusive eventual improbidade administrativa na condução dos negócios de saúde e, até superfaturamentos.

Sustenta o impetrante que a atribuição desse tipo de inquérito é privativa da administração estadual, pretendendo contrariar prerrogativa constitucional do Ministério Público, que lhe assegura, entre outras atribuições, a de zelar pelo efetivo respeito dos Poderes Públicos e dos serviços de relevância pública aos direitos assegurados nesta Constituição, promovendo medidas necessárias à sua garantia (art. 129, II).

O Inquérito Civil Público instaurado prossegue, com investigações, depoimentos e provas colhidas no âmbito do Ministério Público do Estado do Rio de Janeiro.

Líderes do bloqueio da Avenida Brasil serão penalizados

O Ministério Público, através da Promotora de Justiça Leila Polastri, ofereceu denúncia contra Nélio Botelho e Hércules Pereira, presidente e vice-presidente, respectivamente, da Cooperativa Brasileira dos Transportadores Rodoviários Autônomos de Bens, Tânia Drumond, presidente do Sindicato das Empresas de Transportes de Carga e Sílvio Cunha, presidente do Clube dos Lojistas. Os quatro foram apontados como os responsáveis pelo bloqueio da Avenida Brasil no dia 22 de setembro último, impossibilitando, por dez horas, o livre acesso a uma das mais movimentadas vias públicas da cidade.

No documento, o MP, além de requerer uma série de diligências, como a expedição de ofícios à Light, CEG e Cedae, para apuração dos transtornos causados no atendimento à comunidade, posicionou-se contrariamente ao relaxamento da prisão em flagrante de Nélio Botelho e Tânia Drumond, pedindo a prisão preventiva de Sílvio Cunha e Hércules Pereira. A denúncia foi recebida pelo juiz do 11ª Vara Criminal, Marcos Quaresma, que decidiu pela concessão de liberdade provisória aos dois primeiros denunciados, indeferindo o pedido de prisão preventiva dos outros dois.

Os acusados foram incursos nas penalidades do art. 265 do Código Penal, que prevê pena de um a cinco anos de prisão por atentado contra a segurança e o funcionamento de serviços de utilidade pública.

Informativo do Ministério Público do Rio de Janeiro referente ao mês de outubro de 1993, Ano III, nº 24

Boletim Informativo do Ministério Público destacando a denúncia oferecida contra 33 envolvidos no assassinato de 21 pessoas na comunidade de Vigário Geral, assim como o pedido de prisão preventiva dos acusados. Rio de Janeiro, outubro de 1993. Centro de Memória Procurador de Justiça João de Marcello de Araújo Júnior – Ministério Público do Estado do Rio de Janeiro (MPRJ).

BREVE INCONCLUSÃO

Para um livro chamado *Extermínio*, talvez pareça estranha a pouca discussão em torno das nossas ditaduras formais e regimes de exceção: o Estado Novo de Getúlio Vargas (1937-1945) e a ditadura civil-militar (1964-1985).

Não esqueci.

Eles foram pouco abordados porque a luz foi lançada principalmente sobre os períodos liberais e democráticos da nossa história. Tempos em que nossas expectativas não incluiriam ações despóticas e ilegais do Estado e das suas forças de segurança.

Mas também não falamos de outras violentas revoltas do período imperial, como a Balaiada, no Maranhão, em que mais de 10 mil homens pobres, contando com o apoio de *escravos*, revoltaram-se contra condições precárias e humilhantes de vida e trabalho, deixando um rastro de mortos e fugidos.

Não citamos os campos de concentração instalados no Ceará, em tempos de seca extrema, nas primeiras décadas do século XX, em que milhares de cidadãos brasileiros, cujo único crime era fugir da fome, foram confinados para que não invadissem as ruas das boas cidades com seu desespero, e forçados pelo governo a permanecer em campos sem condições de higiene, sem água limpa para beber, alimentados por uma espécie de ração, dizimados por surtos de varíola e obrigados a trabalhar (muitas vezes apenas em troca de comida) em obras que beneficiariam apenas as grandes fazendas da região.

Faltou também falar dos soldados da borracha, dezenas de milhares de nordestinos arrastados para os seringais da Amazônia na década de 1940 (muitos dos quais nem voltaram) para produzir borracha, a fim de que aliados combatessem os fascistas durante a Segunda Guerra Mundial, sujeitos a condições extremas (selva, umidade, insetos, doenças como malária e febre amarela) e a contratos de trabalho atualmente caracterizados como escravidão, impostos pelos bons coronéis da região com o aval do governo federal, responsável pela organização de toda a operação.

Os operários mortos durante a construção de Brasília também não aparecem, assim como os crimes cometidos pela Guarda Especial de Brasília, força privada de Segurança Pública com carta branca para controlar a desordem na cidade em construção, resultando em muitos mortos, em ações que jamais foram sequer publicizadas e permanecem em obscuro semiconhecimento público.

Falamos pouco da Revolta da Vacina – também não esqueci.

Mas são histórias demais. Mortos demais. Precisamos de mais palavras, mais livros, mais tempo e mais coragem para essas incontáveis desgraças.

Falamos neste livro do caráter discricionário das nossas leis, que sempre valem somente para poucos; do descaso sistemático com a vida das pessoas, em especial daquelas que não são brancas, têm pouco estudo e dinheiro; do apoio quase generalizado a soluções ilegais (e imorais) para questões ditas de Segurança Pública; da condescendência diante de crimes privados e de colarinho-branco cometidos pelos criminosos de sempre; e da limitação das nossas democracias, permanentemente vinculadas a um gigantesco *até que*.

Em 2019 e 2020, policiais homicidas receberam um presentão de Natal, um indulto (ou seja, perdão oficial) concedido pelo presidente do Brasil eleito em 2018: "Policiais federais, policiais civis, policiais militares, bombeiros, entre outros que, no exercício da função ou em decorrência dela, tenham cometido crimes culposos ou por excesso culposo, ou seja, crimes cometidos sem intenção, são contemplados neste decreto". Também perdoa militares que cometeram crimes culposos durante operações de Garantia da Lei e da Ordem, e ainda para agentes públicos que praticaram crimes com objetivo de "eliminar risco existente para si ou para outrem", mesmo no período de folga.

Essa sem-vergonhice não é exclusividade nossa. Em outros países, o presidente também tem a prerrogativa (limitada) de conceder perdão a criminosos. Trump perdoou Steve Bannon, um mentiroso contumaz e um dos pilares da prática escandalosa e corriqueira de *fake news* e da política de ódio que marcaram a campanha e o mandato do ex-presidente americano; aliás, um espelho do que ocorre no Brasil. Ele chegou a ser preso em 2020, acusado de desvio de verbas, mas aguardava o julgamento em liberdade quando Trump, no apagar das luzes do seu governo, assinou seu indulto.

Esse mesmo presidente brasileiro afirmou, ao defender um projeto de lei segundo o qual um agente de Segurança Pública jamais teria que prestar contas de qualquer morte ocorrida pelas suas mãos: "Entre a vida de um policial e de mil vagabundos, ou de 111 vagabundos, eu fico com aquele policial militar contra aqueles 111 vagabundos".

Os 111 vagabundos aos quais ele se referiu dizem respeito aos presos assassinados no presídio do Carandiru em 1992 durante uma rebelião. Nenhuma tropa com armas de fogo mata mais de uma centena de pessoas armadas com facas e tochas para se defender. O nome disso é extermínio. Não interessa quem são os alvos, o assassinato a sangue-frio é sempre ilegal. É sempre horrendo, e sempre nos torna tão ruins quanto aqueles que exterminamos.

A mensagem de tudo isso é bastante clara: a lei não serve para nada.

Esse presidente foi eleito por milhões de brasileiros que assinam embaixo do seu discurso. Mesmo se argumentarmos que a maioria dos seus eleitores não apresenta os níveis de perversidade e ódio expressos em sua campanha e durante seu mandato, tendo sido meramente enredados em uma complexa teia de mentiras e contingências, ainda assim sua eleição demonstra o impressionante sucesso da atuação didática de um Estado genocida ao longo de duzentos anos.

Nenhum aparato estatal no mundo funciona sem violência – o monopólio do seu uso (legítimo),[1] na verdade, é considerado por muitos um caráter definidor do Estado. Mas o nível de violência oficial discricionária e ilegal é historicamente elevado em determinadas regiões do globo, e no Brasil esse nível não apenas é elevado mas também apoiado por camadas da sociedade que não se beneficiam dela.

É preciso tirar o chapéu para uma elite mesquinha e perversa como a nossa (como muitas delas, planeta afora), que conseguiu incendiar o país várias vezes com o apoio ativo de cidadãos que não tinham como escapar da fumaça ou das chamas. Foi com frequência prodigiosa que elas (nossas elites perversas e mesquinhas) convenceram uma maioria ainda mais surpreendente de que há brasileiros contra os quais toda e qualquer violência é legítima, e deve

---

[1] Para entender melhor essa discussão: SANTOS, S. C. M. dos. Políticas públicas-politi(k)con; FRANÇA, R. C. O sentido da política como vocação em Max Weber. *Revista de Ciência Política, Direito e Políticas Públicas-Politi (K) Con*; MALISKA, M. A. Max Weber e o estado racional moderno. *Revista Eletrônica do CEJUR*; WEBER, M. *A política como vocação*.

ser colocada em prática por agentes do Estado, sem necessidade de respeito pelas leis criadas por este.

O Brasil é signatário de uma série de tratados internacionais que defendem direitos humanos, sob as mais variadas formas. Inclusive, e principalmente, a Declaração Universal de Direitos Humanos, que em 1948 estabelecia em seu preâmbulo: "Considerando que o reconhecimento da dignidade inerente a todos os membros da família humana e dos seus direitos iguais e inalienáveis constitui o fundamento da liberdade, da justiça e da paz no mundo".

Mas, em 1979, o país abriu uma gentil exceção para si memo (e seus agentes) ao anistiar policiais e militares que haviam praticado tortura. Para quem não sabe, tortura é crime contra a humanidade, sem justificativa possível e nem prescrição, em acordo com o Estatuto de Roma, de 1998.

O Brasil é mesmo o país do jeitinho, e a Lei de Anistia de 1979 não passa de mais um exemplo.

Não há novidade em dizer que a história deste país, que celebra duzentos anos em 2022, transborda de ações de violência exacerbada, perpetradas com o objetivo de dissolver conflitos que, a se acreditar no que, em geral, nossas leis diziam, deveriam ter encontrado uma solução no campo jurídico-político. Não apenas para dissolver conflitos, mas para obliterar aquele que é visto como o grande inimigo da ordem, ou seja, da ordem excludente, desigual, perversa, que deixa um contingente de milhões de nacionais à margem de direitos e de oportunidades.

Essa violência despudorada parte tanto das elites, que defendem com unhas e dentes seus privilégios ancestrais, como dos agentes públicos, que deveriam promover a isonomia, a justiça para todos. Mesmo em momentos em que as instituições funcionam de maneira democrática, à margem dos discursos, das urnas, dos debates no Congresso e da atuação das ONGs, um avassalador poder paralelo mantém-se em guarda, funcionando à revelia dos poderes constituídos, mas, mesmo assim, embrenhado na esfera oficial.

Será tão estranho assim? Mero anacronismo? Sobrevivência de formas arcaicas de manutenção do poder e da segurança (daqueles que podem pagar por ela)? Persistência obsoleta de métodos de enfrentamento típicos de sociedades instáveis, bárbaras, totalitárias?

Parece que existe um Brasil que *não merece* ser civilizado, assim como alguns acham que certas mulheres merecem ser estupradas. Na mesma medida em que determinadas mulheres merecem todo o horror possível porque não seguem as diretrizes mais básicas de comportamento estabelecidas por uma sociedade que todos sabemos patriarcal, há cidadãos que não podem ser assim considerados, pois não seguem aquilo que deles se espera: a falsa cordialidade, a aceitação do seu lugar devido, o respeito não pelas leis propriamente ditas, mas pela palavra que vem de cima. Até porque, se sobram exemplos de que as leis não são seguidas nem mesmo por quem as elabora, como cobrar seu cumprimento pela sociedade em geral?

Desde sempre é dito ao povo brasileiro quem e o que ele é. Identidades (esse conceito fugidio, polissêmico) nacionais resultam de uma construção histórica, de processos políticos, de cristalizações expressas em uma cultura de substrato comum; não são fruto de decisões conscientes ou racionalizações instrumentais. É um processo incessante, que ocorre em ambientes mais ou menos hierárquicos, mais ou menos permeáveis a mudanças, mais ou menos democráticos, mais ou menos acessíveis a noções de igualdade entre todos os seres humanos. Assim é em qualquer lugar, em qualquer país, e o que devemos nos perguntar, se desejamos uma vida em que nosso futuro em comum exista, é se essa construção meia-boca que é a brasilidade, esse Estado tendencioso que é democrático *apenas se*, e se o ódio que permeia a relação entre as diferentes classes e grupos sociais que marcaram nossos últimos duzentos anos realmente nos bastam.

Não se trata aqui de um discurso pacifista de não violência, embora este tenha seu espaço e seu lugar (e espero, pessoalmente, que cada vez mais), tampouco de ter (ou não) pena de bandido. Instituições públicas não deveriam espelhar nosso desespero e nossas frustrações, e muito menos agir ao arrepio da ordem legal para defender uns enquanto enxovalha outros.

Trata-se, verdadeiramente, de buscar uma sociedade democrática, que não existe enquanto um Estado não reconhece suas próprias leis. A democracia formal não passa disso – uma forma sem conteúdo – se vivemos em uma sociedade em que uns são mais brasileiros que outros; aliás, em que uns são mais gente que outros.

Com que país e qual nação queremos nos comprometer?

Um Estado que cumpra as leis elaboradas nos limites da sua própria esfera é a exigência absolutamente mínima para que possamos viver com um mínimo de paz e estabilidade. Mas nem de longe basta para criar uma sociedade mais justa no sentido amplo da palavra, pois o que não falta nesse mundo são leis draconianas e instituições formalmente concebidas para reproduzir a opressão. Mas é isso que queremos? Talvez a essa altura alguns prefiram se lançar na aventura inesperada de viver em uma sociedade imprevisível e sem direitos.

Nossa democracia tem funcionado para poucos, e, quando muitos se incomodam, ela se torna uma ditadura. A sobrevivência dos implacáveis e ilegais métodos de apagamento de dissensão, que exemplificamos ao longo deste livro, dificilmente se deve a algum tipo de anacronismo. Ao menos, não só. Na verdade, parece que nossa democracia imperfeita precisa dessa válvula de escape para existir; precisa dos massacres e extermínios (sistemáticos ou pontuais, visíveis ou invisíveis) seletivos para sobreviver. De outra forma, seria impossível sufocar demandas por isonomia, justiça, o fim de um modelo tão excludente: fazemos de conta que somos uma democracia para uma parte da sociedade, enquanto para a outra mantemos os velhos padrões de ilegalidade e exclusão. Escolhemos os *indesejáveis* da vez e os deixamos morrer, ou permitimos que os matem. Não é de ser estranhar o quanto conseguimos naturalizar a violência nossa de cada dia, pois ela começa lá em cima.

Não adianta mais gritar aos quatro ventos, "Brasil: ame-o ou deixe-o", "Brasil acima de tudo...", "pátria amada e sei lá o quê". Embora nos últimos anos esse tipo de bravata ufanista tenha recebido aplausos de uma parcela da sociedade, estes foram breves. Há algo de nitidamente falso e inadequado nesse patriotismo exacerbado (e tosco) em que claramente o Estado exige adesão incondicional dos seus cidadãos, mas não os respeita na mesma medida. Quem ainda defende essa cega adesão, das duas, uma: ou não pensa direito ou gosta muito das coisas do jeito que estão. Resta perguntar quem pode estar satisfeito com os níveis de miséria, desigualdade, violência e impunidade que acompanhamos ao longo do livro e a que assistimos todos os dias nas nossas telas iluminadas.

Não é possível que a maioria dos brasileiros se sinta minimamente feliz, contente e satisfeita com nosso passado e nosso presente.

Nossa sociedade é hostil, e não é de hoje. Cultivamos nosso ódio há muito tempo, e a perpetuação ou a extinção desse modelo incapaz de reconhecer diferenças e contendas, e de lidar com elas dentro da legalidade, é responsabilidade de todos nós. Todos. Não se trata apenas de votar nesse ou naquele fulano, porque a política institucionalizada não está aí para salvar ninguém. Tampouco se trata de boicotar o processo político formal porque *não acredita mais em política* – acreditar a gente acredita na fidelidade do marido, que o Fluminense vai ser campeão ou em mamãe Oxum colhendo flores pro seu congá. Não se *acredita* em política, lida-se com ela, com suas possibilidades e limitações.

Trata-se de compreender o que temos em comum além das diferenças, e como viver nessa comunidade em que o futuro partilhado deve estar além das paixões e ódios presentes. Se é o que queremos.

AGRADECIMENTOS

Este livro foi pensado antes da pandemia de coronavírus que varreu nosso mundo em 2020, mas se concretizou ao longo dos meses em que trabalhei em casa, passando muito tempo entre paredes domésticas e quase nenhum com amigos e parentes, além de caminhar bastante ao ar livre – uma das únicas coisas que o bom senso permitia –, fotografar e escrever mais ainda. Algumas pessoas estiveram ao meu lado nesse período. Agradeço de coração – e não só por convenção –, assim como àquelas que colaboraram para que estas páginas encontrassem o caminho da publicação.

Entre os agradecimentos profissionais:

Luciana Villas Boas, por ter lido o primeiro capítulo e me animado com uma resposta entusiasmada, e por, depois de ler todo o livro, ter abraçado *Extermínio* e se empenhado para sua publicação. A ela e a toda equipe da VBM, obrigada.

Juliana Linhares, da editora Planeta, obrigada por ter comprado a ideia com tanta garra e por ter guiado uma escritora de primeira viagem nessa estrada complicada.

Nataraj Trinta e sua equipe do Centro de Memória Procurador de Justiça João Marcello de Araújo Júnior, que com presteza responderam até o que eu nem perguntei.

Meus colegas do Arquivo Nacional, que desde 2006 atendem todo tipo de demanda desta pesquisadora insistente.

Entre os agradecimentos pessoais, cujos nomes completos prefiro suprimir por questões de privacidade – mas eles sabem quem são:

Meus pais e meus quatro irmãos, que me conhecem desde sempre e, desde sempre, me acharam o máximo – nem sei por quê. Acreditem, a recíproca é verdadeira.

Meu companheiro, que não sai do meu lado há vários anos e segurou minha mão ao longo de toda a pandemia, que acompanhou todo o processo deste livro e que nunca deixou de ouvir minhas ideias e ler minhas palavras.

Nossos dois gatos e a cachorra, coisas peludas que eu agarrava para desestressar.

Dani e seu filho Jovem, que leram o livro antes de quase todo mundo e acharam-no *maneiro*.

Meus colegas de equipe, que acompanharam o processo em sua parte final e que também me deram muita força.

Galera do Cortiço Natalino, que celebrou comigo cada novidade.

E, Mari, obrigada a você também só por ser a Mari.

REFERÊNCIAS BIBLIOGRÁFICAS

GERAL: RECOMENDADAS

FRANCHINI NETO, H. *Independência e morte*: política e guerra na emancipação do Brasil (1821-1823). Tese (Doutorado em História) – Universidade de Brasília, Brasília, 2015.

MONTEOLIVA DORATIOTO, F. F. *O império do Brasil e as grandes potências*. Relações internacionais: visões de Brasil e da América Latina. Brasília: IBRI, 2003. p. 133-152.

PEDREIRA, J. M. *Economia e política na explicação da independência do Brasil*. São Paulo: FGV, 2006.

RIBEIRO, G. S. Cidadania, liberdade e participação no processo de autonomização do Brasil e nos projetos de construção da identidade nacional. *Locus: Revista de História*, v. 13, n. 1, 2007.

TERÁN, M.; ORTEGA, J. A. S.; SERRANO, J. A. (ed.). *Las guerras de independencia en la América española*. El Colegio de Michoacán AC, 2002.

INTRODUÇÃO

CITADAS

BARBATO, L. F. T. A construção da identidade nacional brasileira: necessidade e contexto. *Revista Eletrônica História em Reflexão*, v. 8, n. 15, 2014.

CAPÍTULO 1

CITADAS

BRITO, A. J. A. Ignorante inteligência: horizontes de expectativas dos soldados-cidadãos sobre a formação do Império Brasileiro no Grão-Pará. In: CARDOSO, A.; BASTOS, C. A.; NOGUEIRA, S. M. S. (org.). *História militar da Amazônia*: guerra e sociedade (séculos XVII-XIX). Curitiba: Editora CRV, 2015. p. 129-154.

D'ANDRÉA, S. *Discurso com que o Presidente da Província do Pará, Francisco Joze de Souza Soares d'Andréa, fez a Abertura da 1a Sessão da Assemblea Provincial no dia 02 de março de 1838*. Impresso na Typographia Restaurada de Santos, e Santos menor, Pará, 1838.

LIMA, L. M. de. *Rios vermelhos*: perspectivas e posições de sujeito em torno da noção de "cabano" na Amazônia em meados de 1835. Tese (Doutorado) – Universidade de São Paulo, São Paulo, 2008.

MELO, W. R. S. de. *Tempos de revoltas no Brasil oitocentista*: ressignificação da cabanagem no baixo Tapajós (1831-1840). Dissertação (Mestrado) – Universidade Federal de Pernambuco, Recife, 2015.

PEREIRA, T. de J. C. 2018. *A suspensão constitucional no Pará com a lei no 26 de 22 de setembro de 1835 e as medidas para a repressão aos cabanos (1835-1840)*. Dissertação (Mestrado em História) – Instituto de Filosofia e Ciências Humanas, Universidade Federal do Pará, Belém, 2018. Disponível em: http://repositorio.ufpa.br/jspui/handle/2011/10509. Acesso em: 11 nov. 2020.

RICCI, M. Cabanagem, cidadania e identidade revolucionária: o problema do patriotismo na Amazônia entre 1835 e 1840. *Tempo*, Niterói, v. 11, n. 22, p. 5-30, 2007. Disponível em: http://www.scielo.br/scielo.php?script=sci_arttext&pid=S1413-77042007000100002&lng=en&nrm=iso. Acesso em: 23 maio 2022.

SANTOS, S. C. dos. *Cabanagem*: crise política e situação revolucionária. Dissertação (Mestrado) – Universidade Estadual de Campinas, 2004.

RECOMENDADAS

BRITO, A. I. J. *Viva a Liberté!*: cultura política popular, revolução e sentimento patriótico na independência do Grão-Pará, 1790-1824. Dissertação (Mestrado) – Universidade Federal de Pernambuco, Recife, 2008.

GUEDES, A. da S. *As fontes de informação significantes para a construção da representação mental e social da Cabanagem no Estado do Pará (Brasil)*. Tese (Ph.D. em Informação e Comunicação em Plataforma Digital) – Departamento de Comunicação e Arte, Faculdade de Letras, Universidade do Porto, Porto, 2011.

MACHADO, A. R. D. A. *A quebra da mola real das sociedades*: a crise política do Antigo Regime português na província do Grão-Pará (1821-25). Tese (Doutorado) – Universidade de São Paulo, São Paulo 2010.

MOURA, D. F. As faces da "malvadeza": os cabanos na visão do Presidente Soares d'Andréa e os embates pela retomada do Grão-Pará no contexto da Cabanagem. *XXVII Simpósio Nacional de História – ANPUH*. Natal, 22 a 26 de julho de 2013.

SOUZA JÚNIOR, J. A. D. *Constituição ou Revolução*: os projetos políticos para a emancipação do Grão-Pará e a atuação política de Filippe Patroni (1820-1823) Dissertação (Mestrado) – Universidade Estadual de Campinas, Instituto de Filosofia e Ciências Humanas, Campinas, SP, 1998.

CAPÍTULO 2

CITADAS

AGOSTINI, C. Entre senzalas e quilombos: "comunidades do mato" em Vassouras do oitocentos. *Arqueologia da Sociedade Moderna na América do Sul*: cultura material, discursos e práticas. Buenos Aires: Ed. Del Tridente, 2002.

ASSIS, M. de. *Memórias póstumas de Brás Cubas*. São Paulo: Ateliê Editorial, 1998.

CARVALHO, M. Rumores e rebeliões: estratégias de resistência escrava no Recife, 1817-1848. *Revista Tempo*, v. 3, n. 6, p. 1-15, 1998.

DINIZ, L. M. V. Criminalidade e resistência escrava em São Luís (1860-1880). *Outros Tempos*: Pesquisa Em Foco – História, v. 2, n. 2. Disponível em: https://doi.org/10.18817/ot.v2i2.386. Acesso em: 28 maio 2022.

FLORENTINO, M.; AMANTINO, M. Fugas, quilombos e fujões nas Américas (séculos XVI-XIX). *Análise Social*, n. 203, p. 236-267, 2012.

LARA, S. H. *Campos da violência*: escravos e senhores na capitania do Rio de Janeiro, 1750-1808. Rio de Janeiro: Paz e Terra, 1988, p. 341-344.LOVEJOY, P. E. *Jihad e escravidão*: as origens dos escravos muçulmanos da Bahia. Topoi (Rio de Janeiro), v. 1, n. 1, p. 11-44, 2000.

MAMIGONIAN, B. G. *Africanos livres*: a abolição do tráfico de escravos no Brasil. São Paulo: Companhia das Letras, 2017.

OLIVEIRA, K.; LOBO, T. Panorama preliminar da história do letramento de negros na Bahia. *Para a história do português brasileiro*. Belo Horizonte: Editora FALE/UFMG, 2007.SANTOS, F. G. dos. *Mocambos e quilombos*: uma história do campesinato negro no Brasil. São Paulo: Companhia das Letras, 2015.

REBELATTO, M. *Fugas escravas e quilombos na Ilha de Santa Catarina, século XIX*. Dissertação (Mestrado) – Universidade de Santa Catarina, 2006.

REIS, J. J. Recôncavo rebelde: revoltas escravas nos engenhos baianos. *Afro-Ásia*, Salvador, v. 15, 1992.

_____. "Nos achamos em campo a tratar da liberdade": a resistência escrava no Brasil oitocentista. Viagem incompleta: a experiência brasileira (1500-2000). *Formação*: histórias. São Paulo: Editora do Senac, 2000. p. 241-263.

SANTOS, V. P. dos. Técnicas da tortura: punições e castigos de escravos no Brasil escravista. *Enciclopédia Biosfera*, v. 9, n. 16, 2013.

SILVA, F. B. da. Do Rio de Janeiro para a Sibéria tropical: prisões e desterros para o Acre nos anos 1904 e 1910. *Revista Tempo e Argumento*, v. 3, n. 1, p. 161-179, 2011.

TINÔCO, A. L. F. (ed.). *Código Criminal do Império do Brazil*: annotado (Coleção História do Direito Brasileiro). Edição do Senado Federal, 2003.

VERGER, P. *Fluxo e refluxo*: do tráfico de escravos entre o golfo do Benim e a Bahia de Todos-os-Santos, do século XVII ao XIX. São Paulo: Companhia das Letras, 2021.

RECOMENDADAS

BARROS, M. A. de. As causas de justificação de crimes e o utilitarismo no Código Criminal do Império. *Justitia*: Matérias aprovadas para publicação futura. Disponível em: http://www.revistajustitia.com.br/artigos/bc3531.pdf. Acesso em: 28 maio de 2022.

CHALHOUB, S. Medo branco de almas negras: escravos, libertos e republicanos na cidade do Rio. *Revista Brasileira de História*, v. 8, n. 16, p. 83-105, 1988.

DINIZ, M. S. Auto de corpo de delito feito em Maria Rita, escrava do barão de Ponte Alta. Escrava Maria Rita, uma história de resistência. *Cadernos de Pesquisa do CDHIS*, v. 23, n. 1, p. 275-303, 2010.

KOERNER, A. O impossível panóptico tropical-escravista: práticas prisionais, política e sociedade no Brasil do século XIX. *Revista Brasileira de Ciências Criminais*, v. 35, p. 211-224, 2001.

MATHEUS, M. S.; MOREIRA, P. R. S. Processo e estrutura: o fim da escravidão e a persistência dos castigos físicos (Rio Grande do Sul, final do século XIX). *História Unisinos*, v. 24, n. 2, p. 269-281, 2020.

NASCIMENTO, S. R. do; RIBEIRO, S.; BARRETO, K. R. A revolta dos malês: resistência contra a escravidão e a imposição religiosa, Bahia 1835. *Revista Univap*, v. 22, n. 40, p. 178, 2016.

PEREIRA, W. K. Cenas da escravidão: a crítica caricatural de Ângelo Agostini na revista *Ilustrada* sobre conivência do estado com os castigos aplicados aos cativos nos últimos anos da escravidão. *VI Simpósio Nacional de História Cultural*, Teresina; 24 a 28 de junho de 2012.

PINTO, L. R. Sobre a arte de punir no código criminal imperial. *XIV Encontro Regional da ANPUH-RIO*, v. 19, 2010.

PIROLA, R. F. O castigo senhorial e a abolição da pena de açoites no Brasil: Justiça, imprensa e política no século XIX. *Revista de História*, São Paulo, v. 176, 2017.

RADÜNZ, R.; VOGT, O. P. Condenados à força: a escravidão e os processos judiciais no Brasil. *Métis*: História & Cultura, v. 11, n. 21, 2012.

REIS, J. J.; SANTOS GOMES, F. dos. (ed.). *Revoltas escravas no Brasil*. São Paulo: Companhia das Letras, 2021.

SANTOS, A. C. dos. A lei da morte: a pena capital aplicada aos escravos no Brasil Imperial. *Histórica* – Revista Eletrônica do Arquivo Público do Estado de São Paulo, n. 42, jun. 2010.

SHCWARCZ, L. M.; GOMES, F. (org.). *Dicionário da escravidão e liberdade*. 50 textos críticos. São Paulo: Companhia das Letras, 2018. v. 1.

THOMAZ, D. M. *Sob a regência do medo*: imprensa, poder e rebelião escrava na Corte Imperial, 1835. Dissertação (Mestrado em História Política) – Universidade do Estado do Rio de Janeiro, Rio de Janeiro, 2009.

VERSIANI, F. R. Brazilian Slavery: toward an Economic Analysis. *Revista Brasileira de Economia*. Tradução Fábio Souza de Oliveira, v. 48, n. 4, p. 463-478, dez. 1994.

CAPÍTULO 3

CITADAS

ALONSO, A. 15 vezes 15: a instauração da República no Brasil segundo seus personagens. *Serrote*, v. 3, p. 12-32, 2009.

BENÍCIO, M. O rei dos jagunços: chronica historica e de costumes sertanejos sobre os acontecimentos de Canudos. Typ. Do *"Jornal do Commercio" de Rodrígues*, 1899.

CALMON, P. *História do Brasil*. São Paulo: Brasiliana, 1939.

CARVALHO, J. M. de. *A construção da ordem e teatro de sombras*. Rio de Janeiro: Editorial da UFRJ/Relume Dumará, 1996.

GALVÃO, W. N. *No calor da hora*: a guerra de Canudos nos jornais. Recife: CEPE Editora, 2019.

HORCADES, A. M. *Descrição de uma viagem a Canudos*. 2. ed. Salvador: EDUFBA, 1996. [Primeira edição de 1899].

NASCIMENTO, C. S. A. do. A "Questão Militar": indisciplina e crise política em meio à crise hegemônica imperial (1868-1889). *Militares e Política*, n. 4, 2009.

NOGUEIRA, J. C. de A. *Antônio Conselheiro e Canudos*: revisão histórica. São Paulo: Brasiliana, 1974.

SOBRINHO, L. L. V.; MORAES, F. Parlamentarismo à Brasileira no Segundo Reinado (1840-1889). *Revista de Teorias da Democracia e Direitos Políticos*, v. 2, n. 2, p. 41-59, 2016.

VALLE, L. D. Cultura e política no século XIX: o exército como campo de constituição de sujeitos políticos no Império. *Revista Brasileira de Educação*, v. 22, p. 169-171, 2003.

ZAMA, C. *Libelo republicano acompanhado de comentários sobre a campanha de Canudos*. Centro de Estudos Baianos da UFBA (série), 139, 1989.

RECOMENDADAS

CALASANS, J. Notícias de Antônio Conselheiro. *Centro de Estudos Baianos*, 1969. Disponível em: http://josecalasans.com/downloads/artigos/18.pdf. Acesso em: 28 maio 2022.

DA SILVA, C. O estranho sertão da primeira República. *Revista Sertões*, v. 1, n. 1, 2011.

HERMANN, J. Canudos destruído em nome da República. *Tempo*, Rio de Janeiro, v. 2, n. 3, p. 81-105, 1996.

LIMA, N. T. H. Condenado pela raça, absolvido pela medicina: o Brasil descoberto pelo movimento sanitarista da primeira república. *In*: MAIO, M. C.; SANTOS, R. V. (org.). *Raça, ciência e sociedade*. Rio de Janeiro: Fiocruz/CCBB,1996.

NOVAIS FILHO, J. A. de; SILVA, E. G. A imprensa baiana e a Campanha de Canudos (1896-1897). *Anais do XXVI Simpósio Nacional de História – ANPUH*. São Paulo, julho 2011.

RIBEIRO, E. S. A guerra de Canudos na Imprensa e na literatura: ideologia e cientificismo. *Grau Zero – Revista de Crítica Cultural*, Salvador, v. 1, n. 2, 2013.

SAMPAIO, C. N. *Canudos*: cartas para o Barão. São Paulo: USP, 2001.

VENTURA, R. Canudos como cidade iletrada: Euclides da Cunha na URBS monstruosa. *Revista de Antropologia*, v. 40, n. 1, p. 165-181, 1997.

VILLA, M. *Canudos*. O povo da terra. São Paulo: Ática, 1997.

WANDERLEI, L. A. Religiosidade e conflito no sertão conselheirista: o antagonismo entre a Arquidiocese de Salvador e Antônio Conselheiro/Canudos. *Anais do XXVI Simpósio Nacional de História – ANPUH*. São Paulo, 2011.

CAPÍTULO 4

CITADAS

CHALHOUB, S. Medo branco de almas negras: escravos, libertos e republicanos na cidade do Rio. *Revista Brasileira de História*, v. 8, n. 16, p. 83-105, 1988.

GOMES, A. S. T.; MATOS, A. S. D. M. C. O estado de exceção no Brasil republicano. *Revista Direito e Práxis*, v. 8, p. 1760-1787, 2017.

MARINHO, M. C. 2011 *A anistia aos marinheiros revoltosos e o caráter repressor do Estado brasileiro (1910-1911)*. Trabalho de Conclusão de Curso (Licenciatura em História) – Instituto Multidisciplinar, Universidade Federal Rural do Rio de Janeiro, Nova Iguaçu, 2011.

MARTINS, H. L. *A revolta dos marinheiros, 1910*. São Paulo, Brasiliana, 1988.

MOREL, E. *A Revolta da Chibata*. 4. ed. Rio de Janeiro: Graal, 1986.

MOREL, M.; BRAGA, E. *João Cândido*: a luta pelos direitos humanos. Fundação Banco do Brasil, 2008.

NASCIMENTO, Á. P. do. *A ressaca da marujada*: recrutamento e disciplina na Armada Imperial. Presidência da República, Arquivo Nacional, 2001.

_____. "Sou escravo de oficiais da Marinha": a grande revolta da marujada negra por direitos no período pós-abolição (Rio de Janeiro, 1880-1910). *Revista Brasileira de História*, v. 36, n. 72, p. 151-172, 2016.

SILVA, F. B. *Acre, a pátria dos proscritos*: prisões e desterros para as regiões do Acre em 1904 e 1910. Tese (Doutorado) – Universidade Federal do Paraná, 2010.

_____. Do Rio de Janeiro para a Sibéria tropical: prisões e desterros para o Acre nos anos 1904 e 1910. *Revista Tempo e Argumento*, v. 3, n. 1, p. 161-179, 2011.

SOARES, J. E. D. M. *Um oficial da Armada*. Política *versus* Marinha. Rio de Janeiro: Livraria Garnier, 1911.

RECOMENDADAS

ALMEIDA, S. C. P. A modernização do material e do pessoal da Marinha nas vésperas da revolta dos marujos de 1910: modelos e contradições. *Estudos Históricos* (Rio de Janeiro), v. 23, n. 45, p. 147-169, 2010.

ARIAS NETO, J. M. A Marinha Brasileira no início do século XX: tecnologia e política. *Antíteses*, v. 7, n. 13, 2014.

BANDEIRA, F. M. Escola dos incorrigíveis: recrutamento militar e enquadramento social na Corte 1870-1889. *ANPUH – XXIV Simpósio Nacional de História*, 2007. Disponível em: https://anpuh.org.br/uploads/anais-simposios/pdf/2019-01/1548210563_4ff7e9738731a3adc6359f703afb054b.pdf. Acesso em: 28 maio de 2022.

GRANATO, F. *João Cândido*: retratos de um Brasil negro. São Paulo: Selo Negro, 2010.

MAESTRI, M. *Cisnes negros*. Uma história da revolta da chibata. São Paulo: Moderna, 2000.

NASCIMENTO, L. M.; DA SILVA, F. B. De protestos e levantes: as revoltas da vacina e da chibata na música popular. *Revista Recorte*, v. 9, n. 2, 2012.

SILVA, A. *Da chibata ao inferno*. Porto Velho: Edufro, 2001.

SILVA, M. A. *Contra a chibata*: marinheiros brasileiros em 1910. 2. ed. São Paulo: Brasiliense, 2002.

SOUSA, C. B. de. João Cândido e a Revolta da Chibata – disputas e memórias. *ArtCultura*, Uberlândia, v. 16, n. 29, p. 223-237, jul.-dez. 2014.

CAPÍTULO 5

CITADAS

BIGIO, E. dos S. A ação indigenista brasileira sob a influência militar e da Nova República (1967-1990). *Revista de Estudos e Pesquisas*, FUNAI-Brasília, v. 4, n. 2, 2007.

CUNHA, R. C. S. O fogo de 51: entre a memória oficial e as subterrâneas. *In*: VI Encontro Estadual de História, 2013, Bahia. *Anais eletrônicos...* Bahia: ANPUH/BA, 2013. Disponível em: https://silo.tips/download/palavras-chave-comunidade-pataxo-conflitos-interetnicos-territorialidade. Acesso em: 28 maio de 2022.

_____. *O Fogo de 51*: reminiscências Pataxó. Dissertação (Mestrado) – Universidade do Estado da Bahia, Salvador, 2010.

PREZIA, B. Caminhando na luta e na esperança: retrospectiva dos últimos 60 anos da pastoral indigenista e dos 30 anos do Cimi: textos e documentos. São Paulo: Loyola, 2003.

RIBEIRO, D. *Os índios e a civilização*. São Paulo: Global, 2017.

RICARDO, C. A. (ed.). *Povos indígenas no Brasil*: 1991/1995. Instituto Socioambiental, 1998.

SAMPAIO, J. A. L. Breve História da Presença Indígena no Extremo Sul Baiano e a Questão do Território Pataxó do Monte Pascoal. *XXII Reunião Brasileira de Antropologia*. Fórum de Pesquisa 3: "Conflitos Socioambientais e Unidades de Conservação". Brasília, 2000.

SILVA, V. L. da. Fogo de 51: uma narrativa da dor do povo Pataxó da Bahia. *Revista Escrita*, n. 16, 2013.

WILL, K. L. P. *Genocídio indígena no Brasil*. Tese (Doutorado) – Universidade de Coimbra, Coimbra, 2014.

TRINDADE, R. N. *A internacionalização dos direitos humanos dos povos indígenas na ótica da resistência Pataxó no Sul da Bahia entre 1951 e 2017*, 2018. Disponível em: https://repositorio.uninter.com/handle/1/212. Acesso em: 28 maio de 2022.

RECOMENDADAS

FERRAZ, I. Os Surui-Aikewara e a guerrilha do Araguaia: um caso de reparação pendente. *Campos: Revista de Antropologia*, v. 20, n. 2, 2020.

FOLTRAM, R. 2017. *O Estado militar e as populações indígenas*: Reformatório Krenak e Fazenda Guarani. Dissertação (Mestrado Profissional) – Programa de Pós-Graduação em Ciências Humanas, Universidade Federal dos Vales do Jequitinhonha e Mucuri, Diamantina, 2017.

IOIÔ, A. G. Relatório Figueiredo como prova de genocídio, massacres e monstruosidades perpetradas contra os povos indígenas no Brasil. *Espaço Ameríndio*, v. 12, n. 2, p. 460, 2018.

PALMQUIST, H. *Questões sobre genocídio e etnocídio indígena*: a persistência da destruição. Dissertação (Mestrado em Antropologia Social) – Universidade Federal do Pará, Belém, 2018.

PEIXOTO, R. Índios e camponeses: antes, durante e depois da Guerrilha do Araguaia. *Territórios e Fronteiras*, v. 7, n. 1, p. 47-71, 2014.

TRINDADE, H. *Integralismo:* o fascismo brasileiro na década de 30. São Paulo: Difusão Europeia do Livro, 1974.

_____. *A tentação fascista no Brasil*: imaginário de dirigentes e militantes integralistas. SciELO-Editora da UFRGS, 2016.

UBA, F. de O. et al. *Sob suspeita*: relações políticas e corrupção no Serviço de Proteção aos Índios ao raiar do regime militar (1963-1967). Dissertação (Mestrado) – Universidade Federal de Santa Catarina, 2020.

CAPÍTULO 6

CITADAS

COSENZA, A. Representações da greve dos petroleiros de 1995 na imprensa: as referências ao período militar e à democracia no discurso jornalístico. *Projeto História: Revista do Programa de Estudos Pós-Graduados de História*, v. 29, n. 1, 2004.

FILIPPI, Â.; SCHUSTER, P. R. O discurso sobre as greves na imprensa regional: vozes em disputa pelo poder da significação. *Estudos em Comunicação*, v. 10, p. 105-122, 2011.

FIORILLO, M. P.; OLIVEIRA, A.; VITTI, I. O imaginário da exclusão: sobriedade, busca de isenção e deslizes em argumentos autoritários. *Revista Alterjor,* v. 12, n. 2, p. 201-217, 2015.

GADINI, S. *Coberturas jornalísticas (de) marcadas*: a greve dos professores na mídia paranaense em 2015. Ponta Grossa: Estúdio Texto, 2015.

GANDRA, M. A. R. *Cidade "vigiada" do aço*: dominação autocrático-burguesa, repressão militar e resistência popular-sindical em Volta Redonda (1984-1990). Tese (Doutorado) – Universidade Federal Fluminense, 2021.

LIMA, M. D. F. C.; CARVALHO, Y. R. de. "Operários em construção": a organização da classe trabalhadora apesar da ditadura de segurança nacional. *História em Revista*, v. 19, n. 19, 2013.

MATTOS, M. B. Greves, sindicatos e repressão policial no Rio de Janeiro (1954-1964). *Revista Brasileira de História*, v. 24, n. 47, p. 241-270, 2004.

NORONHA, E. G. Ciclo de greves, transição política e estabilização: Brasil, 1978-2007. *Lua Nova: Revista de Cultura e Política*, v. 76, p. 119-168, 2009.

OLIVEIRA ROVAI, M. G. de. *Penélopes e Antígonas*: narrativas femininas sobre a superação diante da violência e da morte de entes queridos na Ditadura Militar (1964-84). Trabalho apresentado no XII Encontro de História Oral, Teresina, PI, 2014.

ROCHA, M. F. *Não foi por acaso*: a história dos trabalhadores que construíram a Usiminas e morreram no massacre de Ipatinga. Anais eletrônicos do V Encontro Nacional de História Oral. Recife, 2010. Disponível em: https://www.encontro2010.historiaoral.org.br/resources/anais/2/1270359016_ARQUIVO_NAOFOIPORACASO-MarcelodeFreitasAssisRocha.pdf. Acesso em: 28 maio de 2022.

SANTANA, M. A. Sinais de incêndio sob a chuva rala: a greve de contagem e o 68 operário no Brasil. *In*: Lenguita. P. A. (org.). *68 obrero en Argentina y Brasil*: 50 aos después. 1. ed. Buenos Aires: CEIL-CONICET Libros, 2018. v. 1. p. 88-108.

SANTOS, M. R. D. *Somente restava à polícia adotar uma medida enérgica*: a greve de operários da Usina São Carlos em S. Amaro, e a repressão policial na imprensa baiana, 1949. Monografia (Curso de História) – UFBA, Salvador, 2017.

SANTOS, M. S. G. Grande mídia e a construção de uma legitimidade discursiva sobre a universidade brasileira durante a greve de 2015. 2018. 155 f. Tese (Doutorado em Educação) – Centro de Educação, Universidade Federal do Rio Grande do Norte, Natal, 2018.

SILVA, A. R. M. da; CONCEIÇÃO VELOSO, A. M. da. *A cobertura da greve geral de 2017 pelo telejornal Repórter Brasil*. Trabalho apresentado na Intercom – Sociedade Brasileira de Estudos Interdisciplinares da Comunicação, 2017. In: XXI Congresso de Ciências da Comunicação na Região Nordeste – São Luís – MA, 2019.

RECOMENDADAS

SANTANA, M. A. Ditadura Militar e resistência operária: o movimento sindical brasileiro do golpe à transição democrática. *Política & Sociedade*, v. 7, n. 13, p. 279-309, 2008.

SOUTO MAIOR, J. L. Greve. *LTr. Suplemento Trabalhista*, v. 48, p. 639-643, 2012.

SOUZA, E. A. O. Tensões nas usinas de açúcar do Recôncavo – A greve de 1946 e as disputas trabalhistas no "intervalo democrático" (1945-1964). *Artcultura*, v. 11, n. 19, p. 89-107, 2009.

TOLEDO, E. Um ano extraordinário: greves, revoltas e circulação de ideias no Brasil em 1917. *Estudos Históricos* (Rio de Janeiro), v. 30, p. 497-518, 2017.

CAPÍTULO 7

CITADAS

AFONSO, J. B. G. *O Massacre de Eldorado dos Carajás e a Luta do Movimento Camponês Pela Terra no Sul e Sudeste do Pará*. Dissertação (Mestrado) – Universidade Federal do Sul e Sudeste do Pará, Marabá, 2016.

ALVES, L. N. B. Assassinatos por conflitos fundiários no estado do Pará (1964-1988): resgate histórico e análise jurídica. *Cadernos de Agroecologia*, v. 10, n. 3, 2015.

BARATA, R. Inventário da Violência. *Crime e impunidade no campo paraense (1980-1989)*. Belém: CEJUP, 1995.

BARREIRA, C. Massacres: monopólios difusos da violência. *Revista Crítica de Ciências Sociais*, Coimbra, n. 57/58, p. 169-186, jun./nov. 2000.

CARVALHO, L. M. *Contido a bala*: a vida e a morte de Paulo Fonteles, advogado de posseiros no Sul no Pará. Belém: Cejup, 1994.

CONGILIO, C. R.; IKEDA, J. C. O. A ditadura militar, expansão do capital e as lutas sociais no Sudeste paraense. *Lutas Sociais*, v. 18, n. 32, p. 79-90, 2014.

ESTERCI, N. *Conflito no Araguaia*: peões e posseiros contra a grande empresa. São Paulo: Scielo Books, 2008.

FERNANDES, B. M. *Questão agrária, pesquisa e MST*. São Paulo: Cortez, 2001.

FIGUEIRA, R. R. *A justiça do lobo: posseiros e padres do Araguaia*. Petrópolis: Vozes, 1986.

LINHARES, M. Y.; SILVA, F. C. T. da. *Terra prometida*: uma história da questão agrária no Brasil. Rio de Janeiro: Campus, 1999.

MECHI, P. S. Camponeses do Araguaia: da guerrilha contra a ditadura civil--militar à luta contemporânea pela terra. *Projeto História: Revista do Programa de Estudos Pós-Graduados de História*, v. 46, 2013.

MOLINA, M. C.; SOUSA JÚNIOR, J. G. de; TOURINHO NETO, F. da C. (org.). *Introdução crítica ao direito agrário*. São Paulo: IMESP, 2000.

NEPOMUCENO, E. *O massacre*: Eldorado do Carajás – uma história de impunidade. Rio de Janeiro: Record, 2019.

NETO, V. J.; NETO, R. B. G. Amazônia: políticas governamentais, práticas de "colonização" e controle do território na ditadura militar (1964-85). *Anuário IEHS*, v. 34, n. 1, p. 99-122, 2019.

PEIXOTO, R. C. Índios e camponeses: antes, durante e depois da Guerrilha do Araguaia. *Revista Territórios e Fronteiras*, v. 7, p. 47-71, 2014.

_____. Memória, verdade e justiça: reconhecendo abusos do passado e do presente no Bico do Papagaio. *Novos Cadernos NAEA*, v. 16, n. 2, 2013.

PEREIRA, A. dos R. *A luta pela terra no sul e sudeste do Pará*: migrações, conflitos e violência no campo. Tese (Doutorado) – UFPE, Centro de Filosofia e Ciências Humanas, Programa de Pós-Graduação em História, Recife, 2013.

PREUSSLER, G. de S. Criminalização secundária e justiça penal hegemônica: aspectos criminológicos no caso do Massacre de Eldorado de Carajás. 2013. Tese (Doutorado em Direito Civil Constitucional; Direito da Cidade; Direito Internacional e Integração Econômica; Direito) – Universidade do Estado do Rio de Janeiro, Rio de Janeiro, 2013.

SACRAMENTO, E. D. *É muito triste não conhecer o pai*: a herança da violência e os familiares de Gringo, Benezinho e Paulo Fonteles. Tese (Doutorado) – Universidade Federal do Pará, 2020.

SOUZA, R. D. A. *A materialidade da repressão à guerrilha do Araguaia e do terrorismo de Estado no Bico do Papagaio, TO/PA*: noite e nevoeiro na Amazônia Tese (Doutorado) – Universidade de São Paulo, 2019.

VAZ, V. Latifúndio na Amazônia: origens e consequências na região sul do estado do Pará. Texto integrante dos Anais do XIX Encontro Regional de História: Poder, Violência e Exclusão. *ANPUH/SP – USP*. São Paulo, 08 a 12 de setembro de 2008.

RECOMENDADAS

BARREIRA, C. Crônica de um massacre anunciado: Eldorado dos Carajás. *São Paulo em Perspectiva*, v. 13, n. 4, p. 136-143, 1999.

BOAS, L. G. V. Considerações sobre a concentração fundiária no Brasil. *Revista Geoaraguaia*, v. 8, n. 1, 2018.

CARVALHO, L. H. A concentração fundiária e as políticas agrárias governamentais recentes. *Revista IDeAS*, v. 4, n. 2, p. 395-428, 2010.

MECHI, P. A Guerrilha do Araguaia e a Repressão Contra Camponeses: reflexões sobre os fundamentos e as práticas repressivas do estado brasileiro em tempos de ditadura. *História Revista*, v. 20, n. 1, p. 48-70, 2015.

PEIXOTO, R. C. Memória social da Guerrilha do Araguaia e da guerra que veio depois. Boletim do Museu Paraense Emílio Goeldi. *Ciências Humanas*, v. 6, p. 479-499, 2011.

PORTO-GONÇALVES, C. W. Geografia da violência no campo brasileiro: o que dizem os dados de 2003. *Revista Crítica de Ciências Sociais*, n. 75, p. 139-169, 2006.

CAPÍTULO 8

RECOMENDADAS

ANCHIETA, V. C. C.; GALINKIN, A. L. Policiais civis: representando a violência. *Psicologia & Sociedade*, v. 17, n. 1, p. 29-37, 2005.

BUENO, S.; MARQUES, D.; PACHECO, D. As mortes decorrentes de intervenção policial no Brasil em 2020. *Anuário Brasileiro de Segurança Pública*, p. 59-69, 2021.

BURATO, J. A. *A ditadura no gatilho*: reflexões sobre a violência policial militar, 2015. Dissertação (Mestrado) – São Paulo, Universidade Federal de São Paulo, 2015.

CAZUMBÁ, D. O. *A prática da violência policial e o extermínio da juventude negra*: uma análise do mapeamento, das causas e dos efeitos da conduta. Artigo: Faculdade de Direito, Universidade Católica de Salvador, 2020.

COSTA, A. T. M.; LIMA, R. S. de. Estatísticas oficiais, violência e crime no Brasil. *BIB – Revista Brasileira de Informação Bibliográfica em Ciências Sociais*, n. 84, p. 81-106, 2017.

FERRAZ, J. D. A. F. Do "mal necessário" à "metáfora bélica": a lógica dual do Estado Autoritário. *Revista Maracanan*, v. 4, n. 4, p. 195-207, 2008.

MISSE, M.; GRILLO, C.; NERI, N. Letalidade policial e indiferença legal: a apuração judiciária dos 'autos de resistência' no Rio de Janeiro (2001-2011). *Dilemas – Revista de Estudos de Conflito e Controle Social*, p. 43-71. Disponível em: https://revistas.ufrj.br/index.php/dilemas/article/view/7316. Acesso em: 28 maio 2022.

MODESTO, R. *"Você matou meu filho" e outros gritos*: um estudo das formas da denúncia. 2018. 1 recurso online (244 p.). Tese (Doutorado) - Universidade Estadual de Campinas, Instituto de Estudos da Linguagem, Campinas, SP, 2018.

NASCIMENTO, A. A corrupção policial em debate: desvio e impunidade nas instituições policiais do Rio de Janeiro. *Dilemas – Revista de Estudos de Conflito e Controle Social*, v. 10, n. 1, p. 64-82, 2017. Disponível em: https://revistas.ufrj.br/index.php/dilemas/article/view/7749. Acesso em: 28 maio 2022.

SANTOS MACEDO, H. D. L. dos. A doutrina da ROTA: o ethos do "Policial de ROTA". *Áskesis – Revista dos discentes do Programa de Pós-Graduação em Sociologia da UFSCar*, v. 8, n. 1, p. 131-144, 2019.

ZAFFARONI, E. R. Direito penal humano ou inumano? *Revista de la Secretaría del Tribunal Permanente de Revisión*, v. 3, p. 27-47, 2015.

CITADAS

BARCELLOS, C. *Rota 66*: a história da polícia que mata. Rio de Janeiro: Record, 2017.

RONDON FILHO, E. B.; FREIRE, F. X. Monopólio legítimo da força como processo civilizador: Weber e Elias em perspectiva. *Simpósio Internacional Processo Civilizador*, v. 12, 2018.

BREVE INCONCLUSÃO

CITADAS

MALISKA, M. A. Max Weber e o estado racional moderno. *Revista Eletrônica do CEJUR*, 1n. 1, 2006.

SANTOS, S. C. M. dos; FRANÇA, R. C. O sentido da política como vocação em Max Weber. *Revista de Ciência Política, Direito e Políticas Públicas – POLITI(k)CON*, v. 2, n. 1, p. 38-45, 2021.

WEBER, M. *A política como vocação*. Brasília: EdUnB, 2003.

**Acreditamos
nos livros**

Este livro foi composto em Utopia Std e Basic Gothic Pro e impresso pela Geográfica para a Editora Planeta do Brasil em agosto de 2022.